新体系经济管理系列教材

社会福利与社会救助

唐丽娜 ◎ 编著

清华大学出版社
北京

内 容 简 介

本书对社会福利与社会救助的概念界定、特点和功能、历史沿革、理论渊源等进行了完整、详细的表述,使读者对社会福利与社会救助有一个全面、系统和深入的了解。同时,对老年人福利、儿童福利、妇女福利、残疾人福利、教育福利、住房福利、职业福利、福利彩票、生活救助、灾害救助、慈善事业和其他专项救助进行了介绍,包括项目的内容和特点、发达国家的先进经验等,使读者了解我国社会福利与社会救助具体项目的发展历程、改革成就、面临困境和未来发展路径;通过扩展阅读和案例讨论,在扩展知识领域的同时,注重对现实问题的深入思考。

本书适合用作高等院校社会保障类、公共管理类、社会学类专业的教材,也适合社会保障领域实际工作者、相关公共管理人员等阅读。

本书封面贴有清华大学出版社防伪标签,无标签者不得销售。
版权所有,侵权必究。举报: 010-62782989,beiqinquan@tup.tsinghua.edu.cn。

图书在版编目(CIP)数据

社会福利与社会救助 / 唐丽娜编著. —北京: 清华大学出版社,2020.7(2024.1重印)
新体系经济管理系列教材
ISBN 978-7-302-55561-2

Ⅰ. ①社… Ⅱ. ①唐… Ⅲ. ①社会福利-高等学校-教材②社会救济-高等学校-教材
Ⅳ. ①C913.7

中国版本图书馆 CIP 数据核字(2020)第 086436 号

责任编辑: 王 青
封面设计: 李伯骥
责任校对: 宋玉莲
责任印制: 丛怀宇

出版发行: 清华大学出版社
    网 址: https://www.tup.com.cn, https://www.wqxuetang.com
    地 址: 北京清华大学学研大厦 A 座   邮 编: 100084
    社 总 机: 010-83470000   邮 购: 010-62786544
    投稿与读者服务: 010-62776969, c-service@tup.tsinghua.edu.cn
    质量反馈: 010-62772015, zhiliang@tup.tsinghua.edu.cn
印 装 者: 北京鑫海金澳胶印有限公司
经 销: 全国新华书店
开 本: 185mm×260mm 印 张: 15.25 字 数: 349 千字
版 次: 2020 年 7 月第 1 版   印 次: 2024 年 1 月第 3 次印刷
定 价: 39.00 元

产品编号: 087541-01

CONTENTS

第一章 社会福利概述 1
  第一节 社会福利的内涵与外延 1
    一、社会福利的含义 1
    二、社会福利的基本体系 3
  第二节 社会福利的模式 5
    一、威伦斯基的"二分法"模式 5
    二、蒂特马斯的"三分法"模式 5
    三、米什拉模式 6
    四、罗斯的混合福利模式 6
  第三节 社会福利的特征 7
    一、社会福利的覆盖对象具有普遍性 7
    二、社会福利的内容具有广泛性 7
    三、社会福利的提供方式具有服务性 7
    四、社会福利的实施主体具有社会性 8
    五、社会福利的实施过程具有多层次性 8
  第四节 社会福利的功能 8
    一、提高国民生活质量 8
    二、实现社会安定和政治稳定 9
    三、保证国民经济平稳发展 9
    四、促进社会公平,保障基本人权 9

第二章 社会救助概述 10
  第一节 社会救助的内涵与外延 10
    一、社会救助的含义 10
    二、社会救助的基本体系 11
  第二节 社会救助的特征 14
    一、最低保障性 14
    二、救助对象全民性 14
    三、权利义务单向性 14

四、按需分配 …………………………………………………………… 14
　第三节　社会救助的原则 ………………………………………………… 15
　　　一、强调公平的原则 ……………………………………………………… 15
　　　二、无偿救助的原则 ……………………………………………………… 15
　　　三、与社会经济协调发展的原则 ………………………………………… 15
　第四节　社会救助的对象和标准 ………………………………………… 16
　　　一、社会救助的对象 ……………………………………………………… 16
　　　二、贫困的内涵与外延 …………………………………………………… 16
　　　三、社会救助标准的确定方法 …………………………………………… 20

第三章　社会福利与社会救助的产生和发展 …………………………… 28
　第一节　慈善事业时代 …………………………………………………… 28
　　　一、宗教慈善事业 ………………………………………………………… 28
　　　二、官办慈善事业 ………………………………………………………… 29
　　　三、民办慈善事业 ………………………………………………………… 29
　第二节　济贫制度的出现与发展 ………………………………………… 30
　　　一、社会背景分析 ………………………………………………………… 30
　　　二、济贫制度的确立与发展 ……………………………………………… 30
　第三节　社会救助制度的确立和福利国家的兴起 ……………………… 32
　　　一、社会救助制度的确立 ………………………………………………… 32
　　　二、福利国家的兴起 ……………………………………………………… 33

第四章　社会福利与社会救助的理论渊源 ……………………………… 35
　第一节　社会福利与社会救助的思想渊源 ……………………………… 35
　　　一、宗教教义中的社会福利与社会救助思想 …………………………… 35
　　　二、中国传统的社会福利与社会救助思想 ……………………………… 36
　第二节　社会福利与社会救助的思想流派 ……………………………… 37
　　　一、经济学思想流派 ……………………………………………………… 38
　　　二、社会学思想流派 ……………………………………………………… 45
　第三节　社会福利与社会救助的争议 …………………………………… 49
　　　一、社会福利与社会救助形式的争议 …………………………………… 49
　　　二、社会福利与社会救助方式选择上的差异 …………………………… 50

第五章　我国社会福利与社会救助制度的发展现状 …………………… 52
　第一节　我国社会福利与社会救助制度的发展历程 …………………… 52
　　　一、初建阶段（1949—1957年）…………………………………………… 52
　　　二、调整阶段（1958—1967年）…………………………………………… 54
　　　三、停滞阶段（1968—1977年）…………………………………………… 54

四、恢复阶段（1978—1985 年） ………………………………………… 55
　　　五、改革阶段（1986—2003 年） ………………………………………… 55
　　　六、加快发展时期（2004 年至今） ……………………………………… 57
　第二节　我国社会福利制度的成就、困境及发展路径 ……………………… 58
　　　一、我国社会福利制度的发展成就 ……………………………………… 58
　　　二、我国社会福利制度面临的困境 ……………………………………… 59
　　　三、我国社会福利制度的发展路径 ……………………………………… 62
　第三节　我国社会救助制度的成就、困境及发展路径 ……………………… 63
　　　一、我国社会救助制度的发展成就 ……………………………………… 63
　　　二、我国社会救助制度面临的困境 ……………………………………… 65
　　　三、我国社会救助制度的未来选择 ……………………………………… 66

第六章　老年人福利 …………………………………………………………… 68

　第一节　人口老龄化与老年保障 ……………………………………………… 68
　　　一、日历年龄、生理年龄和经济年龄 …………………………………… 68
　　　二、人口老龄化的含义 …………………………………………………… 69
　　　三、老龄化带来的社会后果 ……………………………………………… 70
　第二节　老年人福利概述 ……………………………………………………… 72
　　　一、老年人福利的含义 …………………………………………………… 72
　　　二、老年人福利的内容 …………………………………………………… 72
　第三节　发达国家的老年人福利 ……………………………………………… 73
　　　一、美国的老年人福利 …………………………………………………… 73
　　　二、日本的老年人福利 …………………………………………………… 76
　第四节　我国老年人社会福利的发展与现状 ………………………………… 78
　　　一、我国老年人福利的发展历程 ………………………………………… 78
　　　二、我国老年人福利的发展成就 ………………………………………… 80
　扩展阅读 ………………………………………………………………………… 83
　案例讨论 ………………………………………………………………………… 83

第七章　儿童福利 ……………………………………………………………… 85

　第一节　儿童福利概述 ………………………………………………………… 85
　　　一、儿童福利的含义 ……………………………………………………… 85
　　　二、儿童福利的内容 ……………………………………………………… 86
　第二节　发达国家的儿童福利 ………………………………………………… 88
　　　一、英国的儿童福利 ……………………………………………………… 88
　　　二、日本的儿童福利 ……………………………………………………… 90
　第三节　我国儿童福利的发展与现状 ………………………………………… 92
　　　一、我国儿童福利的发展历程 …………………………………………… 92

二、我国儿童福利的发展成就 ………………………………………………………… 93
　扩展阅读 ……………………………………………………………………………………… 95
　案例讨论 ……………………………………………………………………………………… 96

第八章　妇女福利 …………………………………………………………………………… 99

　第一节　妇女福利概述 …………………………………………………………………… 99
　　一、妇女福利的含义 …………………………………………………………………… 99
　　二、妇女福利的内容 …………………………………………………………………… 99
　第二节　我国妇女福利的发展现状与未来发展路径 ……………………………………… 101
　　一、我国妇女福利的发展现状 ………………………………………………………… 101
　　二、我国妇女福利的未来发展路径 …………………………………………………… 104
　扩展阅读 ……………………………………………………………………………………… 105
　案例讨论 ……………………………………………………………………………………… 106

第九章　残疾人福利 ………………………………………………………………………… 108

　第一节　残疾人福利概述 ………………………………………………………………… 108
　　一、残疾和残疾人的含义 ……………………………………………………………… 108
　　二、残疾人福利的含义 ………………………………………………………………… 109
　　三、残疾人福利的内容 ………………………………………………………………… 109
　第二节　发达国家的残疾人福利 ………………………………………………………… 111
　　一、美国的残疾人福利 ………………………………………………………………… 111
　　二、日本的残疾人福利 ………………………………………………………………… 115
　第三节　我国残疾人福利的发展与现状 ………………………………………………… 117
　　一、我国残疾人福利的发展历程 ……………………………………………………… 117
　　二、我国残疾人福利的现状与缺陷 …………………………………………………… 119
　　三、我国残疾人福利的未来发展路径 ………………………………………………… 120
　扩展阅读 ……………………………………………………………………………………… 122
　案例讨论 ……………………………………………………………………………………… 123

第十章　教育福利 …………………………………………………………………………… 124

　第一节　教育福利概述 …………………………………………………………………… 124
　　一、教育福利的含义 …………………………………………………………………… 124
　　二、教育福利的内容 …………………………………………………………………… 124
　第二节　我国教育福利的发展与现状 …………………………………………………… 125
　　一、我国教育福利的发展历程 ………………………………………………………… 125
　　二、我国教育福利的发展成就 ………………………………………………………… 128
　扩展阅读 ……………………………………………………………………………………… 130
　案例讨论 ……………………………………………………………………………………… 130

第十一章 住房福利 … 132

第一节 住房福利概述 … 132
一、住房福利的含义 … 132
二、住房福利的内容 … 133

第二节 发达国家的住房福利 … 134
一、美国的住房保障体系 … 134
二、新加坡的住房保障体系 … 135

第三节 我国住房福利的发展和现状 … 136
一、我国住房福利制度的改革和发展 … 136
二、我国住房福利的基本框架和成就 … 137

扩展阅读 … 140
案例讨论 … 141

第十二章 职业福利 … 143

第一节 职业福利概述 … 143
一、职业福利的含义 … 143
二、职业福利的功能 … 144
三、职业福利的特征 … 145
四、职业福利的分类 … 146
五、职业福利与社会福利、工资的区别 … 148

第二节 职业福利规划与管理 … 149
一、职业福利规划的原则 … 150
二、职业福利规划的方法 … 151
三、职业福利的管理 … 153

第三节 我国职业福利的发展历程 … 155
一、计划经济时期的职业福利发展状况 … 155
二、市场经济转型时期的职业福利发展状况 … 155

扩展阅读 … 157
案例讨论 … 157

第十三章 福利彩票 … 160

第一节 福利彩票的含义及彩票资金的使用 … 160
一、彩票及其作用 … 160
二、彩票发行方式的演变 … 161
三、福利彩票的含义 … 162
四、国际彩票资金使用的基本模式 … 162

第二节 我国的福利彩票事业 … 163

一、我国福利彩票的发展 ·· 163
　　二、我国福利彩票的主要发行方式 ·· 164
　　三、我国福利彩票资金的使用现状 ·· 165
　扩展阅读 ·· 168
　案例讨论 ·· 168

第十四章　基本生活救助 ··· 169

　第一节　基本生活救助概述 ·· 169
　　一、基本生活救助的含义 ·· 169
　　二、基本生活救助的形式 ·· 169
　第二节　发达国家的生活救助 ··· 170
　　一、美国的生活救助 ·· 170
　　二、日本的贫困救助 ·· 172
　第三节　我国的基本生活救助 ··· 175
　　一、居民最低生活保障制度 ··· 175
　　二、农村五保供养制度 ··· 180
　　三、扶贫开发 ··· 183
　扩展阅读 ·· 186
　案例讨论 ·· 187

第十五章　灾害救助 ·· 188

　第一节　灾害和灾害救助 ··· 188
　　一、灾害与灾害救助的含义 ··· 188
　　二、我国自然灾害的主要特点和分布 ·· 188
　第二节　发达国家的灾害救助管理体系 ·· 189
　　一、美国的灾害救助管理体系 ··· 189
　　二、日本的灾害救助管理体系 ··· 192
　第三节　我国的灾害救助管理体系 ·· 193
　　一、我国灾害救助体系的历史演进 ··· 193
　　二、我国的灾害救助管理体制 ··· 195
　　三、我国灾害救助管理的发展成就 ··· 197
　扩展阅读 ·· 198
　案例讨论 ·· 199

第十六章　慈善事业 ·· 201

　第一节　慈善事业概述 ·· 201
　　一、慈善 ··· 201
　　二、慈善事业 ··· 202

三、慈善组织 ………………………………………………… 203
　第二节　美国的慈善事业 ……………………………………… 205
　　　一、美国的慈善文化 ………………………………………… 205
　　　二、美国政府对慈善事业的引导和支持 …………………… 206
　　　三、慈善组织自身的管理与发展 …………………………… 207
　第三节　我国慈善事业的发展历程和影响因素 ……………… 208
　　　一、我国慈善事业的发展历程 ……………………………… 208
　　　二、我国慈善事业发展的影响因素 ………………………… 211
　扩展阅读 …………………………………………………………… 216
　案例讨论 …………………………………………………………… 217

第十七章　专项救助 ……………………………………………… 222
　第一节　医疗救助 ……………………………………………… 222
　　　一、医疗救助的含义 ………………………………………… 222
　　　二、医疗救助的方式 ………………………………………… 222
　第二节　住房救助 ……………………………………………… 223
　第三节　教育救助 ……………………………………………… 224
　第四节　司法救助 ……………………………………………… 224
　第五节　流浪乞讨人员救助 …………………………………… 225
　　　一、流浪乞讨人员救助的含义 ……………………………… 225
　　　二、我国流浪乞讨人员救助的发展历程 …………………… 226
　扩展阅读 …………………………………………………………… 227
　案例讨论 …………………………………………………………… 228

参考文献 ………………………………………………………… 230

社会福利概述

【学习目标】

通过学习本章,从社会福利的概念、模式、特征、功能等维度对现代社会福利制度有一个基本的认识,理解现代社会福利制度是以社会稳定、社会公平、社会再生产等为基本目的,其重要作用是为整个社会经济的正常运转创造良好的环境,使国民经济持续、稳定、均衡、协调发展。

第一节 社会福利的内涵与外延

一、社会福利的含义

社会福利作为一项现代社会保障制度,是在人类社会进入20世纪以后开始形成并发展起来的。在20世纪以前,西方的社会福利主要建立在自由主义行为基础上,社会福利只是表现为一种局部的、有限的慈善行为,表现为一种单纯的民间互助行为,社会福利的内容也仅仅是满足社会成员因生存而需要的单纯的物质生活保障,渗透到这些行为中的主要是一些积德行善的宗教释义或儒学思想。进入20世纪以后,在国家和政府直接干预并承担责任的基础上,社会福利才逐步成为一项面向全体社会成员的社会政策,并且逐步形成了日益丰富的国家福利等道德价值规范,除了满足物质生活保障,还增加了精神生活和个人全面发展的内容。

从词源学的角度考察,无论是汉语还是英语,社会福利的"福利"一词首先都是同美好而幸福的生活状态相联系的概念。在汉语中,福利包含了"幸福和利益"的意思。例如,《后汉书》(卷四九)中记载,仲长统《昌言·理乱》中有"是使奸人擅无穷之福利,而善士挂不赦之罪辜"的说法,其中的"福利"二字就是指"幸福和利益"。在英语中,福利为"welfare",它是"well"和"fare"意思的综合,指"一种健康、幸福而美好的生活状态"。然而,什么才是"好的生活",却是一个仁者见仁、智者见智的问题。它既可以指物质生活的安全、富裕和快乐,也可以指精神上、道德上的一种状态。①

不过,在国际上由于对社会福利还缺乏统一的界定与认识,所以在社会保障众多的子

---

① 周良才,赵淑兰.社会福利服务:第二版[M].北京:北京大学出版社,2017.

概念中，社会福利是一个相对笼统的字眼，其内涵和外延至今仍难以准确界定。不同的国家和地区由于历史、文化、政治、经济等背景条件的不同，对社会福利的认识和理解也就不同。

在美国，人们普遍认为，一个国家用以协助人们满足社会、经济、教育与健康的需求，使社会得以维系下去的方案、给付与服务的体系就是社会福利，具体包括给付的体系（各种社会救助）和社会服务的体系（对弱势群体的直接服务）。例如，美国1999年出版的《社会工作词典》对"社会福利"的定义为：第一，一种国家的项目、待遇和服务制度，它帮助人们满足社会的、经济的、教育的和医疗的需要，这些需要对维持一个社会来说是最基本的；第二，一个社会共同体的集体的幸福和正常的存在状态，主张社会福利是一种制度性的公正社会存在状态。美国学者巴克认为，社会福利是指"一种由社会福利计划、社会福利津贴和社会服务构成的，帮助人们满足对维持社会运转必不可少的社会需要、教育需要和健康需要的国民制度"（Barker,1991:221）。英国学者认为社会福利是为了保障全体国民的物质的、精神的、社会的最低生活水准，而由政府和民间提供的各项社会服务的总和。日本则常将"福利"解释为"幸福"，但把福利翻译成"厚生"，认为给存在生活困难的社会成员提供个别的或者特殊的措施就叫作社会福利。可见，这种理解是采用大福利概念，是范围最广、层次最高的解释。我国的香港和台湾地区也基本持有这种解释，认为广义上的社会福利应当包括医疗保健、国民就业、社会保险、福利服务、社会救助、国民住宅、环境保护等，可见范围非常广泛，涉及公务人员保险、退休人员保险、私立学校教职工保险、农民健康保险、劳工保险、全民健康保险、人寿保险、社会救助、残障福利、妇女福利、老人福利、儿童福利等。

从上述各个国家和地区的认识来看，社会福利是指社区或社会的满意状况。从这种意义上说，社会福利是社会不断努力追求的结果。在追求的过程中，人们对生活质量是什么以及应该是什么进行了界定，并且努力把这种界定变为现实。

鉴于我国的基本国情，国内学术界一般是从狭义的角度去界定社会福利。我国历史上社会福利一直是与救灾济贫事业、社会保险、劳动保险相提并论的。改革开放以后出现社会保障的概念时，社会福利才作为其中的一个子系统而存在。在我国，对社会福利的界定存在一定的困难。由于我国的社会福利实践是将社会福利限定在扶贫济困的领域内，其概念及所涉及的内容又存在较大的争议，在实践中，不同的福利制度具有不同的指导理念，从而无法总体概括出其一般性特点。目前，我国的社会福利制度仍然处于改革发展期，如果仅从现有某一福利制度来分析，难免出现以偏概全的可能，也不可避免地会给改革带来困难。为了明确当下社会福利制度的总体特征，判断未来社会福利制度的趋向，为我国社会福利制度的未来选择提出理论建议，我们认为，社会福利是指国家和社会通过社会化的福利设施与有关福利津贴，以满足社会成员的生活服务需要，并促进其生活质量不断得到改善的一种社会政策。[①]

对于这个概念，我们可以从五个方面来理解。

第一，社会福利的责任主体是国家和社会。国家颁布相关法律对各项福利事业进行

---

① 郑功成.社会保障学——理念、制度、实践与思辨[M].北京:商务印书馆,2000:20.

规范,如我国先后颁布过《中华人民共和国残疾人权益保障法》《中华人民共和国老年人权益保障法》等法律或法规。同时,政府通过有关职能部门对社会福利事业进行监督与管理,并承担着相应的拨款补贴责任。

第二,社会福利具有经济福利性。与其他社会服务相比,社会福利的本质主要体现在经济福利性上,从而属于第三产业范畴,但是不同于一般的第三产业,所以难以采取市场调节方式,政府的呵护与政策扶持往往是社会福利生存和发展的必要条件。

第三,社会福利强调社会化。也就是说,福利的提供必须是开放式的,必须面向所有的公民。从这个角度讲,由各机构提供给员工的福利并不能算是社会福利,但从我国普遍的认识来看,从职业福利社会功能不断强化及其对社会保险的必要的补充来看,我们仍把职业福利划归社会福利之中。

第四,社会福利的供给方式主要是提供服务,如青少年教育服务、残疾人康复服务、老年人安老服务及其他一些具有福利性质的社会服务。从这个角度讲,社会福利主要处于服务保障的层次,甚至也包括了对有需要的人的精神慰藉。

第五,社会福利的目标不仅是保障社会成员的基本生活,解除社会成员的后顾之忧,而且包括促使社会成员的生活质量不断得到改善和提高。例如,满足社会成员在教育、文化等方面的需求等。①

需要注意的是,社会福利的含义并非恒定不变的,一个国家的社会福利往往与该国的经济发展水平与社会文明程度正相关,即经济发展水平越高,其社会福利包括的内容就越广泛、质量就越高;反之亦然。

二、社会福利的基本体系

(一)社会福利与人的需要

人类对幸福美好生活的向往是社会福利产生的最初冲动。一个人的需要得到了满足,就会有幸福感。社会福利制度正是为了满足社会成员需要的一种制度安排。在大多数情况下,社会福利制度成功地向社会成员提供了生存和发展所需的资源——钱、房子、教育、咨询等。这反过来又有益于社会,因为当人们更好地发挥作用时,人们生活的整体质量也会得到提高。值得注意的是,社会福利不仅增强了现存的社会结构的功能,而且推动了社会结构的变革。当个人的需要无法得到基本满足时,或者当处于不利地位的个人无法拥有更好的机会去满足其自身需要时,就必须对这些结构或模式进行改革。

美国学者威廉姆·H.怀特科认为,社会福利制度是通过以下三条途径来满足人们的需要的。②

1. 减少障碍

社会福利帮助人们满足自身需要的途径之一就是减少人们所面临的障碍。例如,残疾儿童与其他儿童一样需要接受教育,才能发展智力、提高社会能力、增进身体健康。

---

① 郑功成.社会保障学——理念、制度、实践与思辨[M].北京:商务印书馆,2000:20-21.
② [美]威廉姆·H.怀特科.当今世界的社会福利[M].解俊杰,译.北京:法律出版社,2003.

2. 增强人的能力

社会福利增强人们满足自身需要和克服障碍的能力。现实中，人们往往既缺乏知识又对自己的能力缺乏信心，既不知道目前有哪些福利服务可以利用，又不知道怎样去得到它们，因此需要国家和社会提供社会福利服务。这些服务通过提供信息和增强人们自主行为的能力来专门解决上述问题。

3. 提供所需的资源

社会福利为人们提供钱、食品、住房、衣物、医疗保险、咨询、情感支持、法律援助、人身保护等资源。人们的需要如果得不到满足，那么他们就不能很好地发挥作用，从而会造成社会成本，如低素质的劳动力、由于缺乏充分的产前保健而导致的畸形婴儿及吸毒等。因此，许多社会福利计划的目的之一就是给予人们增进处理日常生活所需的能力的权利，其中包括教育、懂得如何利用社会组织的力量、知道自己的权利等。提供资源是社会福利的一项重要功能。社会福利不仅为个人（社会保险券），而且为家庭（住房）、公司（为雇主提供咨询服务）、社区（老年人活动中心）及社会（健康而有知识的人口）提供所需的资源。每个人都有社会福利可以帮助实现的需要，因而每个人都能从中受益。

像所有社会制度一样，社会福利通过加强人们与社会的相互联系维持了现存的社会秩序。社会福利的目的就是帮助人们在其社会环境中更有效地发挥作用。这包含两层意思：①满足人们的基本生存需要（充足的营养食品、衣物、房屋、医疗保险、清洁的水和空气）；②满足人们必须的心理的、精神的社会交往的需要。除了满足人们的基本需要之外，社会福利还应包括以下内容：为使人们参与经济建设而提供充分的教育，提供咨询以帮助其认识并处理个人所遇到的困难，提供就业门路和其他社会活动。

（二）社会福利的体系

从结构上讲，现代社会福利体系主要包括两大部分，表现为以公共福利为基础，职业福利为补充。公共福利包括专项公共福利和特殊群体福利。专项公共福利是指在某一专项领域向全体国民提供的福利，如教育福利、住房福利等。特殊群体福利是指向老年人、妇女、儿童等特定群体提供的福利。职业福利，又称职工福利、集体福利，是指已就业的职工所能享有的由其所在单位提供的各种福利。我国现在还没有制定专门的"社会福利法"，但《劳动法》《义务教育法》《老年人权益保障法》等法律中均含有社会福利方面的内容。

从制度安排的角度讲，社会福利制度有狭义和广义之分。

狭义的社会福利制度是指为帮助特殊的社会群体而提供的服务，又称福利服务（welfare services）。它在社会生活中是补缺性的，涉及的是传统社会工作的内容，宗教和慈善机构、邻里和社区等在其中起着重要作用，政府介入较少。

广义的社会福利制度强调社会福利制度在促进和实现人类共同福利中的作用，主要包括以下几个方面：①非正式的社会福利制度，包括个人、家庭、邻里和社区为增进社会福利、履行文化和道德责任所承担的各种活动，如个人帮助和照料家庭成员的活动、帮助周围需要帮助的人的活动、社区为帮助需要帮助的人所做的集体努力等。②正式的社会福利制度，主要包括宗教的慈善活动、非宗教的慈善活动（非营利组织的社会福利活动）。其中，有组织的宗教慈善活动是其最重要的内容，但非宗教的慈善活动有扩大趋势。有组织的宗教和非宗教的慈善活动组成了社会福利活动的志愿部门,有时又被称为"第三部门"。

从形式上说,在当今世界各国的福利制度中,福利津贴是一种重要的福利资源的分配形式,具体包括教育津贴、失业津贴、生育津贴、伤残津贴、养老津贴等。除此之外,医疗卫生服务、公共教育、住房福利、社会工作服务、就业保障、教育也是社会福利的重要内容。

第二节 社会福利的模式

从不同角度对社会福利进行分类,是社会福利实施过程中的客观需要,具有重要的理论和现实意义。从社会福利范围和内容的角度,可分为广义的社会福利和狭义的社会福利;从实施目的的角度,可分为制度型社会福利和补缺型社会福利;从社会福利实施手段的角度,可分为剩余型社会福利、工业成就—表现模式和制度再分配模式。下面主要介绍四种模式。

一、威伦斯基的"二分法"模式

美国社会学家哈罗德·威伦斯基(Harold Wilensky)和查尔斯·勒博克斯(Charles Lebeaux)于1958年在《工业社会与社会福利》(*Industrial Society and Social Welfare*)一书中首次提出了著名的社会福利二分法[①],即社会福利的两种概念:补缺型社会福利和制度型社会福利。补缺型社会福利主张社会福利只有在正常的供给渠道遭受破坏时才发挥作用,它显示的是对自由选择的价值承诺,要求解决的首先是社会失常现象和补充必要的普及性服务。这实际上反映了社会福利是一种补充性的机制。制度型社会福利认为社会福利是正常的和第一线的危机预防系统,它强调社会福利优先解决普遍性的社会问题,补充以必要的补救性选择服务,从而在现代工业社会中发挥必然的重要作用。制度型社会福利强调社会福利的制度性,强调社会福利作为一种普遍性的制度而存在,是社会制度结构中常规化、永久性的重要组成部分,保障对象扩展到社会的全体公民,从而实现了由选择性福利(selective welfare)到普遍性社会福利(universal welfare)的转变,但也存在由于社会福利支出较高产生福利依赖等弊病。

二、蒂特马斯的"三分法"模式

英国社会政策专家理查德·蒂特马斯(Richard Titmuss)在其名著《社会政策》一书中根据国家、市场和家庭在福利中扮演角色的不同,在理论上把社会福利区分为三种模式。一是"剩余型模式"(也称补救模式),相当于威伦斯基的补缺型,即主张福利的需求主要通过个人来满足,只有在正常的社会供给渠道(个人保障)遭到破坏时社会福利才发生作用。二是"制度化再分配型",相当于威伦斯基的制度型,即政府主动、积极介入福利保障,确保全体国民共享福利保障,社会福利是正常的和第一线的危机预防系统。与威伦斯基不同的是,他增加了第三种模式——"工业绩效型"(又称成就或成绩模式),即把社会福

[①] 尚晓媛."社会福利"与"社会保障"再认识[J].中国社会科学,2001(3):118.

利界定为"经济的附属物",主张社会资源应该按照"成绩、工作表现和生产力来分配"。这实际上更多地强调效率原则,个人的福利保障取决于个人的工作表现,遵循的是一种市场竞争的理论。

三、米什拉模式

加拿大社会学家拉梅什·米什拉(Ramesh Mishra)在其著作《资本主义社会的福利国家》中提出了"战后"福利国家发展的模式,分别是新保守主义、社会合作主义、社会政策和新模式。新保守主义以美国和英国为代表,政府应该而且必须承担为所有公民提供过得去的最低生活标准的责任。该模式包括对贫穷和依赖的三方面供给:一是以新保守主义的方式规范市场,能够维持较高而稳定的就业水平;二是由公共部门提供一系列普遍的社会服务,尤其是教育、收入保障、医疗及一系列个人社会服务;三是应有一个建立在收入或资产调查基础上的援助设施"安全网"。社会合作主义以瑞典和奥地利为代表,奉行传统福利国家的原则,维持充分就业,提供普遍的社会服务,坚持保障贫困人民的基本生活水平,维持人民生活的最低标准,不断巩固和保护战后本国的福利国家体系。社会政策和新模式以加拿大和澳大利亚为代表,强调实施普遍性的社会服务,在充分就业方面政府表现并不积极,同时,注重贫困保障,如增加家庭收入补贴、实施"家庭一揽子计划"、消除儿童贫困问题等。

四、罗斯的混合福利模式

英国学者理查德·罗斯(Richard Rose)认为,社会福利是一种混合的社会安排的结果。在任何社会中,提供一种特定的服务有四种方式:市场(服务的生产和消费货币化)、政府(生产货币化,消费建立在非市场的基础上)、共同生活的住户(生产和消费均非市场化)和物物交换(交换时不使用货币)。可以看出,划分的依据是该项服务在生产环节是否给予货币价值及在使用环节是否货币化。在上述四种方式中,物物交换在现代经济中是微乎其微的。由此,罗斯提出社会福利总量(TWS)的公式:

$$TWS = H + M + S$$

公式中,TWS 表示社会福利总量,H 表示一户人家的福利产出,M 表示福利在市场上卖出和买进,S 表示政府的福利产出。其中,家庭在福利生产和消费方面有更大的弹性,它能灵活地对失业、收入减少和国家援助缩减等不幸遭遇作出反应。适用于家庭的手段包括照顾残疾的家庭成员、采取自助服务及在家庭和邻居之间互相帮助。一个社会的福利有其特殊的供给组合,特定的组合由各供给产出、单位所提供的商品和服务组成。同时,每一种福利提供的方式是可以相互替代的,因此,政府主导提供社会福利并表示其他方式的取消,相反,福利提供的方式是多元的、混合的。混合的福利经济不一定会导致福利产出的减少。尽管福利的分配系统是多样化而非单一的,最好的方式要通过政治的选择来决定。

除此之外,还有其他模式,如反集体主义的社会福利模式、半集体主义的福利模式、福利国家模式、斯堪的纳维亚模式、保守主义模式、自由民主主义模式、费边社会主义的福利模式、马克思主义模式、社会民主主义模式等。其中,反集体主义的社会福利模式(Anticollectivists)注重自由、个人主义和不平等的社会价值,强调个人有选择的最大自由,社会福利服务的供给必须依循个人选择的自由,政府的功能在于确保个人的自由,任何政府不当的干涉都可能扭曲市场机能的正常运作。半集体主义的福利模式(Reluctant Collectivist)同样强调个人自由和不平等。但该模式坚信要想达到个人自由的目标,资本主义的市场分配必须通过规范与控制才能确保资本主义的效率和功能,政府仅提供十分有限的福利服务。费边社会主义的福利模式(Fabian Socialist)认为社会的不平等导致缺乏效率,同时也违背社会正义的原则。因此,在社会福利方面,政府的角色在于提供各种福利服务,而个人则依不同需求"各取所需"。政府干预市场机能提供福利资源,可弥补市场机能的缺点,进而通过社会福利达到所得再分配的目标。马克思主义模式(Marxist)强调为了实现自由、平等和博爱的社会价值理念,政府的角色是扩大政府干预的范围,使社会福利的供给能满足不同福利的需求,政府供应所有的福利资源,所有的生产资源也由政府来统筹经营管理。①

第三节 社会福利的特征

与社会保障体系中的其他系统相比,社会福利具有以下五个方面的显著特征。

一、社会福利的覆盖对象具有普遍性

社会福利是全民性社会保障事业。尽管社会成员享有的社会福利项目或福利水平不可能一致,但从总体上讲,社会福利是面向全体社会成员的社会保障事业,任何人都需要并且都能够享受一定的社会福利待遇。从社会福利的对象来看,它覆盖了全体公民:从婴幼儿、儿童、少年、劳动者,到残疾人、老年人等。如英国在"二战"后推行的社会福利政策就是面向每个公民的。有些社会福利的享受对象甚至覆盖了在本国居住的外国公民。

与社会福利相比,社会保障的其他子系统的覆盖对象却是比较有限的,社会保险只面向从业人员,社会救助面向贫困人口和灾民,社会优抚只面向军人。

二、社会福利的内容具有广泛性

社会福利制度在内容上涉及国民教育、住房、就业等方面,在具体的服务方式上由于针对不同的对象而具有不同的服务内容,如社会化的老年人福利、儿童福利、妇女福利、残疾人福利等,从而是社会保障体系中内容最复杂、项目最多的子系统。

三、社会福利的提供方式具有服务性

社会福利项目的实施一般具有服务性,并且离不开特定的社会福利设施。社会保险主要采取提供现金的方式,社会救助主要通过提供现金、实物的方式。社会福利的目的是

---

① 詹火生.社会福利理论研究[M].台北:巨流图书公司,1988:16-17.

改善社会成员的生活,提高国民的素质。为了达到这一目的,只依靠现金和实物是远远不够的,还要提供广泛的福利设施和福利服务,如学校、公共住房、集体福利设施、养老院、儿童福利院、残疾人学校、福利工厂、社区服务机构等。这些设施是国家和社会实施相关社会福利政策的基本途径。

四、社会福利的实施主体具有社会性

由于社会福利覆盖全体公民,而人们对社会福利服务的需求是多种多样的,社会福利在内容上又是非常广泛的,管理也非常复杂,所以社会福利的服务不可能全部由国家承担,还要通过政府举办的各种福利机构或者是非政府的社会福利团体来提供。因此,既有政府举办的教育、住房等社会福利,也有企业举办的职业福利,以及民间举办的社区福利或慈善性福利事业。提供待遇比较固定和单一的社会保险与社会救助则可以由国家包揽下来。社会福利事业是需要充分利用社会各方力量来合力推动的社会保障事业,包括政府、非政府(NGO 或 NPO 组织)、市场(个人付费的)、非市场(社区的志愿者,受助者家庭)。

五、社会福利的实施过程具有多层次性

由于社会成员对福利的需求是多方面的,也是多层次的,国家和社会在举办社会福利时不可能像社会救助、社会保险、军人保障等其他社会保障子系统一样,规范一个统一的标准。社会福利不仅需要经济收入保障,而且需要各种社会服务,这就决定了社会福利的实现方式也应是多种多样的。特别是对社会上的老、弱、病、残等弱势群体来说,经济收入保障固然重要,服务保障同样是不可缺少的。如果没有福利服务保障,他们即使有了钱,也有可能陷入生活困境。因此,社会福利不仅要注重资金保障,还要注重发展各种形式的福利性服务保障,并通过动员社会成员的广泛参与,使自助、互助式的社会福利服务成为提高社会生活质量的有效手段。在保证必要的、基本的福利保障的条件下区别不同的对象来确定具体的标准,同时,允许无偿的福利、低收费的福利、标准收费但不盈利的福利等形式同时存在,为社会成员提供水平不一的福利保障。就实施的过程而言,社会福利与其他社保子系统相比显得更为复杂。

第四节 社会福利的功能

西方福利国家所实施的社会福利制度对于其经济和社会发展都起着一定的作用,有着不可忽视的重要影响。

一、提高国民生活质量

社会福利通过提供低费用或免费的福利待遇及现金补贴,使社会成员在收入不减少的情况下,提高生活待遇。随着社会化生产的发展和生产力水平的提高,劳动者创造的财富越来越多,生产的社会化发展必然带来人们生活社会化程度的提高,许多原来属于个人的责任和家庭的职能逐步转变为国家责任和社会职能,如儿童健康、老年人保健、残疾人

康复和就业、科学文化和教育事业的发展等。国家通过财政税收的方式,积累财富用以兴办各种社会福利事业,使社会成员共同受益,提高社会成员的物质生活水平。①

二、实现社会安定和政治稳定

西方福利国家推行福利制度的主要目的是实现社会安定和政治稳定。各国政府在建立福利制度时往往把社会福利计划与阶级合作计划结合起来,使社会福利政策与阶级合作政策互相促进、互为补充。例如,北欧各国和联邦德国在推行社会福利计划的同时,推行了与社会福利计划相结合的几种阶级合作形式:一是劳动力市场共同管理制度,国家不仅对失业工人提供社会救济,为雇主和劳动者提供劳动供求信息,而且开展职业培训、进行职业指导和实施劳动力计划等;二是协商解决劳资纠纷的制度,由政府、雇主组织和工会组织相互配合,共同解决有关工资待遇、辞退解雇、劳动条件方面的劳资纠纷问题;三是企业内部共同决定生产和劳动条件的合作制度,让工人具有一定的经营管理决策权,在一定程度上参与企业的经营管理;四是股权参与制度,让工人拥有一定数量的企业股份,以"分享"一部分企业利润。这些阶级合作形式的推行,使工人在作出决策时不仅考虑自身的利益,而且考虑企业的利益,使作为工人代表的工会在制定政策和作出决策时持谨慎态度,这对于劳资关系的改善起到了非常重要的作用。"二战"以后,西方各国工人阶级的罢工斗争相对来说减少了,各国在较长时期内出现了一个社会安定和政治相对稳定的时期,这可以说是这些资本主义国家推行社会福利制度的最重要的积极成果。②

三、保证国民经济平稳发展

一方面,"二战"以后社会福利开支不断增加,社会福利的普及化、社会福利基金的积累、全民化使居民的基本收入水平提高,有利于增加市场上的货币供应量,从而扩大了居民的有效消费需求,提高了投资,进一步保证了国民经济的平稳发展;另一方面,社会福利的实施与完善可以使用人单位摆脱员工年老、伤残等社会性负担,有利于用人单位优化劳动力组合与人才合理流动,从而有利于用人单位作为市场经济主体集中精力从事生产经营,提高效率,增强活力和转换企业经营机制。

四、促进社会公平,保障基本人权

社会福利从本质上讲是对国民财富的一种再分配,低收入的家庭获得的补贴较多、纳税较少,而高收入的家庭获得的补贴较少、纳税较多。这种再分配最直接的结果是在一定程度上缩小了贫富差距、促进了社会公平,而社会公平是社会健康有序发展的重要保障。此外,社会福利制度体系的建立对解除或预防贫困、消除社会成员的后顾之忧、为全体社会成员提供基本生活的安全感及维护人格尊严具有重要意义,而这些都是社会成员作为人所应当享有的基本权利。从这个意义上讲,社会福利是人权得到保障的体现。

---

① 周良才,赵淑兰.社会福利服务:第二版[M].北京:北京大学出版社,2017:5-6.
② 陈银娥,潘胜文.社会福利[M].北京:中国人民大学出版社,2004:44.

第二章 社会救助概述

【学习目标】

通过学习本章,从社会救助的概念、特征、原则、功能、对象和标准等维度对现代社会救助制度有一个基本的认识,理解现代社会救助制度在缓解贫困问题、维护社会稳定等方面的积极作用。

第一节 社会救助的内涵与外延

现代社会救助源于历史上的慈善事业,不过,它虽然仍然以救灾济贫为己任,但已不同于历史上具有浓厚的恩赐、怜悯色彩的慈善救济活动,而是一种通过立法规范并制度化的社会政策,与其他社会保障制度一样,都是建立在社会公平基础之上并以保障国民生活权益、促进社会和谐发展为宗旨的制度安排。

一、社会救助的含义

社会救助是指国家与社会向由贫困人口与不幸者组成的社会脆弱群体提供款物接济和扶助的生活保障政策,通常被视为政府的当然责任或义务,采取的也是非供款制与无偿救助的方式,目的是帮助社会脆弱群体摆脱生存危机,进而维护社会秩序的稳定。这一含义可作如下解析:[1]

第一,社会救助是一种政府或社会的行为。作为政府行为,它表现为政府在相应的立法规范下,通过实施社会救助政策为社会成员提供最低生活保障,政府不仅对这一政策的实施负有直接的财政责任,亦负有管理与实施社会救助的直接责任;作为社会行为,它又表现为民间或社会团体对救助对象的自发性救助,主要以自发性的募捐和其他慈善性活动的形式来实现,带有自发性、不确定性。

第二,社会救助的对象是容易遭遇生活困境的社会脆弱群体。所谓社会脆弱群体(也称弱势群体),是指依靠自身能力难以摆脱生活困境的社会成员,包括收入水平低于贫困线的贫困人口,就业市场竞争中的失败者,遭遇天灾人祸难以自拔者及因身体原因、年龄原因乃至政策歧视原因等而在生活与就业中处于显著不利地位的社会成员。因其不能依

---

[1] 郑功成.社会保障学[M].北京:中国劳动社会保障出版社,2005:260-261.

靠自己的力量维持基本的生活水平,所以需要国家和社会的扶助。

第三,社会救助的目标是满足社会成员的最低生活需要。它是为生活在最低收入标准(在其他国家通常以贫困线为标准,在我国现阶段是以最低生活保障线为标准)之下的社会成员提供物质及其他方面救助的社会保障制度,目的是避免社会成员陷入生存危机,确保满足社会成员的最低生活需求,维护法律赋予公民的基本生存权利。需要说明的是,最低收入标准是以维持人的最低生存条件为依据确立的,但最低生存条件仍然是一个动态的概念,如农业社会的最低生存条件是指食物或营养方面的最低标准,但进入工业社会尤其是进入发达社会后,这一标准显然要高得多。因此,它不仅仅是指维持生命极限所需要的食物消费需求,而是相对于一定时期其他社会成员已经拥有的平均消费水准及其他生活保障需求,由国家和政府根据历史、道德、社会等因素加以确定。这一标准通常低于社会平均收入水平及相应的社会平均消费水平。

需要指出的是,长期以来,我国习惯将对贫困人口、灾民等提供物质帮助的行为称为救灾救济或社会救济,而社会救助是改革开放以后才出现并逐渐被广泛使用的概念。社会救助与社会救济在实际工作中并没有本质的区别,但在概念上仍略有差异:一方面,社会救助的覆盖面比社会救济更广泛,不仅包括政府的救济也包括社会的支持和帮助,不仅包括社会保障体系中的社会救济和社会互助也包括其他针对救助对象的有效的扶助措施;另一方面,由于救济一词源远流长,历史上曾包含慈悲、怜悯等不平等的色彩,而救助一词则较为中性,从而更加符合现代社会的发展理念。实际上,社会救助概念的提出还有其特定的经济社会背景,其内涵的扩大是与人类生存需求内容的扩展相联系的,可以说是现实中贫困人口基本生存条件的变化推动了单纯的衣食救济向综合性的社会救助的转变的要求。因此,从社会救济到社会救助,概念改变本身即反映了这一制度的发展趋势。

就人类社会发展史而言,最初社会保障主要是以救灾济贫的形式出现的,其中,西方国家既有政府组织的救灾济贫事业,也有教会组织的各种慈善事业,我国历史上则主要是政府出面组织。根据世界银行测定,全球范围内的贫困仍在持续恶化,所有发展中国家处于贫困线以下的人口数量也在不断增加。国际慈善机构乐施会(Oxfam)2019年年初发布的最新报告显示,全球最富有的26人拥有与世界上最贫穷的一半人口(38亿人)相等的财富;2018年,全球亿万富翁的财富每天增加25亿美元,全年增长12%,与此同时,世界上最贫穷的一半人的财富减少了11%。根据该报告,如果对世界上最富有的1%的人的财富征收的税率提高0.5%,筹集到的资金将足够用于教育2.62亿儿童,并提供可挽救330万人生命的医疗保健。① 可见,贫困并没有得到解决,天灾人祸造成的不幸者更是无法避免。社会救助仍然是并且将会长期是社会保障体系中必不可少的、占据基础地位的一个子系统。

二、社会救助的基本体系②

社会救助体系是一个国家或地区对于低收入群体及不幸者进行的各种救助项目所形

---

① 数据来源:http://finance.sina.com.cn/stock/usstock/c/2019-01-22/doc-ihqfskcn9227915.shtml.
② 郑功成.社会保障学[M].北京:中国劳动社会保障出版社,2005:267.

成的一整套制度框架体系。在实践中,社会救助一方面依然保留并将继续保留救灾、济贫等传统项目,另一方面也在根据社会经济发展的需要,不断增加新的救助项目,其内容体系在不断丰富和完善。

社会救助体系的结构,按照不同的划分标准可以进行不同的分类。

(一) 依据救助的实际内容

现代社会救助可分为基本生活救助、灾害救助和专项救助等。

1. 基本生活救助

基本生活救助是指对家庭人均收入低于贫困线或当地最低生活保障标准的贫困人口实行差额补助的社会救助。我国的最低生活保障制度就是一种基本生活救助,其最显著的特点是解决保障对象的最低生活保障问题。再如我国的扶贫开发战略。扶贫开发是指国家和社会通过政策、资金、物资、技术、信息、劳务、就业等方面的外部投入,对贫困地区的经济运行状况进行调整、优化,在此基础上实现贫困地区经济的良性增长,进而缓解贫困地区的贫困,促使贫困人口逐渐摆脱贫困的政策体系。我国从1986年开始的扶贫开发到2013年开始的精准扶贫,即是如此。虽然与其他社会救助相比,扶贫开发主要是面向区域而不是直接面向贫困家庭与个人,但追求的目的仍然是社会救助要达到的目标,并且同样需要运用政府的公共权力与公共资源,从而仍然可以纳入现代社会救助体系中。

2. 灾害救助

灾害的形式多种多样,这里所说的灾害救助主要是指自然灾害救助。从这个角度说,灾害救助是指国家和社会依法向因遭受自然灾害侵袭而陷入生活贫困的社会成员提供一定的物质帮助,以保证其维持最低生活水平,帮助灾民提升生存能力的救助制度,是世界各国社会救助制度中的一项重要内容。灾害救助包括现金救助、实物救助和以工代赈等形式。

3. 专项救助

专项救助可以满足被救助对象的各种特殊需要,与基本生活救助、灾害救助相互补充,共同构成社会救助制度的主要内容。专项救助具体包括医疗救助、住房救助、教育救助、司法救助、流浪乞讨人员救助、就业救助、应急救助及其他临时性救助等。医疗救助是指对贫困人口中因病而无经济能力接受治疗的人实施专项帮助和支持的社会救助,其特点是在政府主导下,社会广泛参与,通过医疗机构实施,恢复受助对象的健康。住房救助是指政府向低收入家庭及其他需要保障的特殊家庭提供住房租金补贴或以低廉租金配租住房的社会救助,其实质是由政府承担住房市场费用与居民支付能力之间的差额,解决部分居民因住房支付能力不足而居无定所的问题。我国的廉租房政策实际上也是一种住房救助政策。教育救助是国家和社会为保障适龄人口获得接受教育的公平机会而对贫困地区和贫困家庭子女提供物质援助的一种社会救助,其特点是通过减免学杂费用、资助学杂费等方式帮助贫困人口完成相关阶段的学业,以提高其文化技能。司法救助是国家在司法制度运行中对因贫困及其他原因导致的难以通过一般意义上的法律手段保障自身基本社会权利的社会成员,通过减免收费、提供法律帮助等实现其司法权益的一项社会救助。

与其他社会救助项目不同的是,法律援助是以司法救济的形式出现的,其直接目的是实现司法公正与正义。法律援助主要包括减免诉讼费、免费提供律师、公证和法律咨询服务等。就业救助是与失业保险制度相配套的制度安排,其救助对象是因失业救济金低下而无法维持基本生活或失业保险期满仍未找到工作,生活陷入困境者,其特点是不受时间限制,失业者在重新找到工作之前可以长期享受。

(二) 依据救助的手段

社会救助可以划分为现金救助、实物救助、服务救助及以工代赈等。

1. 现金救助

现金救助是以发放现金的形式为救助对象提供帮助的社会救助形式。费用的减免或核销其实也是现金救助。现金救助是现代社会救助的主要形式,其优点是受助者可以根据自己的需要将其转换为各种物质或服务,从而更有利于按需保障。在社会救助中,现金救助的形式最为广泛。

2. 实物救助

实物救助是以发放物资的形式为救助对象提供帮助的社会救助形式,是一种传统的救助形式。实物救助的优点是所发的物资可以直接消费,救助的效果比较快捷,因此在灾害救助中经常采用。不过,实物救助需要讲究针对性,并非任何救助项目均可采用。

3. 服务救助

服务救助是指针对特殊的救助对象提供生活照顾和护理等服务,主要包括对高龄老人的护理服务、对孤儿的关爱和照顾等。

4. 以工代赈

以工代赈是指通过提供相应的工作或就业机会并发放劳动报酬的方式实现对救助对象的救助。在灾害救助与扶贫开发中,以工代赈都是国内外较为广泛采用的救助手段。

(三) 依据救助时间的长短

社会救助可以划分为定期救助和临时救助。

1. 定期救助

定期救助是指在时间上具有连续性的社会救助,一般表现为在相对较长的一段时间里,社会救助管理机构按规定连续地、定时地为救助对象提供援助。例如,对孤寡老人、孤残儿童及长期生活在贫困线或最低生活保障线之下的社会成员的救助等,均采取定期救助。

2. 临时救助

临时救助是指在时间上没有连续性,或者救助时间比较短的社会救助,是为解决社会成员临时的生活困难而进行的社会救助。这种救助的条件往往是短期的或临时的,因此,当救助条件消失之后,救助的必要性也就不复存在。临时救助主要包括各种灾害救助和失业救助等,其特征是短期性和非连续性。

第二节　社会救助的特征

历史上的社会救助基本上是临时性的,没有形成一种经常性的社会救助制度,进入现代社会以后,社会救助才真正成为一种经常性的、制度化的社会保障事业,并在实践中呈现出一些特征。

一、最低保障性

从现代社会保障体系来看,社会保险、社会福利、社会优抚三大系统都是水平较高的社会保障制度,它们解决的不仅是社会成员的生存问题,而且包括社会成员的生活质量问题。只不过社会救助子系统面对的是陷入生存困境且最为迫切地需要国家和社会援助的社会成员。社会救助的待遇水平通常是整个社会保障体系中最低的,以维持社会成员的最低生活需要为标准。这个特征也使社会救助成为整个社会保障制度的第一道防线,也是社会稳定系统的第一道防线,所以又被称为最低保障制度。

二、救助对象全民性

社会救助强调公平,它面向的是全体社会成员。社会救助没有特定的年龄、性别、职业等方面的限制,也不存在事先参加的问题,只有客观的救助条件与标准。任何人只要符合申请社会救助的条件,即可通过正常的途径获得国家和社会的援助。这一点同社会福利有相似之处。

虽然在实践中,社会救助由于多数成员能够正常生活而不需要援助,并非全体社会成员都能享受,但就其本质而言,它是面向全体社会成员的,从而具有全民性特征。

三、权利义务单向性

社会救助体现的是权利义务的单向性特征。享受社会救助的社会成员只要符合救助的条件,就有权利申请得到救助,对受益者而言,他享受的是单纯的权利。而提供社会救助则是政府与社会的职责和法定义务。当需要社会救助而不能提供或提供不足时,社会便会出现严重的问题,这会被视为政府与社会的失职,或者说没有尽到应尽的义务。

四、按需分配

社会救助与按劳分配和按资分配的国民收入再分配渠道是有区别的:一方面,只有生活陷入困境或遇到特殊困境的社会成员才需要社会救助,只有需要社会救助的社会成员才能获得社会救助;另一方面,国家和社会提供的社会救助包括现金救助、实物救助、服务救助等,一般根据不同对象的需要来提供。例如,实物救助就分为口粮救助和衣被救助等形态。社会救助具有在确定的标准范围内向救助对象按需分配的特征。这可以说是对按劳分配、按资分配的一种重要的补充。

因此,社会救助作为现代社会保障体系的一个独立的子系统,其特色是十分鲜明的,作用也是其他社会保障子系统所无法替代的。虽然在当代社会,社会保险已经成为一种普遍的国民权益,成为社会保障系统中的主体,但是社会救助依然是整个社会保障体系的基础。

第三节　社会救助的原则

在建立、健全社会救助制度的过程中,需遵循下列原则。

一、强调公平的原则

在当代社会,尤其是在社会主义市场经济条件下,价值规律发挥着十分重要的作用,并引导着整个社会及家庭、个人的行为都服从效率优先的原则。然而,社会成员的先天条件有差异、劳动技能有高低、天灾人祸难以预料、参与竞争有成败等,又必然使社会成员的发展结果出现不公平,其具体表现为收益分配上的差异:一部分社会成员的生活条件恶化,甚至陷入生存危机,贫富差别的扩大是市场经济发展的必然结果。因此要建立完善、健全、公平的社会救助制度,通过对国民收入的再分配手段使社会成员在社会发展中的结果不公平在一定程度上得到缩小。

社会救助必须充分体现公平的原则,坚持从社会公平的角度出发,坚持面向全体社会成员,公平地救助一切符合条件的社会成员,这是实现解决弱势群体的生存危机并保障其基本生活这一目标的前提条件,也是弥补市场经济缺陷、保障社会经济与全体社会成员协调有序发展的内在要求。

二、无偿救助的原则

社会救助面向全体社会成员,但真正符合社会救助法定条件的对象只能是那些生活陷入困境的社会成员,如鳏寡孤独、贫困人口、天灾人祸中的不幸者、下岗未就业的劳动者及其家庭成员等。由于这些社会成员连自身生计都难以维持,在接受救助前或接受救助时,也难以承担缴费的义务。

社会救助应遵循无偿救助的原则,以国家财政拨款或社会捐献为经济后盾,依照法规、政策规定的条件,无偿地将款物发放给符合条件的社会成员。社会救助的无偿性是其作为整个社会保障制度的基础系统并区别于其他子系统的重要原则。

三、与社会经济协调发展的原则

表现在两个方面:一方面,社会经济的不断发展,必将使社会救助的对象发生变化,如绝对贫困人口会日益减少,而失业大军则可能会不断扩大,一些特殊救助对象可能随着时间的推移而逐渐消失,新的社会救助对象可能会产生(如艾滋病患者等),因此社会救助的对象应随着社会经济发展带来的变化而不断调整;另一方面,社会经济的不断发展必然使社会成员的生活水平普遍提高,相对贫困会逐步取代绝对贫困,必然要求社会救助待遇随着社会经济水平的发展而不断提高,否则将无法达到社会救助的目的。只有保持社会救助与社会经济的协调发展,才能保证社会救助适应新的形势,满足新的要求。

此外,还有其他一些原则,如坚持规范化原则、满足社会脆弱群体需要原则、与其他社会保障措施相配套的原则等。

第四节 社会救助的对象和标准

一、社会救助的对象

在各国的社会救助制度中,对社会救助对象通常都会有明确的规定,即只对自我保障有困难且确实需要国家与社会给予救助才能摆脱生存危机或困境的社会成员负责。国际劳工组织认为,在工业化国家,所谓享有最低生活水平救助的对象,是指那些收入不超过制造业工人平均工资30%的家庭和个人。欧洲经济合作委员会认为,如果一个成年人本人可支配收入(缴纳所得税和保险税后)低于平均水平的50%,则属于救助对象。各国一般是通过家庭财力(包括收入状况与资产状况)审查和就业(有劳动能力的人)审查,来确认申请人领取社会救助金的资格。

由于各国情况不同,加之社会救助体系日益发达,在救助对象上也有不同的划分和偏重。例如,英国社会救助对象主要分为四类:无固定职业或就业不充分,无力定期交纳社会保险费,因而无权享受社会保险者;有权领取社会保险津贴,但不足以维持最低生活者;领取社会保险津贴已满期限,却无其他收入者;未参加社会保险,生活又无着落者。[①]

在我国,社会救助的对象主要包括三类人员。一是无依无靠、无生活来源、无法定抚养人的社会成员,即"三无"人员。这类人绝大多数属于长期救助对象,一般指孤儿、没有社会保险津贴的劳动者、长期患病者、没有参加社会保险又没有子女和配偶的老人。二是突发性灾害造成生活一时拮据的人,即遭受灾祸严重侵袭而使生活一时陷入困境的社会成员。这类社会成员有劳动能力也有生活收入来源,只是由于突发性的灾祸使其遭受严重的财产损失或人身伤害,生活一时发生困难,需要国家和社会给予相应的援助。三是贫困人口,即生活水平低于国家规定最低标准的社会成员,这一群体尽管会有生活来源和相应的收入,但收入水平及生活水平达不到法定的最低标准,所以也属于社会救助的对象。此外,一些特殊的社会成员亦被列为社会救助的对象,如艾滋病患者等。

二、贫困的内涵与外延

社会救助是按照统一的标准来确定救助对象的,这一标准就是最低生活水平,也就是贫困线。凡是生活在贫困线以下的家庭、个人,都可以列为社会救助的对象。

贫困是一个模糊的概念,不具备确定性,随时间和空间及人们的思想观念的变化而变化。因此,要先建立一个与贫困和贫困线相关的概念化的框架体系。具体而言,要研究贫

---

① 郑功成.社会保障学[M].北京:中国劳动社会保障出版社,2005:269.

困和贫困线,就要弄清"贫困"(poverty)及与其密切相关的一些概念,如绝对贫困(absolute poverty)、相对贫困(relative poverty)、贫困线(poverty line)等。同时,还要从适合建立最低生活保障线的调查研究的角度考虑,重视概念的可操作性和可比性,从而构筑一个具有操作性的解释架构,为定量研究提供一个概念体系。而贫困线即是对贫困的度量。

(一) 贫困的内涵[①]

世界上从社会保障和社会救助的角度研究贫困问题,如果从英国的布什和朗特里的早期著作算起,迄今已经有大约100年的历史了。在此期间,不计其数的专家学者从不同的角度给"贫困"下了不计其数的定义。以下摘录的是至今仍然常被研究者引用的著名的定义。

英国学者汤森(Townsend)在《英国的贫困:家庭财产和生活标准的测量》一书中是这样界定贫困的:"所有居民中那些缺乏获得各种食物、参加社会活动及最起码的生活和社交条件的资源的个人、家庭和群体就是所谓贫困的。"英国学者奥本海默在《贫困真相》一书中则指出:"贫困是指物质上的、社会上的和情感上的匮乏。它意味着在食物、保暖和衣着方面的开支要低于平均水平……首先,贫困夺去了人们建立未来大厦——'你的生存机会'的工具。它悄悄地夺去了人们享有生命不受疾病侵害、有体面的教育、有安全的住宅和长时间的退休生涯的机会。"美国学者劳埃德·雷诺兹在《微观经济学》一书中指出:"所谓贫困问题,是指在美国有许多家庭,没有足够的收入可以使之有起码的生活水平。"世界银行在以"贫困问题"为主题的《1990年世界发展报告》中,将贫困界定为"缺少达到最低生活水平的能力"。欧共体委员会《向贫困开战的共同体特别行动计划的中期报告》中也给贫困下了一个定义:"贫困应该被理解为个人、家庭和人的群体的资源(物质的、文化的和社会的)如此有限以致他们被排除在他们所在的成员国可以接受的最低限度的生活方式之外。"

与西方的研究相比较,我国的研究主要是将这些"权威的"或"经典的"定义与我国的实际情况相结合,我国的学者也提出了自己的看法。例如,南京大学的童星和林闽钢教授在《中国农村贫困标准线研究》一文中是这样定义贫困的:"贫困是经济、社会、文化落后的总称,是由低收入造成的缺乏生活必需的基本物质和服务以及没有发展的机会和手段这样一种生活状况。"国家统计局的"中国城镇居民贫困问题研究"课题组和"中国农村贫困标准"课题组对贫困的看法比较一致,在其研究报告中所作的贫困界定是:"贫困一般是指物质生活困难,即一个人或一个家庭的生活水平达不到一种社会可接受的最低标准。他们缺乏某些必要的生活资料和服务,生活处于困难境地。"台湾学者江亮演在《社会救助的理论和实务》一书中将贫困界定为:生活资源缺乏或无法适应所属的社会环境,也就是无法或难以维持其肉体性或精神性生活的现象。

综合以上国内外专家学者的意见,可以得出以下结论:一是贫困是与"落后"或"困难"联系在一起的,包括"经济、社会、文化"乃至"肉体的和精神的"各个方面;二是贫困是低于

[①] 唐钧.确定中国城镇贫困线方法的探讨[J].社会学研究,1997(2):60-71.

"最低"或"最起码"的生活水准,而这种"最低"或"最起码"是得到社会公认的;三是贫困与"缺乏"有关,其表象是"低收入",是缺乏"物质和服务",其实质是缺乏"手段"和"能力"以及"机会",这又同与社会环境的"不适应"相关。

我们再从上面概括的各因素中作进一步的抽象,可以看到贫困存在于三个不同的层面:贫困是一种社会上客观存在的生活状况,是一种社会上普遍公认的社会评价,是一种由社会环境造成的政策后果,具体见图 2-1。

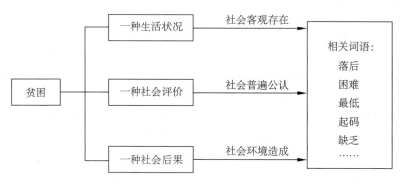

图 2-1 贫困概念的不同层面

(二)贫困的外延[①]

我们对前文中所述的贫困定义进行分析,可以发现,定义者对贫困作界定时所站的角度是不同的,大致可以分成两类:一是从缺乏最起码的资源条件的角度下定义,如前文中提到的汤森和欧共体的定义;二是从相对社会平均收入的差距的角度下定义,如奥本海默的定义。

一般认为,根据定义者所站的不同角度,贫困可以分为绝对贫困和相对贫困。鲁德斯指出:绝对贫困标准想要明确的是维持生存所必需的、基本的物质条件;相对贫困标准想要明确的是相对中等社会生活水平而言的贫困。劳埃德·雷诺兹在《微观经济学》一书中也发表了类似的意见:"贫困最通行的定义是年收入的绝对水平。多少钱,能使一个家庭勉强过着最低生活水平的生活。"这就是绝对贫困。"年收入相对全国全部家庭的平均数。"这就是相对贫困。英国的彼特·阿尔柯克在《认识贫困》一书中指出:"绝对贫困被认为是一个客观的定义,它建立在维持生存这个概念的基础上。维持生存就是延续生命的最低需求,因此低于维持生存的水平就会遭受绝对贫困,因为他没有足以延续生命的必需品。""相对贫困是一种较为主观的标准……一个相对的贫困定义是建立在将穷人的生活水平与其他较为不贫困的社会成员的生活水平相比较的基础上的,通常这要包括对作为研究对象的社会的总体平均水平的测度。"

在西方,关于绝对贫困和相对贫困这两个概念的区别,以及孰是孰非的争论已经几乎延续了整整一个世纪。其实,相对贫困和绝对贫困并非两个水火不相容的概念,也不存在"哪个对"或"哪个不对"的问题。这是因为:一方面,视衡量贫困(绝对贫困)的"生活必需

---

① 唐钧.确定中国城镇贫困线方法的探讨[J].社会学研究,1997(2):60-71.

品"为一成不变是不对的。被看作绝对贫困概念鼻祖的朗特里在对维持生存的必需品进行度量时就将"非必需品"茶也包括在内,在另一次调查中,他还将收音机、报纸及给孩子的礼品和节日礼品的开支包括进去。对此,贝弗里奇也说:"在某种程度,已适当地确定人们维持生存需要什么是一个判断问题,对这一点的估计会随时间而变化,一般在一个进步的社区中,这种变化是向上发展的。"因此,随着整个社会经济的发展,用于确定绝对贫困所依据的"生活必需品"的范围也会有所扩大,这就使它具有了相对的意义。另一方面,仅仅说相对贫困是相对社会平均生活水平的也并不全面。在一个社会中,有可能大多数人的生活水平都很低,其社会平均收入亦不过仅能果腹,甚至有可能会低于一般认为的维持生存的需要;同时,在另一个社会中,人们普遍很富裕,大家都有汽车代步,但也可能有少数人因为种种原因没有汽车。在上述两种社会中,仅仅以相对社会平均收入的方式来衡量贫困,便会产生许多问题。因此,相对贫困终究还必须有一个合理的内核,这就使它也有了绝对的意义。

我国国家统计局界定的绝对贫困是在一定的社会生产方式和生活方式下,个人和家庭依靠劳动所得及其他合法收入不能维持基本的生存需要,生活不得温饱,劳动力再生产难于维持。这样的个人(或家庭)称之为贫困人口(或家庭)。相对贫困是指相比较而言的贫困,即生活水平最低的那一部分人(如占人口的5%)为处于相对贫困的人口。有的机构和组织曾将收入只及(或少于)总体收入的1/3的社会成员视为相对贫困人口。童星和林闽钢教授指出,绝对贫困是"泛指基本生活没有保证,温饱没有解决,简单再生产不能维持或难以维持";相对贫困是"温饱基本解决,简单再生产能够维持,但低于社会公认的基本生活水平,缺乏扩大再生产的能力或能力很弱"。同时,他们又将绝对贫困分成生存贫困和生活贫困:"生存贫困即特困,是指最低生理需求得不到满足,生存有困难。"江亮演在《社会救助的理论与实务》一书中对贫困作出了两种划分。其一,将贫户分为第一次贫户和第二次贫户。第一次贫户(primary poverty)是以全部收入也无法获得维持肉体能力的最低限度的必要物质的家庭。第二次贫户(secondary poverty)是以全部收入只能维持肉体能力的家庭。其二,将贫穷的人分为贫困者、极贫者和赤贫。贫困者(poor)是指"缺乏自己的资力,虽有断断续续的收入或定期性的小额所得,但是却无法过着最基本的独立生活的人"。极贫者(very poor)是指"无法充分过着一般国民生活水准而独立生活的人,如无固定的所得者"。赤贫(lowest)则是指"最下层的贫困者,什么东西也没有"。

综上所述,贫困既是一个绝对的概念,也是一个相对的概念。这就给我们将绝对贫困和相对贫困统一到同一个概念框架体系中提供了可能。

(三) 贫困概念的发展

1993年,汤森在对贫困问题作出深入研究之后,在传统的绝对贫困和相对贫困的"二分法"基础上,进一步将贫困划分为三个层次,即维持生存、基本需求和相对遗缺。维持生存即确定一个家庭是否陷入贫困是以其收入能否购买仅仅是维持体能的最低限度的生活必需品为界线的。如果一个家庭的收入减去房租就跌到上述界线以下,它就是贫困的。虽然在制定贫困标准时也会算上衣着、燃料及其他一些物品,但是津贴是很少的,而食物占了维持生存最主要的部分。基本需求根据国际劳工组织的定义,主要包括两个方面:首先是一个个人消费的最低要求——足够的食物、栖身之地和衣着,以及某些家具和设备;其次是由社区普遍提供的必不可少的服务——清洁的饮水、卫生的环境、公共交通和保健、教育和文化设施。基本需求的概念应该被放到国家的社会、经济综合发展中去考虑。用相对遗缺的概念作为衡量贫困的尺度是以这样的理念为基础的:相对遗缺是人们对于社会生活的某些条件或环境的一种感受,而这些条件或环境是他们认为应该得到而实际上没有得到的。心理学家、社会学家和政治学家常常用相对遗缺的概念来唤起人们关注不同群体的不同感受,以及感受和现实之间的差异。它有助于解释人们的不满和表达集体的意见。汤森进一步指出人不是单单依靠衣食住行等基本物质生活条件,更是一个社会性的人。因此,汤森提出相对性的概念是不会停留于基本需要,而会强调贫穷者的社会参与能力。

我国香港学者莫泰基在1993年出版的《香港贫穷和社会保障》一书中将贫穷分为绝对性贫穷、基本性贫穷和相对性贫穷三个层次。绝对性贫穷是指那些生活缺乏维持起码生存所需的最低度物质条件,在该生活状况下,不但衣食住极度缺乏,而且有危及生命之虞。这种生活状况只能满足生理上的需要来维持生命。因此,这一层次的物质生活标准不会因时间、文化和社会组织而有很大改变。生活在这种状况下的人大都被认定为必须急切救助的"贫穷者"……一般人会称这些为"赤贫"。基本性的贫穷是指一些穷人的生活是不会有饥饿的问题出现的,不会危及生命。他们的物质条件已能满足生理上的需要,但在衣食住行方面,常常会出现捉襟见肘的情况,生活不稳定,过着一般人所认定的"没有人性尊严"的生活,属悲惨情况,会被大多数人所同情和愿意协助施救。该层次的物质生活标准是会因时间、文化和社会组织而有所变化的,但不一定随着经济发展特别是国民收入的增长而改变。相对性的贫穷是与整体社会的经济发展联系在一起的,特别是该社会的国民收入和工资的水平。贫穷者可以分享社会的繁荣成果,当国民收入或工资上升时,他们可以从社会保障待遇中得益。

汤森和莫泰基的"三分法"的创新在于,更为详细地分析了贫困的实际状况,指出在绝对贫困和相对贫困之间还有一部分上下浮沉,处于不稳定状态的贫困者。因此,干脆把他们也分为一类,即汤森所说的"基本需求"和莫泰基所说的"基本性的贫困"。就定量研究、可操作性和在制定政策时的实用性而言,三分法可能更为有用。

三、社会救助标准的确定方法

既然社会救助的目标在于保障被救助者享有当时当地的最低生活标准,那么科学地确定社会救助标准即贫困线,就构成了社会救助的重要环节。由于各国的经济发展水平和居民的生活水平差异极大,各国的社会救助标准也差异极大。发达国家确定社会救助标准多采用收入比例法,即贫困者的收入为社会平均收入的50%~60%;发展中国家的一般比例为平均收入的25%~35%。国际劳工组织专家建议,工业国家社会救助标准大体上应相当于制造业工人平均工资的30%;欧洲经济委员会建议,社会救助标准应相当于一个成年人可支配收入的50%。同时,由于不同人群的最低生活需求是不同的,如老年人、儿童、中年人维持最低生活的消费支出就不同,在确定救助标准时还需要按照贫困人群的不同特点,适当调整救助标准的结构,形成多层次的救助体系。

总的来说,社会救助标准主要受以下四个因素的影响:一是一定时期的社会生产力水平,它决定着社会的富裕程度,也决定着一定时期政府实施社会救助计划的财政实力,它与社会救助的标准构成正相关关系;二是一定时期的社会平均收入水平,它表明该时期满足社会基本生活所要求的收入量,一般情况下,社会救助标准应该略低于社会平均收入水平,但必须以社会平均收入水平作为标准制定的重要参考因素,在平均收入水平的基础上根据实际情况向下调整一定幅度;三是消费品价格指数,它是将收入转化为实际消费能力的最重要的制约因素,在收入水平一定的情况下,消费品价格指数高,同样收入所能转化为消费的能力就弱一些,相反就强一些,因此,确定社会救助标准必须考虑消费品价格指数因素;四是贫困人口的数量,在经济发展所能提供的济贫资金一定的情况下,贫困人口的数量制约着政府和社会对贫困人口的供养能力,进而制约着社会救助的标准,它与贫困人口的数量成反比关系。上述四个因素是各国决定自己社会救助标准时必须考虑的宏观因素。[①]

一般来看,确定社会救助标准,主要有以下四种方法。

(一)标准预算法

标准预算法又称市场菜篮法,是确定贫困线的最古老、最传统的办法,并且以"绝对主义"而著名。标准预算法首先要确定一张生活必需品的清单,内容包括维持为社会所公认的最起码的生活水准的必需品的种类和数量,然后根据市场价格计算拥有这些生活必需品需要多少现金,由此确定的现金金额就是贫困线,亦即最低生活保障线。[②]

标准预算法通常建立在(每周)采购一篮子商品的概念的基础上。这个理念最初是英国学者朗特里(Rowntree)在1901年对英国约克郡的贫困问题的研究中提出的。首先算出维持一个人基本生理功能所需的营养量,然后将这些营养量转换为各种食物的数量,再根据其市价算出相等的金额,即为贫困线。在调查中,朗特里与助手以美国营养学家阿特沃特(Atwater)的建议为基础列了一份关于一周饮食的冗长而又烦琐的清单。在1950年的版本中,这个账单包括大米、甘蓝、鸡蛋和茶等若干种食物,并列明了具体的重量和价格,最后得到的总金额就是约克郡的贫困线。

以现在的标准来判断,这个生活标准有些过于简朴,将"菜篮子"的内容定得如此匮乏实在没有必要。同时,朗特里在最初的菜篮子中就将"非生活必需品"茶也包括在内,尽管它并没有多大的营养价值;后来在1936年的一次调查中,他还将收音机、报纸及给孩子的礼品和节日礼品也包括进去。这实际上承认,绝对贫困的标准并不等于"避免饿死",同时,它会随着时间的推移而变动。

世界银行在《1990年世界发展报告》中指出:"以消费为基础的贫困线可以设想包含两个主要部分:购买最低标准的营养品和其他必需品的必要支出,以及各国间的不尽相同的反映参与社会日常生活的费用的另一部分支出。关于第一部分是比较明确的,有关最

[①] 郑功成.社会保障学[M].北京:中国劳动社会保障出版社,2005:270.
[②] 资料来源:https://baike.baidu.com/item/%E5%B8%82%E5%9C%BA%E8%8F%9C%E7%AF%AE%E6%B3%95/3769854.

低标准的、适合需要的卡路里摄入量及其他生活必需品的支出，只要看构成穷人食谱的食品价格，就能确定其费用。第二部分则带有较大的主观性，因为在有些国家，室内自来水管是'奢侈品'，而在另一些国家则是'必需品'。"亚当·斯密早就说过："至于生活必需品，我认识到不仅仅是对维持生存必不可少的日用品，一个国家的风俗习惯可能会对一个有荣誉感的人——即使他生活在社会的最底层——提出要求，没有某种东西就是粗鄙的。例如，一件亚麻布衬衣严格说来并非生活必需品……但在目前……在一个光荣的日子里，工人没有亚麻布衬衣就会羞于在公共场合露面。"

实际上，市场菜篮法发展到今天，已经远非朗特里时代的"吝啬鬼"的形象了。在现代社会中，除了考虑营养的摄取，以及食物、住房和衣着之外，医疗保健、儿童保育、交通通信、社区参与、教育机会、文化娱乐、个人嗜好等消费都会被考虑在内。譬如，加拿大安大略省的多伦多社会规划局采用专家及市民代表组成的评委小组来计算公共援助受助人的12种基本需要，包括食物、资讯、衣物、个人护理、社会服务、医药牙诊、住屋、家具、耐用品、燃料、维修及康乐等。

随着社会经济的高速发展、生活水准的普遍提高，相对贫困越来越受到重视，以绝对主义而闻名的市场菜篮法不断受到质疑。然而，尽管如此，它仍是比较可行的贫困测量方法，主要是因为市场菜篮法直观明了、通俗易懂，而且可以罗列得详尽细致，因而也便于公众参与意见。同时，在现代社会，无论是专家学者还是社会公众，一般不会对最低的生活标准有太大的争议，在最起码的生活必需品方面是比较容易达成一致意见的，譬如在吃、穿、住、行等方面的最低需求，都比较容易认定，能够保证受援者最起码的需要。但是由专家和社会公众来决定也具有较大的不确定性，因为不同国家和地区的人的生活水平参差不齐，生活必需品在不同的地方也有不同的界定，因而很难进行国际比较。在我国，各个地区的最低生活保障线就标准不一，同一个城市生活在市区与生活在郊区或郊县的最低生活保障标准也不一样，就是因为市场价格与生活要素的差异所致。

市场菜篮法虽然强调绝对主义，但不可避免地会受到当时当地的价值观念的影响，例如，什么是适当的饮食标准？一个人冬天穿几件什么样的衣服才算是足以御寒？除了上面列举的这些项目，还有没有其他需要纳入"菜篮子"的项目？譬如社会参与、个人嗜好应不应该纳入？如果认为应该纳入，又会引出新的问题：什么是社会参与？看戏、看电影、听音乐会或出外旅游算不算？什么是个人嗜好？抽烟、喝酒、喝茶，或集邮、收藏、养宠物算不算？每一个问题又会引出许许多多的问题，几乎每一次这样的讨论总是很难得出一致的意见，最后，不得不由专家来作出最后的决定。此外，由于最后选择纳入"菜篮子"的总是最容易取得一致的项目，而有争议的项目往往会被搁置起来，因此用市场菜篮法制定贫困线标准容易偏低。

（二）恩格尔系数法

19世纪末，德国统计学家恩格尔（Engle）在比较了不同收入水平的家庭的消费模式后，得出结论：收入较低的家庭花在生活必需品上的钱占其收入的比例更高；随着收入的增加，人们花在生活必需品上的钱占收入的比例下降，而更多地去购买非必需品。在研究中，恩格尔绘出的表示生活必需品开支占收入的比例的曲线，就是著名的恩格尔曲线

(Engle curve),如图 2-2 所示。恩格尔发现的生活必需品开支与收入的增长成反比这一著名的论断,称为恩格尔定律(Engle's law)。恩格尔系数的理念是:由于食物消费是基本的,不会随收入的增加或消费的增加而提高,因此,当一个人或家庭的收入或消费额提高时,其食物支出占总消费的百分比会相对减少。因而,可以使用食物支出占总消费的百分比(恩格尔系数)来判断某人或某些人的生活水平:恩格尔系数越高,其生活水平越差;而恩格尔系数越低,则其生活水平越高。① 恩格尔系数法是国际上常用的一种测定贫困线的方法。它是根据一个家庭用于食物的支出在全部支出中所占的比例来衡量贫困程度的方法。童星和林闽钢指出:"恩格尔系数是家庭食品支出与总收入的比值,它随家庭收入的增加而下降,即恩格尔系数越大就越贫困。"

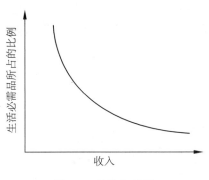

图 2-2 恩格尔曲线

根据恩格尔定律,国际上较为公认的标准是,凡食物支出占家庭支出 59% 以上的,属于绝对贫困的家庭;这一比例界于 41%～59% 的,则进入小康生活水平;这一比例下降到 20%～40% 时,家庭生活便上升到富裕行列;这一比例降到 20% 以下时,则属于极富裕阶层。

美国学者奥珊斯基(Orshansky)是第一个正式运用恩格尔定律测量贫困线的。1964 年,为响应约翰逊总统"向贫困开战"的号召,美国总统经济顾问委员会提出了一个贫困标准:四口之家年收入 3 000 美元以下、单身成年人年收入 1 500 美元以下即为贫困。这个标准试图以保证家庭成员基本的、足够的饮食消费来估计其最低收入需要。奥珊斯基的研究为这个贫困标准提供了理论基础。奥珊斯基论证,生活必需品开支的社会平均水平可以用于确定贫困水平。她在研究了美国家庭的食品开支占总开支的比例后,绘出了一条"恩格尔曲线",并且声称她在这条曲线上发现了一个"转折点",在这一点以下的部分就是贫困的。经计算后她提出,三口或三口以上的家庭的食品消费占其总收入的 33% 及以上的,或者两口之家占 27% 及以上的,即为贫困户。根据奥珊斯基的计算结果,美国社会保障署制定了不同规模和不同构成的家庭的贫困标准,其基本标准为四口之家(非农业家庭)3 223 美元,同时根据城市和农村的居住条件再进行调整。按照这个标准,1965 年美国贫困人口占总人口的比例是 17%,达 3 320 万人。从此,奥珊斯基的方法广为流传,但

---

① 资料来源:https://baike.baidu.com/item/%E6%81%A9%E6%A0%BC%E5%B0%94%E7%B3%BB%E6%95%B0%E6%B3%95。

仍被称为"恩格尔系数法"。美国学术界对奥珊斯基用以确定贫困线的方法给予了高度评价,在20多年以后,哈夫曼(Haveman)在对社会科学研究的影响的评估中指出:"采用'奥珊斯基线'作为法定贫困线提供了一个政策研究与代表了政治妥协的确定数量相结合的成效的重要例子。"

1987年,英国学者乔纳森·布拉德肖等人经研究后提出,恩格尔曲线不是一条简单的曲线,而是一条更长的S形曲线。它描绘出消费模式更为复杂的变化。如图2-3中箭头所指,恩格尔曲线的弯曲点表现的是边际倾向,是表示消费的加速或减速的"转折点"。在第一点以上,收入的增加造就了更强的消费能力,人们用于购买非生活必需品的开支增多,而用于生活必需品的比例锐降。到了第二点,情况发生变化,各种新的消费能力已经耗尽,商品交易趋于定型。这一点上的变化给出了一个标准:一种较为定型的消费选择取代了消费需求,这就是贫困标准的所在。布拉德肖等人主张应该为大多数类型的家庭找到一个以食品、衣着和燃料为基础的最低消费点。

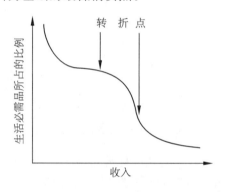

图2-3 恩格尔曲线的转折点

运用恩格尔系数法测量贫困线的具体做法有两种:一是用恩格尔系数的某个值(现在国际上一般确定为60%或50%)直接定位贫困线;二是依据恩格尔系数间接地用收入金额来表达贫困线,即按营养学知识确定一个最低饮食标准及其相应的饮食费用,然后用它除以恩格尔系数的贫困值(如上述的60%),其商即为贫困线标准。

在实际操作中,恩格尔系数法的优点是显而易见的。首先是简便易行、便于操作。确定一个保证家庭成员基本的、足够的饮食消费的开支金额,除以恩格尔系数,就可以求得贫困线。其次是恩格尔系数法确定的标准可以与社会平均生活水平挂钩。例如在美国,1965—1980年的长时间里,在计算贫困标准时,贫困家庭的恩格尔系数是一成不变的,即"贫困者生活预算的1/3用于食物消费"的假定长期有效。但从1969年开始,美国将"经济食物预算费用"与消费者物价指数挂钩,以此来调整贫困标准,使贫困家庭的收入维持在中等家庭收入的37%~40%。

在恩格尔系数法的发展历程中,也引起了诸多争议。譬如许多学者认为,奥珊斯基的"转折点"之说有其随意性,因为它并不能在恩格尔曲线上自己表现出来。通过恩格尔系数法得出的贫困标准往往偏低。美国学者鲁德斯在其著作中写道:"虽然无疑美国是一个富有的国家,但它所规定的贫困标准仍然停留在绝对标准的意义上。"他指出:根据美国的贫困标准,1978年一个非农业的四口之家的年收入是6 662美元,平均用在食物、住宅和其他生活必需品方面的钱各占 1/3,即 2 220.66 美元,而一餐饭仅有 2.03 美元。"这个估算是非常之低的。很难相信有谁能用 2.03 美元为四口人准备出一顿富有营养的膳食。或者能用 42.56 美元为四口之家提供足够一个星期的饮食。"

很多学者认为,以一个确定不变的"国际公认"的恩格尔系数的贫困标准如 60% 或 50%,用于一般的研究或用作国际比较或许是可行的,但是用于确定一个国家或一个地区的与社会救助相关的贫困线,则过于粗疏。因为至少各个国家和地区之间的消费结构和物价水平实际上都会表示出极大的差异,所以各个国家和地区的恩格尔系数也会有极大的差异。以美国为例,其假设实际上是:一个四口之家的生活预算中,1/3 用于食物,1/3 用于住房,1/3 用于衣物、家具、交通、卫生保健、水暖电气、各种税收、文艺等项。在这个生活预算中,住房的 1/3 开支是要确保的,而食品开支如果超出 1/3 就会涉及多项必需的开支需要压缩,因而就是贫困了。在我国,城镇的普通居民的房租或购房开支与收入相比所占比重普遍很大,相应的在食物消费上的开支比例就要小得多,如果简单地套用恩格尔系数 60% 或 50% 为贫困的标准,就会与实际情况大相径庭。

(三) 生活形态法

20 世纪 60 年代以来,主张从相对贫困的角度来定义和度量贫困的呼声日高,相应的定量研究方法也就被创造出来,生活形态法(life style method)就是其中最主要的一种。生活形态法是英国学者汤森在 20 世纪 60 年代创造的一种度量贫困的新方法,被汤森称为遗缺指标法(deprivation indicators),其理念是"贫困只有本着相对遗缺的概念才有可能被客观且一致地界定"。如果说市场菜篮法和恩格尔系数法都是直接从人们的需求及消费和收入的角度进行测量,那么生活形态法观察问题的视角则不同:它先从生活形态入手,提出一系列与人们的生活方式和消费行为等有关的问题;然后根据被调查者的回答,选择若干遗缺指标;再根据这些遗缺指标来确定哪些人属于贫困者。从表面上看,这种方法比较"间接",但却符合人们观察事物的一般思路——由表及里地去分析问题。①

据汤森介绍,创造"遗缺"(deprivation)一词,最早是用来说明为什么在生活中什么也不缺的美国兵还常常感到不满足。该词后来被社会学家、心理学家和政治学家作为一个有特殊意义的专有名词广泛采用。在研究贫困的定义和度量时,相对遗缺的概念是:社会上一般认为或风俗习惯认为,应该享有的食物、基本设施、服务与活动的缺乏和不足。人们常常因遗缺而不能享有作为一个社会成员应该享有的生活条件。假如他们缺乏或不能享有这些生活条件,甚至因此而丧失成为社会一员的身份,他们就是贫困的。

汤森认为,所谓"一元的或清晰的"生活形态并不存在,实际的生活形态是一系列相互交错和重叠的,存在于社区、民族、社会组织和地区的社会生活之中的,它不是一些偶然的事件和行动,而是以社会规范的方式表达出来的一种消费和生活习惯。在现代社会里,个人的生活与需求已经被国家、社会和家庭重新塑造过,因此需要从外部观察入手来寻求这个人的需求标准。汤森相信,一种相对的需求遗缺可以表现为某一类消费被从日常的生

---

① 资料来源:https://baike.baidu.com/item/%E7%94%9F%E6%B4%BB%E5%BD%A2%E6%80%81%E6%B3%95.

活方式中排除出去，这绝不是一个主观的、随意的判断，而是可以从外部形态的观察来客观地界定和度量。汤森提出了一整套包括"物质遗缺"和"社会遗缺"两个方面13组77个指标的庞大体系。其中，物质遗缺包括七个方面：饮食遗缺、衣着遗缺、住宅遗缺、家庭设备遗缺、环境遗缺、场所遗缺、工作遗缺；社会遗缺包括六个方面：缺乏就业权利、家庭活动遗缺、缺乏与社区的整合、缺乏正式的社会参与、休闲遗缺、教育遗缺。通过对2 000多户居民进行访谈，汤森给以上指标打分，得出了50个与收入高度相关的指标，并从中选出了12个遗缺指标。

生活形态法是从一个不同的视角观察问题，比较符合人们观察事物的一般思路，即先从人们生活的外部形态入手，确定哪些人属于贫困者，然后再来分析他们（遗缺）的需求以及消费和收入。这为研究确定贫困线的方法开辟了一个新的思路，沟通和融合了主观（社会评价）和客观（社会状况），从社会大众的主观评价中得出了客观存在的贫困家庭的生活形态（包括生活方式、消费行为等），再进一步与其收入联系起来，获得贫困线。这样就使贫困的定义和度量不再被社会静态地看成是特定的人群特有的现象，与以现行救助标准作同义反复或事先就确定一个贫困比例的做法相比更合理。同时，让人们更清楚地认识自己，因为有一部分生活在贫困之中的人可能自己并不觉悟，或者自以为自己生活在贫困之中而其实不然。生活形态法使贫困的定义和度量不再局限于"什么是生活必需品"，而是扩大到与此相关的其他领域，不但涵盖了物质方面的需求（遗缺），也包括了社会方面的需求（遗缺），使定义和度量贫困的考虑趋于多元化。事实上，生活形态法扩大了整个社会对贫困的认识的视角，从而为解决包含相对静态的绝对贫困在内的动态的相对贫困问题开辟了一个新的思路。

生活形态法强调客观的社会观察，但是问题在于观察者基于什么样的哲学基础和价值观念，以什么样的事实为根据来作出判断才可以拥有诠释社会的真正需求的"权力"。同时，虽然生活方式可以反映一个家庭的收入或拥有的资源多少，但生活方式与收入或资源有没有直接的联系是不能一概而论的，所以人们对汤森提出的生活方式与收入或资源之间有直接的关系的观点持怀疑态度，因为有一些人的生活习惯是不会随收入的增减而变化的，至少在较短的一个时期内不会发生变化。

（四）国际贫困标准法

国际贫困标准（International Poverty Line Standard）实际上是一种收入比例法，以相对贫困的概念作为理论基础。提出国际贫困标准的初衷是使社会救助制度乃至社会保障制度的发展符合20世纪60年代以来世界经济发展迅速国际化的大趋势。20世纪70年代中期，经济合作与发展组织对成员国的社会救助标准作了一次调查，发现大多数成员国的个人社会救助标准大约相当于个人社会中位收入的2/3，于是提出以此作为制定贫困线的基础，并据此推算出两口之家（一对夫妇）的社会救助的标准相当于个人社会中位收入，最终确定以一个国家或地区社会中位收入或平均收入的50%作为这个国家或地区的贫困线。1979年，英国学者贝克曼以英国政府的社会救助量度表为基础，为不同人口规模的家庭制定了不同的贫困标准，即单身救助对象的贫困标准相当于个人社会中位收入的50%，两口之家的贫困标准相当于个人社会中位收入或两口之家的社会中位收入的

50％,三口之家的贫困标准相当于三口之家的社会中位收入的50％,依此类推。①

国际贫困标准简单明了,容易操作,其优点是明显的:只要知道社会平均收入或社会中位收入,即可简单求得贫困线。因此,也可以减少行政费用。莫泰基在《香港贫穷和社会保障》一书中用国际贫困标准计算香港的公共援助标准。据1991年香港人口普查提供的数字,家庭规模的中位数是3.4人,以家庭为单位计算的月收入中位数是9 964元,先以上述两个中位数计算平均收入,即

$$9\,964 \div 3.4 = 2\,930(元)$$

再将这个平均数乘以3,就约等于三口之家的收入中位数:

$$2\,930 \times 3 = 8\,792(元)$$

最后,将三口之家的收入中位数乘以50％,即可得出三口之家的贫困线:

$$8\,792 \times 50\% = 4\,396(元)$$

如果将国际贫困标准视为一种收入比例法,那么采用纵向和横向的比较,可以比较清晰地了解本国或本地区与世界上其他国家或地区在社会救助标准方面的差距。这种比较尤其是国际间的横向比较,在西方发达国家的贫困研究中是比较多见的。亚洲国家的学者也作过类似的比较,譬如我国台湾学者林万亿、孙健忠的著作中,都提到台北、高雄等市用前一年政府公布的人均月收入的30％～40％来拟定救助标准。正是由于国际贫困标准是从收入的角度测量贫困,所以可以使受助者得到的救助金额与社会上大多数人的收入同步增长,分享经济、社会发展的成果,而不必限制其生活方式,也易于理解和接受,并且在学术上和政策上符合国际标准。

但是也有学者提出质疑:中位收入的50％的确定值是经济合作与发展组织以其成员国(都是西方发达国家)的社会救助标准为基础计算出来的,以现行救助标准取代贫困线是同义反复的逻辑错误,它能否名副其实地在全世界通行,尤其是能否符合第三世界(如我国)的实际情况,显然还有疑问;采取中位收入的50％的固定比例也是不可取的,能否在国际上通用是值得怀疑的。事实上,有许多国家和地区的贫困线都只占本国或本地区社会中位收入或平均收入的30％～40％,如美国、日本、加拿大等。

---

① 资料来源:https://baike.baidu.com/item/％E5％9B％BD％E9％99％85％E8％B4％AB％E5％9B％B0％E6％A0％87％E5％87％86/3669672? fr=aladdin。

第三章 社会福利与社会救助的产生和发展

【学习目标】

通过学习本章,了解社会福利与社会救助的产生和发展脉络,了解慈善事业、济贫制度等的出现及其历史意义,了解福利国家兴起的历史背景和发展。

第一节 慈善事业时代

在人类历史发展进程中,基于同情、慈善而产生的救助是最早的社会救助形式,社会救助在历史上最先表现为一种慈善事业。慈善事业主要包括宗教慈善事业、官办慈善事业和民办慈善事业三种类型。

一、宗教慈善事业

西方盛行的各种各样的宗教教义是当时社会救助的主要思想来源,并且直接指导各个宗教团体的慈善活动,其中,佛教、基督教、天主教等教派对慈善事业的影响最大。宗教慈善事业主要表现在以下两个方面。

一方面,各种宗教教义把"行善"列为最基本的行为准则。例如,佛教宣扬慈悲为怀,强调以深度的爱护之心给予芸芸众生快乐幸福、以深度的同情怜悯之心拔除众生的痛苦,倡导布施、福田、利行等行善做法。基督教则强调爱人如己,并且将"行善"作为《圣经》的基本内容来约束教徒,如"穷人救助,总是乐意帮助,孤儿求助,我就伸出援助手。我为水深火热中的人祝福,我也使寡妇的心欣慰。我做盲人的眼睛,我做跛子的腿。我做穷人的父亲,我常为陌生人申冤。我摧毁强暴者势力,救援被他们欺压的人"。另一方面,教会组织开展的各种救灾济贫、施医助药等活动成为一些西方国家主要的社会救助方式,并且随着宗教影响区域的扩大而扩大到全世界。

宗教兴办慈善福利事业的动机与目的是个充满争议的历史议题。一般来说,兴办慈善福利事业是基督教会传统的传教布道手段,而非最终目的。在兴办和发展慈善福利事业时,基督教会在教育、世俗运动和慈善福利事业上扮演积极、活跃的角色。基督教会慈善福利事业越兴旺发达,宗教色彩似乎越趋淡化,世俗化社会服务趋向越明显。

尽管随着宗教的改革和政府势力的增长,国家逐渐介入济贫事业及其他社会保障事业,但宗教慈善事业一直没有间断过,目前仍然在许多国家或地区发挥着传统的救世济贫的作用。

二、官办慈善事业

这里的官办慈善事业,可以理解为由官方开展但尚未制度化的社会救济活动。与宗教慈善事业不同,官办慈善事业是以国家的介入,并且以政治需要为基础而产生、发展的。政府根据需要和实力,在宗教慈善事业不能满足贫弱的社会成员的需要时,出面举办一些有限的、临时性的救济活动。在我国,官办慈善事业历史久远,因为宗教的影响不大,贫弱的社会成员对救灾济贫的需要更多由官方来满足。例如,历史上就有"司徒"这样的官职,专门处理民事,其中就包括救灾济贫。我国历史上最常见的方式有两种:仓储后备和以工代赈。仓储后备是指平时建立谷物积蓄,一旦发生灾荒就接济贫民的一种古老的措施。《礼记·王治》中记载:"国无九年之蓄,曰不足;无六年之蓄,曰急;无三年之蓄,曰国非其国也。三年耕必有一年之食,五年耕必有三年之食,以三十年之通,虽有凶旱水溢,民无菜色。"《孟子》等文献中也都有开仓赈民的记载。"义仓"从隋唐开始一直到明清都没有间断过。可见,我国古代统治者很早就有过救灾济贫的实践活动,并且一直延续下来。

在西方,《济贫法》颁布以前,也有一些官方介入救灾济贫的活动。例如,在6世纪末的罗马城邦社会,城邦的市政当局就曾用公款和捐款购买谷物,无偿地分发给丧失劳动能力的人和阵亡将士的遗属。又如,英国也通过了一项强制征收济贫税的条例。

这一时期的救灾济贫活动虽然是以政府为主要的责任主体,但我们仍然称之为慈善事业,是因为这一时期的政府介入,一是没有法制约束,二是没有固定的、经常性的措施,更多的是偶尔的、临时性的行为,三是所提供的救助被看成一种恩赐行为,四是这些救济活动十分有限,所以仍然不能与现代社会政府举办的济贫事业相提并论。

三、民办慈善事业

在慈善事业时代,除了宗教慈善事业和官办慈善事业,还存在由民间人士自发举办的各种慈善活动。例如,1657年美国波士顿就有民间的苏格兰人慈善协会,由27位苏格兰人组成,开展各种济贫活动。在我国,宋朝范仲淹的"义田"、朱熹的"社仓"、刘宰的"粥局",清代熊希龄的慈幼局等,都是民间慈善活动的典型。我国香港的"东华三院"是1851年由部分乡绅创办的,开始是"广福义祠",后来不断发展壮大,为有需要的人提供医疗救助和医药救助,至今在香港仍然具有很高的威望和影响。

此外,以互助为特征的社会性的救助活动也开始出现,构成了慈善事业的重要补充。例如,中世纪法国出现的吉尔特就是一种手工业者互助基金会,主要通过向会员收取会费来筹集资金,目的是帮助丧失工作能力又没有土地作为生活依托的手工业会员。18世纪的英国还出现过很多具有互助性质的"友谊会",形式与吉尔特相似。我国在同一时期也出现过各种各样的行会,开展着具有互助性质的救助活动。

综上所述,在济贫制度确立以前,社会救助实践虽然在中西方存在差异,但总体上仍然可以称之为慈善事业时代。

第二节 济贫制度的出现与发展

一、社会背景分析

从历史纵向视角来看,国家直接介入社会救助事务是社会发展的客观要求。英国在颁布《济贫法》以前,社会处在动荡不安的时期,人口大量流动,贫困、失业、流浪现象急剧增加,仅仅依靠宗教的力量已经不能解决当时的社会问题。同时,这一时期也出现了教权衰落、王权兴起的现象,民族国家的兴起与行会制度的衰落,特别是贫困人数迅猛增加和贫困程度加深,导致原来由基督教会和行会承担的慈善救济已无法满足社会需要,原来由宗教组织主持的济贫事务,部分内容也不可避免地逐渐转移到政府手中,社会救济责任转向国家成为不可逆转的趋势。而由于王权的兴起,政府也主观上期望通过逐渐介入一些济贫事务来加强和发展世俗政权的力量。

这一时期特定的时代背景是社会动荡、教权衰落、王权兴起。面对这样一种极度的不稳定状态,有些国家开始考虑采取相应的措施来缓和社会矛盾,促进国家的发展。

二、济贫制度的确立与发展

从16世纪30年代开始,英国的社会救济制度框架与政策模式逐步建立起来,国家在社会救济中的角色越来越重要。1531年,英国亨利八世颁布救济物品法令,规定征收救济物品并由地方当局发放,开启了政府负责救济贫民政策的先河。1536年亨利八世颁布的济贫法规定,地方团体负责办理救济事业,救济对象主要是老弱、失业及贫苦患病者。这部法律标志着英国政府开始为解决社会贫困问题承担一定的责任。

1572年,英国都铎王朝发布了强制性征收济贫税的条例,规定每个教区需对其贫民负责,并且每周向地方征收济贫税费以救济贫民,由此开启了政府征税济贫的先河,确定了贫民的"属地救济"原则,防止贫民四处流浪乞讨。

1601年,英国伊丽莎白一世颁布《济贫法》,将已有的宗教或社会救助活动和惯例用法律的形式固定下来,并且第一次由官方划定了一条贫困线,对有需要的孤、老、病人进行收容,同时为失业者、贫民儿童提供一些有限的帮助。其主要内容是规定地方政府负责救济贫民的工作,为失业者提供就业机会,对贫穷家庭的儿童进行就业培训,对老年人、患病者和孤儿进行收容,用严酷手段惩罚那些"不值得帮助"的穷人。伊丽莎白颁布的《济贫法》在以往各种社会救济立法的基础上,对英国的济贫法制度进行了比较系统的规定,从而奠定了英国济贫制度的基础。法令所提出的对贫困人口进行区别性对待的原则,既体现了政府对应该接受救济者所承担的必要责任,也体现了强调依靠个人劳动摆脱贫困的自助精神。法令对值得救济者所提供的是一种院内救济(indoor relief),其核心理念是惩罚和管制穷人,严格审查救济对象的资格与财产状况,严格限制救济对象的人身自由。习艺所(workhouse)是收容救济穷人的主要场所与组织机构。这种院内救济直到19世纪

30年代,都是英国济贫法制度提供救济的基本原则。①

1662年,英国通过了《居住法》,规定不管流浪到外地的贫民是否已经自立谋生,地方治安法官都应将其遣返原出生地,因为只有在原出生地的相应的教区中这些人才能得到救济。根据这项法律,地方治安法官有权将外来流动人口拘留并遣送回原籍。从解决社会贫困的角度看,这项法律有利于使失业劳动者得到自己教区的救济,从而缓解社会贫困。但是,《居住法》的最大弊端是从法律上限制了劳动力的自由流动。

1722年,英国颁布《习艺所收容失业贫民法》,规定贫民不入习艺所者不予救济,实际是强迫所有穷人进入习艺所。习艺所生活状况十分恶劣,与其说是救济院,不如说是监狱。接受救济,被救济者必须付出一定的代价,这种代价就是要丧失一定的人身自由,有时甚至会丧失做人的尊严,如接受救济者同时要受到鞭打、切耳、关牛棚等惩罚。这实际上并未把对贫困者的救济看成社会不可推卸的责任和贫困者应享有的权利。这种立法的不平等,事实上也未能使济贫活动成为一项固定的、经常性的制度。1723年,英国通过了设立济贫院的法律,目的是强调使穷人"懂得"劳动。

1782年,英国通过了《格伯特法》,放宽了济贫法的实施范围,缓和了一些"惩戒性"的救助行为造成的惨状,减轻了对贫民的惩罚和管制。到18世纪晚期,济贫法的价值基础已受到猛烈冲击,摇摇欲坠。

1795年,英国伯克郡制定了《斯皮纳姆兰法令》,其主要原则是按照面包价格涨落幅度来确定当地人的最低生活费用标准。该法具有多方面的革命性意义和创新之处,标志着英国的社会救助进入了崭新的历史时代。第一,该法令规定任何贫民均有在家请求及接受救济的权利,开启了"院外救济"(outdoor relief)的先河;第二,该法令首次明确表达"最低生活保障"思想与"普及性权利"原则;第三,该法令取消了1662年《居住法》和地方当局的预防性驱逐权,规定只有那些确实成为公共救济对象的人才应被遣送回原籍,如果此人生病或有残疾就有延期的权利,这对劳动者自由流动和贫民群体的人身自由与解放具有深远的历史意义;第四,该法令将工资津贴与社会救济结合起来,将现金救济与实物救济结合起来,将工资津贴与家庭收入结合起来,将生活费用与需要标准的粗浅指数结合起来,这对缓解贫困和保障最低生活水准具有积极意义。因此,《斯皮纳姆兰法令》具有革命性和开拓性的意义,其核心是承认普及性社会救济权利和最低生活保障原则。②

1834年,由自由主义者埃德温·查德威克(Edwin Chadwick)主笔的皇家委员会济贫法报告中提出通过惩治"懒惰"贫民根治贫穷问题。报告中提出了著名的"劣等处置"原则和"济贫院检验"措施。劣等处置原则是指让享受救济的穷人的生活状况低于任何独立自由劳动者;济贫院检验措施是指将享受救济的穷人放在济贫院中,并进行准监狱式的严格管理,以使穷人道德完善并使懒汉勤奋起来。这个报告成为1834年《济贫法修正案》的理论基础。

1834年英国《济贫法修正案》有两个主要内容:一是停止对身体健康和游手好闲者的院外救济,将救济对象严格限定在丧失劳动能力的老弱病残幼身上,重新缩小救济对象的

---

① 陈良瑾.社会救助与社会福利[M].北京:中国劳动社会保障出版社,2009:2.
② 陈良瑾.社会救助与社会福利[M].北京:中国劳动社会保障出版社,2009:3.

范围;二是废除以教区为单位的救济行政,扩大为较大的地方单位,实行中央督导制,组建济贫法实施委员会(1848年改为济贫局)管理救济工作,提高国家对救济的行政监管力度。《济贫法修正案》具有鲜明的时代特征,原则上不再无条件向有工作能力的人提供救济,而贫困劳动者要想得到救济的唯一办法就是通过工作得到救济。

英国颁布济贫法以后,欧洲其他国家也先后颁布了济贫法。北美由于是英国的殖民地,其早期的社会救助活动也受到了英国的影响。

我国历史上没有像英国那样颁布过专门的济贫法,但是仓储后备形式经过发展,也确实形成了一项赈灾济贫的常备制度。

第三节 社会救助制度的确立和福利国家的兴起

一、社会救助制度的确立

真正具有现代意义的社会救助制度产生于20世纪初。

19世纪中后期,马克思主义、费边社会主义和集体主义价值观念逐渐发展起来,对社会福利与社会救助领域产生的影响也越来越大。1909年英国的皇家济贫法、救济事业调查委员会的报告主张彻底废除济贫法,通过教育、年金、公费医疗等手段建立"国民最低生活标准"体系,以取代济贫法式的社会救助制度。1908年英国政府通过《老年年金法》,对70岁以上老年人实施免费年金制度。1911年通过《国民保险法》,使工人在患病、失业时可获得经济安全保障。1925年《寡妇孤儿及养老年金法》使鳏寡孤独者及老年人得到了保障。这些法律从不同角度降低和消除了产生贫困的基本根源,标志着英国现代社会救助制度的最终形成。1929年英国将原来济贫法规定的行政权划归公共救济委员会负责,救济事业成为地方行政工作的一部分。1930年英国修订《济贫法》,改变原来的济贫制度系统为新的"公共救助"制度,建立公共救助服务体系,由地方政府负责。1934年规定失业保险划出部分资金,为长期失业者提供生活保障。1935年英国设立了失业救助委员会,在对失业者家庭进行经济状况的调查的基础上向失业群体提供援助。1938年的《盲人法》规定为盲人提供福利。到1936年,英国的贫困救助制度已经相当完善,总人口中6%左右的民众成为制度的受益者。

随着英国社会救助的发展,人们逐渐认识到,给贫困者提供物质援助也应当成为政府与社会的责任,社会救助应当成为国民的一项基本权益。尤其是20世纪二三十年代欧美各国爆发了严重的经济危机,出现了大量贫困人口,社会陷入不稳定状态。在传统的济贫手段和社会保险都不足以解决问题的前提下,各国政府不得不尝试建立社会救助制度,以弥补社会保险制度的不足。尤其是"二战"以后,越来越多的国家建立了自己的社会救助制度。尽管因社会保险的普及化和社会福利事业的持续发展,社会救助在现代社会保障体系中的地位相对下降,但因社会救助所承担的救助贫困人口、不幸者等的功能仍然无可替代,其在整个社会保障制度中的基础地位不可动摇。[①]

---

① 陈良瑾.社会救助与社会福利[M].北京:中国劳动社会保障出版社,2009:5.

二、福利国家的兴起

从现代社会福利保障制度发展的轨迹来看,"二战"后近20年的社会福利发展进程在其发展史上占有极其重要的地位。

"福利国家"一词最早出现在"二战"初的英国,至今已有半个多世纪了。1941年,英国大主教坦普尔在《公民与教徒》一书中用"福利国家"(welfare state)一词描述与"战争国家"(warfare state)相对立的情况。但在当时,"福利国家"一词还没有被赋予确切的含义,直到1942年英国著名社会学家威廉·贝弗里奇(William Beveridge)发表其影响深远的贝弗里奇报告以后,它才逐渐成为社会福利的代名词。

"二战"结束之后,西方各国在恢复经济的同时都把重建社会保障体系作为缓和阶级矛盾、消除危机的政策措施,西欧、北欧等地的国家先后宣布建成了福利国家,建成了对国民"从摇篮到坟墓"的全面的福利保障制度;其他国家虽然未走福利国家的道路,但不断颁行社会福利方面的立法,如日本就制定过著名的"福利六法",为日本健全的福利保障制度的建立与发展提供了具体的法律依据。因此,"二战"后工业化国家的社会保障制度是包括社会救助、社会保险与社会福利等现代保障措施在内的完整的社会保障体系。

1942年,贝弗里奇发表了《社会保险和相关服务》(人们称之为贝弗里奇报告),认为应以消灭贫困、疾病、愚昧、肮脏和懒散五大祸害为目标,主张通过统一社会保险缴费、统一社会保障管理等改革建议,建立一个全社会性的国民保险制度。以贝弗里奇报告为基础,英国工党政府先后颁布了一系列社会保障法案,如《家庭补助法》(1945年)、《国民保险法》(1946年)、《国民卫生保障服务法》(1946年)、《国民保险(工业伤害)法》(1946年)和《国民救济法》(1948年),从而建立了比较完整的社会福利制度,其特点是把全体国民作为对象,将国民保险、国民保健和国民救济融为一体。1948年,工党政府宣布英国已经成为福利国家。经过此后几十年的改进完善,英国的社会保障制度发展成为面向全体社会成员、高福利化、统一管理体制、为公民提供"一揽子"预防性保障的完整的社会保障体系,国家作为最后的责任人承担最后责任。基于此,"福利国家"是以"福利"进行界定的一种国家形态,即以统一的、大规模的、"从摇篮到坟墓"的社会福利为基本特征,追求社会团结和公正的一种国家形态。[①]

20世纪70年代以来英国对福利国家进行了改革,改变了大半个世纪福利不断增长的势头,出现"非福利化"的取向。此前的福利国家特别强调从需要出发设立福利项目和确定待遇水平,80年代则出现了改变,反过来从经济的支持能力出发,按照资金供给的可能性确定福利水平,同时,加强了社会福利的市场化运作。1986年的社会保障法又对贫困救助作了较大改革,将原来的贫困补助待遇改为贫困收入支持。

英国的"福利国家"不仅引起了有关理论的更新,而且在推动西方国家特别是欧洲各国积极发展社会福利事业方面起了重要作用。从世界范围来考察,除了英国以外,其他一些西方发达国家事实上也已经进入福利国家时期。例如,被誉为西方"福利国

---

① 顾俊礼.福利国家论析[M].北京:经济管理出版社,2002:68.

家橱窗"的瑞典等西欧、北欧福利国家,均是高福利、全民福利国家。这些国家的高福利政策虽然造成了一些社会问题,但是也反映了社会保障制度向更高水平、更合理的组合方式发展。

西方发达国家的社会福利制度经过长期的发展演变,目前已十分完整和稳定,形成了相当大的规模。在世界范围,社会福利制度体系也已被各国广泛采纳。

第四章 社会福利与社会救助的理论渊源

【学习目标】

通过学习本章,掌握社会福利与社会救助的思想渊源和理论基础,了解宗教教义中蕴含的社会福利与社会救助思想,了解中国传统的社会福利与社会救助思想,掌握经济学、社会学等领域的重要理论对社会福利与社会救助的影响,了解社会福利与社会救助领域的形式争议和选择差异。

科学的复兴不仅引起了改变社会生活和人的需要的工业革命,而且形成了解决人们问题的科学方法。社会福利深受理论潮流的影响,其原因就在于社会福利与社会救助和其他社会制度紧密相关。因此,这些制度中的思想观点和价值观不可避免地影响了有关社会福利与社会救助的思考。本章将简要地概括对社会福利与社会救助有持久性影响的重要的理论发展。

第一节 社会福利与社会救助的思想渊源

一、宗教教义中的社会福利与社会救助思想

有组织的宗教的出现及其所支持的慈善活动的兴起为社会福利与社会救助奠定了基础。在早期,基督教教义对西方社会救助与福利产生了直接影响。早期基督教关注社会平等,包括阶级平等和性别平等。社会救助行为主要表现为以教会为主来组织和实施,是上帝意志的具体体现,世俗社会中个人与社会组织的慈善行为也是在履行对上帝的虔敬,而不是以关注人的需要为出发点。西方早期福利思想更多地带有宗教性而不是社会性色彩,更有理由被称为宗教福利思想而不是社会福利思想。[①] 早期基督教要求富人帮助穷人,认为这是个人获得的拯救之路。例如,《圣经》中有:"你的弟兄在你手里若渐渐贫穷,手中缺乏,你就要帮补他,使他与你同住,像外人和寄居的一样不可向他取利,也不可向他多要,只要敬畏你的神,与你的弟兄同住。你借钱给他,不可向他取利,借粮给他,也不可向他多要。"可以看出,基督教明确反对富人对穷人的剥削,强调爱人如己,主张在施爱于他人中体验幸福的境界,表达了人类追求福利的普遍性与迫切愿望,表达了博爱、平等、互

---

① 丁建定,魏科科.社会福利思想[M].武汉:华中科技大学出版社,2005:6.

助的思想,这些思想为社会救助和社会福利的发展奠定了道德基础。①

到中世纪早期,由于教会对民众实施了有效的控制,不需要通过慈善行为达到社会控制的目的,虽然一些教会组织(如教堂、修道院等)也具有一些福利救助的功能,但数量很少,教会对穷人的救助带有明显的歧视性。中世纪后期,人们开始接受贫困不是犯罪的观念,认为教会应该救助穷人。从此,社会公正和富人必须帮助穷人的观念成了基督教社会福利思想的两大理念支柱。这一时期发展起来的具有互助保障功能的手工业行会发展了社会捐助和慈善行为,一方面使社会捐助与慈善行为为穷人提供了帮助,另一方面也使追逐财富的活动正当化并能够取悦上帝。宗教理念中,给予慈善捐助后,富人们就可以在两个世界中都获得好处:在现实中追逐财富,在后世中获得拯救。

16世纪初,马丁·路德(Martin Luther)领导宗教改革,首先成功地向罗马天主教发起了神学攻击,并引发了新教改革(Protestant Reformation),要求改革教会陋规,取消教会和教皇全面而至上的霸权,解放思想,解放社会。新教反对天主教把牧师当作上帝和信徒之间的中介,主张上帝和信徒之间可以直接联系,因而剥去了罗马天主教的伪装。新教崇尚慈善,但它也非常强调劳动的价值,且至少在某些情况下把经济自立当作拯救自身的标志(Morris,1986:123)。当时的新教伦理非常适合像美国这样处于发展中的国家。要开发这块大陆需付出大量的、艰苦的劳动。当时,生活条件很差,资源稀缺。新教伦理主张人们应该劳动,为不给那些不劳动者予以帮助奠定了理论基础,因而非常适合当时的环境条件。在这些思想及英裔拓荒者的推动下,根据伊丽莎白济贫法调整了殖民地的许多有关社会福利的法律。同时,根据伊丽莎白济贫法所包含的基本思想——注重劳动,进行分类以确定哪些人应得到帮助——成为这个新兴国家的政策。此外,新教劳动伦理也成为社会传统的一部分。可见,宗教改革运动直接对以神为中心的宗教神学思想提出挑战,进一步弘扬了以人为核心的人文思想,使以人为本的观念、关注民生的思想、追求现实生活幸福的愿望更加深入人心,这不仅有力地推动了资本主义社会价值观念的形成,也为西方福利思想的形成创造了条件。"劳动等同于拯救自身"的宗教思想对社会福利产生了重大影响。立法的目的主要是向那些明显地失去控制能力的需要帮助的人(如年老患病者等)提供帮助。

除了基督教,伊斯兰教中也有关于社会福利的思想。《古兰经》强调:"正义是……将所爱的财产施济亲戚、孤儿、贫民、旅客、乞丐和赎取奴隶……"可以看出,《古兰经》是将施济与伊斯兰教的信仰核心并列在一起,总括了穆斯林对待弱者的态度,即跟实践其他信仰一样去保障弱者的福利。

二、中国传统的社会福利与社会救助思想

中国古代先秦诸子百家对理想的人类社会及社会制度安排进行了诸多论述。春秋时期,管子提出了具有强烈民本色彩的社会福利思想。他认为民为君之本,治国之道在于"顺民心",而其首要则在于富民。《管子·五辅》篇指出:"养长老,慈幼孤,恤鳏寡,问疾

---

① 郑功成.社会保障学——理念、制度、实践与思辨[M].北京:商务印书馆,2000:52.

病,吊祸丧,此谓匡其急;衣冻寒,食饥渴,匡贫窭,振罢露,资乏绝,此谓振其穷。"《管子·入国》篇中,则记载有"九惠之教:一曰老老,二曰慈幼,三曰恤孤,四曰养疾,五曰合独,六曰问病,七曰通穷,八曰振困,九曰接绝"。这些内容体现了丰富的社会救济与福利思想,并且举措非常具体,如"老老",是指国家设立掌老之官,专门负责老年人的养老事宜;"恤孤",是指国家设掌孤之官负责孤儿的福利工作。孔子提出了大同理想:"大道之行也,天下为公,选贤与能,讲信修睦。故人不能独亲其亲,不独子其子,使老有所终,壮有所用,幼有所长,鳏寡孤独废疾者皆有所养。"大同社会就是一个人际融洽、经济互助的社会,每一个成员的合法权益都受到保障,从幼及老,乃至鳏寡孤独废疾者,都有所奉养。孟子认为君王应推广其本身的"不忍人"之心,施行"不忍人之政",即"仁政",对弱势群体提供关顾与救助,构建"死徒无出乡,乡田同井,出入相友,守望相助,疾病相扶持,则百姓亲睦"的社会。墨子的社会福利思想也很丰富,他指出"民有三患:饥者不得食,寒者不得衣,劳者不得息",国家应该提供切实可行的救济。

可以说,管子、孔子、孟子、墨子等古代思想家很早就建构了福利社会的雏形,并不同程度地影响着历代的社会福利措施。尤其是大同思想对后来的社会福利思想及实践有着极大的影响。在这些民本、德政思想的影响下,历代政府都以赈灾济困为己任,并建立了日益完善的社会保障体系。例如,汉代设常平仓平抑物价、备荒赈恤,隋代"民间寄纳在官"的义仓在政府监督下直接承担地方的赈恤责任。此后,养济院、慈幼局、漏泽园等社会救济与抚恤事业纷纷成立。①

中国近代的有识之士多方位借鉴和引进西方的福利思想与措施。诸多思想家既有兴办洋务的实践,又有出使西洋的经历,他们继承了传统社会福利思想中民本大同的思想基础,并提出了一些具有近代意义的见解。薛福成对西方强盛本原的总结深刻体现了民本的思想:"西方富强之原……约有五大端:一曰通民气,二曰保民生,三曰煽民衷,四曰养民耻,五曰阜民财。"康有为在接触西方社会福利思想后与中国古代大同思想结合,设计了"公养""公教""公恤"的大同社会。孙中山将实现民生主义作为其理想社会的奋斗目标,在《建国大纲》中指出"建设之首要在民生。故对于全国人民之衣食住行四大需要,政府当与人民协力共谋农业之发展,以足民食;共谋织造之发展,以裕民衣;建筑大计划之各式房舍,以乐民居;修治道路、运河,以利民行"。这些近代意义的社会福利思想,都从"民有""民享"的近代意识出发,在吸收传统社会福利思想有益成分的基础上结合西方社会福利思想提出构建新的社会福利保障体系。

第二节　社会福利与社会救助的思想流派

新的科学方法对社会生活的研究形成了经济学、社会学、政治学等领域的巨大成果,这些成果对社会福利的形成、发展有着重要的意义。

---

① 刘华丽,李正南.中国古代社会福利思想综述[J].南昌高专学报,2003(1):6-8.

一、经济学思想流派

现代社会福利与社会救助制度是工业化、社会化大生产的产物,其实施与政府的行为联系在一起,是现代社会经济制度必不可少的组成部分。社会福利与社会救助的理论也是在工业化、市场化、社会化的过程中产生的,其发展与经济学理论的发展紧密地结合在一起。

(一)经济自由主义的社会福利与社会救助思想

1. 古典经济学时期的自由主义福利思想

英国最早完成了资产阶级革命,同时受到《济贫法》的影响,也最早较大规模地由政府出面干预社会保障事务。但是由于《济贫法》自身难以克服的问题,加上18—19世纪英国社会问题的增多,使人们对接受帮助合理合法的道德观念与法律规定的扶贫原则提出了质疑和思考,出现了否定社会福利与社会救助的思想和经济学理论,主要是自由主义经济学流派,代表人物包括亚当·斯密(Adam Smith)、马尔萨斯(Thomas Malthus)、李嘉图(David Ricardo)、萨伊(Jean Say)等。

亚当·斯密的社会福利思想建立在整体幸福观的基础之上。这种整体幸福观在政治上主张平等与正义,在经济上主张"富国裕民",在伦理道德上主张整体幸福高于个人幸福。他反对限制劳动力流动的社会救济法令,主张制定符合人道的最低工资标准,进行职业保护,并提倡实施面向大众的基础教育等。在解决贫困问题的途径上,斯密认为,社会上除了乞丐,没人愿意靠别人的恩惠来生活,对个人来讲,接受施舍是一种不体面的经济期望。除了法律公正,我们也没有完全的义务去帮助穷人。这种社会福利思想是斯密伦理学与经济学思想的衍生物,也集中体现了工业化萌芽阶段英国政治、经济和社会发展的特征与要求。

马尔萨斯在《人口原理》中分析了贫困的原因及解决措施。他认为贫困的产生是因为人口增值远远大于土地为人类提供生活资料的能力。人口增长还会增加劳动力市场的供给,从而使劳动力供大于求,这样工资水平就会降低甚至会增加失业现象,同时伴随着生活资料由于短缺而导致的价格的增长。多重因素影响下,人口只能处于最低生活水平,甚至陷入贫困。既然贫困是人口增长的必然结果,因此力图通过社会改革、实现社会平等来解决贫困的举措必然走向失败。普遍实行的《济贫法》也是错误的,虽然减轻了一点个人的不幸,却会导致更多的人贫穷。马尔萨斯认为只有抑制人口增长,尤其是穷人的人口增长,解除对劳动力自由流动的禁锢,鼓励开垦新土地,发展农业,才能真正解决贫困问题。

李嘉图也批评了英国的济贫法制度,认为济贫法没有达到预期的济贫效果,反而加剧了贫困现象,加重了国家财政负担,损害了社会大多数人的利益,违背了社会法则。他认为:"济贫法的趋势是使富强变为贫弱,使劳动操作除开提供最低的生活资料以外不做其他任何事情,使一切智力上的差别混淆不清,使人们的精神不断忙于满足肉体的需要,直到最后使一切阶级染上普遍贫困的瘟疫为止。这种趋势比引力定律的作用还要肯定。"①

萨伊认为贫穷与懒惰有关,是自作自受。因此,失业和贫困是个人不努力的结果,它应由个人而不是由社会(经济制度)负责。

2. 新古典经济学时期的福利和救助思想

19世纪末20世纪初,新古典经济学派诞生并发展起来。新古典经济学是对古典经济学的修订和发展,既继承了古典经济学的经济自由主义理论,又吸收了边际学派的主张。其代表人物是阿尔弗雷德·马歇尔(Alfred Marshall)。马歇尔把贫困问题归因于劳动市场。在劳动市场上,非技术性劳动的供给由马尔萨斯的人口法则所决定,即工资水平上升时,人口增加,从而劳动供给也增加。但对非技术性劳动的需求却因为机械化而持续减少。供给与需求这两种力量使非技术性劳动的工资维持在相当低的水平。缺乏技能和谈判力量的工人只会得到较低的工资,这导致穷人的健康和教育水平无法提高,其儿女也会有同样的遭遇。马歇尔把解决贫困的希望寄托于教育,这一点和亚当·斯密等人的观点一致。他主张限制非技术工人的家庭规模和建立累进税制度,但不主张设立最低工资保障和工会。

综上可见,这一时期的学者们的逻辑是,英国新济贫法所导致的后果是贫困现象的"纪律化"和"永久化",它名义上是救济贫民,实际上损害了穷人的尊严,迫使穷人完全依赖出卖自己的劳动力为生。这种对于自发调节的市场体系的要求,实际上推动了市场体系的确立,倡导自由竞争的劳动力市场。现代社会的贫困现象是市场体系不可或缺的组成部分,是一种社会现象,是市场经济自然法则作用的结果,也是维系市场平衡的必要因素;处在市场体系中的个人,如果不能通过勤劳努力提升自己的财富,则只有被竞争所淘汰,或是陷入贫困状态,或是接受维系基本生存需求的较低的工资水平。

3. 新自由主义的福利思想

20世纪30年代,由于美国经济危机的爆发,自由主义经济思想受到一定的影响,其主导地位被凯恩斯的国家干预主义思想取代。20世纪70年代以来,新自由主义在西方兴起并在政治经济领域占据了主导地位,构成了该时期一个重要的理论范式。新自由主义在政治上强调个人的独立与自由,拒绝国家的干涉与控制;在经济上提倡市场的自由与竞争,反对政府的干预与调控。

新自由主义是在古典自由主义思想基础上发展起来的一个新的理论体系。该理论体系强调以市场化为导向,是一个包含一系列有关全球秩序与主张贸易自由化、价格市场化、私有化观点的完整的理论体系和思想体系。新自由主义的经济思想和政策主张表现在社会福利领域,可以概括为反对福利国家理论及其政策实践。新自由主义者认为,社会福利是国家控制和干涉个人自由的一种隐蔽手段。通过福利的供给,国家逐步转变成一个无所不能的控制者;通过福利的获得,个人却在不知不觉中丧失了自己的独立与自由。②

新自由主义的代表人物有哈耶克(Friedrich von Hayek)、弗里德曼(Milton

---

① [英]大卫·李嘉图.李嘉图著作和通信集:第1卷[M].郭大力,王亚南,译.北京:商务印书馆,1962:91.
② 马晓强,王瑜,李艳军.新自由主义的社会福利思想[J].郑州航空工业管理学院学报,2006(6):13-17,31.

Friedman)等。

哈耶克是伦敦学派的代表，他反对社会福利和福利国家，批判平均主义。哈耶克认为绝对平等的追求最终只能导致个人自由与权利更加被侵犯，平等地待人与试图使他们平等是不同的，前者是作为自由社会的前提而存在，而后者更像是一种新的奴役形式。哈耶克强调自由，认为平等只是一种规则和过程的平等，如果政府遵循绝对平等原则，那么平等对待所有公民就会导致人们在物质地位上的不平等。因为人们的知识水平、潜力是不尽相同的，所以不能保证每个人的结果都是平等的。通过政府人为强制的手段去保证人们之间的绝对平等，最后只会不断侵犯个人的自由权利。

现代货币学派的代表人物弗里德曼也对社会福利提出了批评，认为社会保障制度造成了巨大的官僚机构，引起了生产的低效率，因为国家向个人提供的福利越多，个人对国家的依赖感就越强，从而个人的自由也就越少。政府应该削减甚至取消现有的社会保障计划，代之以负所得税，只有这样才有利于提高人们对工作、储蓄和革新的兴趣，增加资本的积累。

供给学派代表芒德尔主张降低税率以鼓励生产，认为劳动与资本的配置效率决定经济增长的速度。供给学派反对政府干预过多，认为政府应放松管理以增强市场活力，主张降低所得税，尤其是边际税率，鼓励人们努力工作，从而增加产出，提高就业。供给学派认为社会福利金就是对就业者征的高边际税率。一个领取福利金的家庭，就业后的劳动收入会减少福利金，同时还要纳税，而在抵补福利金减少额和扣除纳税额之后，实际净收入并未增加。因此，社会福利制度就是对社会中最贫穷的成员课征的没收式的税赋，过高的边际税率不仅不能有效地将富人的财富转向穷人，而且会阻止企业资本的积累，进而使企业失去创新动力。供给学派减税的政策主张被里根政府采纳：改革社会保障，削减社会福利开支，严格各种津贴的领取标准，将退休年龄向后延长，甚至削减抚养未成年子女家庭补助等社会保障项目。

（二）国家干预主义的社会福利与社会救助思想

19世纪70年代以后，工业革命进一步推进，社会化大生产的出现带来了大量的失业问题，以及由此造成的工人阶层的贫困化和工人运动的高涨。面对这些社会问题，官房学派、历史学派、新历史学派、福利经济学等理论流派开始提倡国家干预经济生活、举办社会福利。

1. 官房学派的福利国家思想

以18世纪德国著名的重商主义经济学家尤斯第（Heinrich Gotelob Von Justi）为代表的官房学派认为，在任何时点，社会物质财富和收入都应该在全体社会成员之间比较公平地分配，这是人类社会无时无刻不在追求的理想，实行社会主义制度的国家更是注重社会公平问题。官房学派主张通过国家的行政权力（如税收的方式）来实现福利国家，国家的财政支出是社会福利的基础。

2. 历史学派和新历史学派的思想

弗里德里希·李斯特（Friedrich List）是古典经济学的怀疑者和批判者、德国历史学派的先驱者。李斯特从强调落后国家的特殊国情、落后国家所处的较低的发展阶段及落后国家的特殊利益的角度,主张国家干预,由政府采取保护主义的政策来激发、增长并保护整个国家的生产力,以此促进国民财富的增加,增进国民的福利。在一国经济实力还处于扩张并且正在向农业和制造业或农业、制造业和商业并存的经济强国转变的关键时期,尤其要对私人经济实行干预。国家干预或管制并非对经济的一切领域实行干预,主要应针对依靠个人力量无法进行的经济领域,这样才能实现促进财富和生产力增长、实现文明强国的国家使命。

德国新历史学派以旧历史主义理论为依据,但是又有所创新。新历史学派强调国家对经济事务干预的重要性,强调通过国家实施社会政策的意义,强调要发挥国家的行政职能作用,主张通过赋税政策进行财富再分配,并通过各种法令和建立国有企业等措施实行自上而下的改良,增加社会总福利。新历史学派反对英国的自由放任政策,主张实施强制性的社会保险制度,改善劳动者的工作条件和生活水平,实行经济和社会改革。新历史学派的主张后被制度学派加以吸收和发展,在美国及其他国家传播,成为西方资本主义国家初级社会福利的思想基础。

3. 福利经济学思想

"一战"的爆发和俄国十月革命的胜利,使资本主义陷入了经济和政治的全面危机。福利经济学的出现是英国阶级矛盾和社会经济矛盾尖锐化的结果。西方经济学家承认,英国严重的贫富悬殊的社会问题由于"一战"变得更为尖锐,因而出现以建立社会福利为目标的研究趋向,并催生了福利经济学。1929—1933年世界经济危机以后,英美等国的一些经济学家在新的历史条件下对福利经济学进行了许多修改和补充。庇古的福利经济学被称为旧福利经济学,庇古(Arthur Cecilia Pigou)以后的福利经济学则被称为新福利经济学。"二战"以来,福利经济学又提出了许多新的问题,正在经历着新的发展和变化。

1920年,庇古所著的《福利经济学》出版,标志着作为资产阶级经济学的一个分支的福利经济学的产生。庇古也因此被称为"福利经济学之父"。庇古福利经济学思想的主要基石是边沁(Jeremy Bentham)的功利主义哲学及霍布森(John Atkinson Hobson)的最大社会福利思想。边沁的功利主义哲学是福利经济学的哲学基础。边沁认为,个人是自身利益最好的判断者,人生的目的是使自己获得最大幸福,增加幸福总量,避免痛苦。如果每个人都能自由地追求个人利益,那么必然会实现公共利益,即最大多数人的最大幸福。这里的利益是社会的普遍利益,趋利避害的伦理原则是所有人的功利原则,实现最大多数人的最大幸福是功利主义的最高目标。在英国,以功利主义哲学为基础的传统经济学,一方面继续依据功利主义哲学,实行自由放任政策;另一方面,又主张采取某些国家干预政策,以调和劳资矛盾,在一段时间之内出现了折中、调和的状态。霍布森主张国家应该制订干预计划,通过实施强有力的干预缓和社会矛盾,维护个人自由,缓和社会的不平等,谋求更多的社会福利。为了实现公共利益,个人也应当服从统一的规划,服从国家对社会生活的干预。他认为,社会政治问题的根源在于经济问题。为了消除日趋严重的社会问题,必须进行一系列社会改革。社会福利问题是改革的中心点,因为人生的目的是追求福利。而福利的基础是财富,所以国家要发挥积极作用,制定全面的福利政策,兴办多种福利事业,实行失业救济、免费医疗、老年抚恤和业余教育等"合理且健全的社会政策",对一些企业进行直接管制,以便把个人利益与社会利益调和起来,改变不合理的财富占有和不平等的收入分配，实现"最大多数人的最大幸福"。霍布森的社会改良主张促进了英国"福利国家"政策的制定。

庞古是福利经济学体系的创立者。他把福利经济学的对象规定为对增进世界或一个国家经济福利的研究。基于边际效用价值论，庞古认为，福利是对享受或满足的心理反应，可以由对财物的占有而产生，也可以由对知识、情感、欲望的占有而产生。他将福利分为两类：广义的福利，即"社会福利"；狭义的福利，即"经济福利"。广义的福利包括由于对财物的占有而产生的满足，涉及"自由""家庭幸福""精神愉快""友谊""正义"等内容，但这些是难以计量的。狭义的福利是经济学所要研究的，是可以用货币计量的社会福利，所以称之为经济福利。经济福利具有决定性的影响，可以在一定程度上反映社会福利的状况。庞古认为，人们追求的是最大限度的满足，而使人们得到满足的是物的效用，因而一个人的经济福利就是由效用构成的。每个人获得的效用加起来就构成了全社会效用的总和，而效用总和也就是全社会的经济福利。由于经济福利是可以直接或间接地用货币计量的，而国民收入恰好是可以用货币衡量的那部分社会客观收入，所以经济福利和国民收入是两个对等的概念，可以互相表述。

庞古根据边际效用基数论提出两个基本的福利命题：一是国民收入总量越大，社会经济福利就越大；二是国民收入分配越是均等化，社会经济福利就越大。他认为，经济福利在相当大的程度上取决于国民收入的数量和国民收入在社会成员之间的分配情况。因此，要增加经济福利，在生产方面必须增大国民收入总量，在分配方面必须消除国民收入分配的不均等。凡是能增加国民收入总量而不减少穷人的绝对份额，或者增加穷人的绝对份额而不影响国民收入的总量，都意味着社会福利的增进。针对第一个基本福利命题，庞古提出社会生产资源最优配置的问题。他认为，必须实现社会生产资源的最优配置，这样才能增加社会产量，进而增加国民收入。庞古认为，增加一个单位生产要素所获得的纯产品，从社会角度衡量和从个人角度衡量并不经常相等。当边际社会纯产品大于边际私人纯产品时，国家应当通过补贴扩大生产规模。当边际社会纯产品小于边际私人纯产品时，国家应当通过征税缩小生产规模。只有每一生产要素在各种用途中的边际社会纯产品都等于边际私人纯产品时，才能达到社会生产资源的最优配置。庞古的福利经济学以自由竞争为前提，他认为自由竞争可以使边际社会纯产品等于边际私人纯产品，从而使社会经济福利极大化。从第二个基本福利命题出发，庞古提出收入分配均等化的问题。他认为，要增大社会经济福利，必须实现收入均等化，就是国家通过累进所得税政策把向富人征得的税款用来举办社会福利设施，让低收入者享用。庞古认为，通过这一途径实现"把富人的一部分钱转移给穷人"的"收入均等化"，就可以使社会经济福利极大化。

20世纪30年代前后，庞古的福利经济学受到罗宾斯（Lionel Robbins）等人的批判，他们认为福利经济学的主张和要求没有科学根据。继罗宾斯之后，卡尔多（Nicholas Kaldor）、希克斯（John Richard Hicks）、勒纳（Abba Ptachya Lerner）等人从帕累托的理论出发，也对庞古的福利经济学进行了批判。与罗宾斯不同的是，他们认为福利经济学仍然是有用的。1939年，卡尔多发表《经济学的福利主张与个人之间的效用比较》一文，提出了福利标准或补偿原则的问题。此后，希克斯、西托夫斯基（Tibor Scitovsky）等人继续对福利标准或补偿原则进行讨论，主张把交换和生产的最优条件作为福利经济学研究的中心问题，反对研究收入分配问题。卡尔多、希克斯、勒纳、西托夫斯基等人建立在帕累托理论基础上的福利经济学被称为新福利经济学。新福利经济学运用"序数效用论""帕累托最适度""补偿原理""社会福利函数"等分析工具来说明政府应当保证个人的自由选择，通过个人福利的最大化来增加"整个社会的福利"，以此实现社会福利的极大化。

新福利经济学主张效用序数论，认为边际效用不能衡量，个人间的效用无法比较，不能用基数词表示效用数值的大小，只能用序数词表示效用水平的高低。一个人对于不同物品的不同组合有偏好上的差异，根据无差异曲线，两种商品的不同组合可以给消费者带来同等程度的满足。消费者为了使自己的满足程度不变，就会在损失了一定数量的甲种物品时用一定数量的乙种物品来补偿。由于效用不能相加，每个人的效用和偏好因其偏好方式的不同而无法进行比较，因此，消费者追求最大满足的途径是力求达到最高的满足水平即最高的无差异曲线，而不是庇古所说的力求达到最大满足的总量或最大效用的总量。根据效用序数论，新福利经济学反对旧福利经济学的福利命题，反对将高收入阶层的货币收入转移一部分给穷人的主张。

新福利经济学根据帕累托最优状态和效用序数论提出了自己的福利命题：个人是他本人的福利的最好判断者；社会福利取决于组成社会的所有个人的福利；如果至少有一个人的境况好起来，而没有一个人的境况坏下去，那么整个社会的境况就算好了起来。可以看出，新福利经济学回避了收入分配问题，把垄断资产阶级福利的增进说成是社会福利的增进，认为应当研究经济效率而不是研究水平，只有效率问题才是最大福利的内容。经济效率是指社会经济达到帕累托最优状态所需具备的条件，包括交换的最优条件和生产的最优条件。交换的最优条件就是在完全竞争条件下，交易双方通过交换而使彼此得到最大满足的条件；生产的最优条件就是在完全竞争条件下，生产要素最有效地进行配置，从而使产品最有效地生产出来所必需的条件；生产和交换的最适度条件是指同时满足交换最适度条件和生产最适度条件所要求的前提。

卡尔多和希克斯提出的补偿原则是新福利经济学的重要内容之一。他们认为，帕累托的最优状态"具有高度限制性"，不利于用来为资本主义辩解，为了扩大帕累托最优条件的适用性，就需要研究福利标准和补偿原则。补偿原则的实质是，如果一些社会成员经济状况的改善不会同时造成其他社会成员经济状况的恶化，或者一些社会成员状况的改善补偿了其他社会成员状况的恶化，社会福利就会增加。根据这一原则，政府的某项措施或立法会使一些人得益而使另一些人受损，如果得益总额超过损失总额，则政府可运用适当政策向得利人征收特定租税，以补偿受害者，这样做对任何人都没有不利而对一些人有利，因而增进了社会福利。

补偿原则受到伯格森、萨缪尔森等人的批判。伯格森于1938年提出了社会福利函数，其后，萨缪尔森等人作了进一步论述，形成了福利经济学的社会福利函数论派。社会福利是社会所有个人购买的商品和提供的要素以及其他有关变量的函数。这些变量包括所有家庭或个人消费的所有商品的数量、所有个人从事的每一种劳动的数量、所有资本投入的数量等。当这个函数达到最大值时，才算达到了福利最大化。社会福利函数论者着眼于个人的主观感受，认为只有在受益者感受到以后才能确定补偿是否恰当，事前是无法预测的，因而补偿原则并不科学，应当把福利最大化放在最适度条件的选择上。帕累托最优状态不是一个而是有许多个。帕累托未能指出在哪一种状态下社会福利是最大的。他们认为,要达到唯一最优状态,除了交换和生产的最优条件,还必须具备一个条件,即福利应当在个人间合理分配。"二战"以后,阿罗(Kenneth J. Arrow)研究了伯格森、萨缪尔森等人提出的社会福利函数后认为,社会福利函数必须在已知所有社会成员的个人偏好次序的情况下,通过一定程序把各种各样的个人偏好次序归纳成为单一的社会偏好次序,才能从社会偏好次序中确定最优社会位置。阿罗定理在福利经济学中被称作"不可能定理"。阿罗本想通过大量的论证对伯格森、萨缪尔森等人的社会福利函数修残补缺,但客观上却证明了不可能从个人偏好次序达到社会偏好次序,即不可能得出包括社会经济所有方面的社会福利函数。

近年来,西方经济学家着重对福利经济学中的外部经济理论、次优理论、相对福利学说、公平和效率交替学说、宏观福利理论等领域进行了讨论。杜森贝里(James Stemble Duesenberry)指出,每个人的消费支出不仅受自身收入的影响,而且受周围人的消费行为及其收入和消费相互关系的影响。米香(Ezra Mishan)认为,即使是发达社会,相对于收入的绝对水平,人们更关心收入的相对水平,即他们在社会收入结构中所处的地位,以致出现这样一种极端情况:一个人宁肯在其他人的收入减少10%的前提下,把自己的收入降低5%,也不愿意大家的收入都增加25%。由于福利是相对的,福利与个人收入并无直接联系,因此,提高国民收入水平的政策和缩小国民之间收入差距的政策都不能增加国民福利。而且,由于人的欲望是无止境的,因而福利永远不能得到满足。"相对福利"既否定了收入均等化措施,也否定了普遍提高国民收入水平的意义,认为任何社会变革都不能增进社会福利。这些"新"理论一方面企图说明,现代西方国家可以通过政府干预调节价格和产量,实现资源的合理配置;另一方面企图说明,现代西方国家的分配制度虽不合理,但是如果加以改变,则可能更不合理,一切人为地改善分配状况和增进福利的措施都是无效的。

4. 凯恩斯主义

1929—1933年的世界性经济大危机,对狭小范围的、低水平的社会保障制度和不能适应市场化、社会化发展要求的社会福利理论都造成了极大的冲击。

1936年,英国经济学家凯恩斯(John Maynard Keynes)出版了《就业、利息和货币通论》,主张只有通过国家对经济生活的干预,才能摆脱资本主义社会的经济危机。凯恩斯本人并不属于社会改良派,但他提出的许多原理,尤其是主张实行国家干预以达到充分就业目的的理论和政策,为国家干预主义社会福利思想提供了新的论据和目标。凯恩斯认为,为了解决经济危机,必须通过国家对需求的干预来解决市场失灵的问题。财政政策和货币政策是国家干预经济的两大主要政策,财政政策是政府调节税收和支出以便影响总需求进而影响就业和国民收入的政策,货币政策是政府通过银行体系调节货币供给量来调节总需求的政策。从具体政策来讲,国家可以借助发展社会福利事业的途径来提高居民的有效需求,可以通过采取充分就业、消灭贫困、实行累进税、实施最低工资法、改革教育等办法来提高社会保障水平。凯恩斯提出的有关政府对经济的调节以摆脱经济危机的措施,成为"二战"以后资本主义各国政府建立社会保障制度的主要理论依据,为西方经济学开创了一个新的领域——宏观经济学,这也是经济史上的一次重大转折。西方经济学家称之为"凯恩斯革命"。

凯恩斯主义对20世纪30年代后的资本主义经济社会政策产生了重要影响,其主张有两个立足点。一是充分就业理论。资本主义国家失业的根本原因是有效需求不足,能否达到充分就业取决于有效需求的大小。二是有效需求管理理论。失业源于有效需求不足,有效需求不足又源于消费和投资不足,要解决这一问题必须通过两个途径:通过调整收入分配政策改变消费倾向和通过调整财政政策刺激消费。这两种途径主要都是依靠国家干预来进行。[①] 这些主张将国家干预主义与社会保障完全结合起来,同时使国家干预论者的福利经济思想逐步形成,并在西方福利经济理论中占据主导地位,为西方资本主义国家干预政策的广泛实施提供了理论基础,也直接推动了"二战"后社会保障制度在全世界范围内的建立。这些思想和理论集合起来,构成了"福利国家"论。

20世纪70年代,新古典宏观经济学派认为,凯恩斯主义经济学在理论上是不恰当的,因为宏观经济学必须建立在厂商微观经济的基础上。为答复所谓"凯恩斯主义理论危机",80年代便产生了新凯恩斯主义经济学,代表人物有曼昆(N. Gregory Mankiw)、斯蒂格利茨(Joseph Stiglitz)和本·伯南克(Ben Bernank)等。新凯恩斯主义学派在经济学分析中引入了原凯恩斯主义经济学所忽视的厂商利润最大化和家庭效用最大化假设,吸收了理性预期学派的理性预期假设,建立了以微观经济为基础的新凯恩斯主义宏观经济学。新凯恩斯主义吸收了货币学派、理性预期学派的一些思想,以不完全竞争、不完善市场、不对称信息和相对价格的黏性为基本理论,坚持"非市场出清"这个最重要的假设,认为在货币非中性的情况下,政府的经济政策能够影响就业和产量,市场的失效需要政府干预来发挥积极作用。

二、社会学思想流派

(一) 功能主义的福利思想

功能论或称结构功能论(structure functionalism)是社会学者杜尔凯姆(Émile Durkheim)和斯宾塞(Herbert Spencer)在19世纪发起的。20世纪最有影响力的功能论学者是帕森斯(Talcott Parsons)和默顿(Robert Merton)。结构功能主义认为社会福利是社会整体中的一个必要组成部分并具有独特的社会功能。19世纪,达尔文(Charles Robert Darwin)以自然选择解释物种进化,使生物学获得了空前的声望。被这些前进的步伐所激发的早期的社会思想家自然地将生物学的一些概念运用到了社会学中。功能主义的基本原则源自生物,认为社会与生物有机体在许多方面是相似的。社会与生物有机体一样都具有结构,一个动物由细胞、组织和器官构成,一个社会由群体、阶级和社会设置构成。社会要想得到延续就必须满足自身的基本需要,要有能力从周围的环境中获得食物和自然资源,并将它们分配给社会成员。与构成生物有机体的各个部分相似,社会系统中的各个部分也需要协调地发挥作用以维持社会的良性运行。

法国社会学家杜尔凯姆认为,人类大多数的意向不是个人自己生成的,而是在外界的

---

① 方菲.从极端到理性的回归:西方社会保障理念嬗变及其道路选择[J].天府新论,2009(1):103-107.

引导、熏陶和压迫下形成的。社会在某种程度上不依赖于个人,但是社会并不是一种超验的存在物,社会塑造了个人并为缔结理性契约提供非理性前提。在社会与个人关系问题上,杜尔凯姆坚持社会高于个人,社会决定个人,而不是相反,即高层次事物对低层次事物具有首要的决定性意义。社会的实体性必须由社会整体性加以说明。杜尔凯姆强调社会整合,认为需要"集体意识"来增强社会整合,而社会福利制度正好体现了这种集体意识,必须建立社会互助的集体意识并有中介组织(职业组织)来提供福利。

美国社会学家帕森斯认为,只有将社会视为一个整体才能透视和了解它如何有次序地存在、如何发挥社会不同部门的不同功能,进而解释一个稳定而整合的社会如何运作。从功能主义的视角来看,社会是由在功能上满足整体需要从而维持社会稳定的各部分所构成的一个复杂的系统。

(二)符号互动论的福利思想

库利(Charles Horton Cooley)和米德(George Herbert Mead)等社会学家的研究表明,个人深受与他人相互关系的影响。库利认为,一个人的自我观念是在与其他人的交往中形成的,一个人对自己的认识是其他人关于自己看法的反映,个人与社会之间存在有机且稳定的联系。米德认为,一个人的行为意义由他人来决定,而一旦一个个体处在一个社会群体之中,其行为的意义不仅会受到个人的影响,还会受到群体的影响,因为个体的行动者会考虑群体中所有个体的观念和态度。米德认为,只有当个体对其所属的有组织的社会群体所参加的有组织的合作性社会活动或活动系列采取该群体所持的态度时,他才能真正发展成一个完全的自我,即获得他所发展的完全自我的品质。可以看出,这些研究成果表明了社会组织对个体的影响,同时也为解释一些社会问题(如贫穷、疾病、家庭破裂及犯罪等)提供了具有说服力的思路。

弗洛伊德(Sigmund Freud)在社会心理学上的发现揭示了有组织的社会生活的特点,进一步证明了社会组织对个体的影响。他的精神分析学说极大地提高了人们对影响个人成长和发展的复杂因素的认知。弗洛伊德认为,社会组织是个人幸福的基础,但同时社会组织与个人之间的相互作用对个人的行为形成了一定的压力和局限,而这对于个人的心理健康是无益的。弗洛伊德及其后继者的发现有助于扩展社会福利的范围,使之包含了心理作用的许多方面。

(三)马克思主义的福利思想

马克思从两个方面阐释了社会主义社会建立福利保障制度的必要性和重要作用,解答了社会主义国家是否需要建立福利制度的问题:一是建立健全福利制度以满足人类不同层次的需求;二是不断提升的社会生产力促使社会主义国家建立健全福利制度。

关于福利制度的资金来源,马克思认为主要来自三个方面:劳动者个人、私人雇主和国家权力机关。社会福利制度保障的是劳动者个人的权益,因而个人作为直接受益者,应该为社会福利保障资金的筹集贡献力量;私人雇主雇佣劳动力为其劳动并从中获取剩余价值,也需要交纳一部分资金用于劳动者的福利保障,这部分资金也是唯一一部分不用于消费和扩大再生产的基金积累;国家提供的资金主要用于预防一些重大的自然灾害、突发事件等。马克思认为,建立福利制度应该遵循适度、基础性保障、公平和普惠四个基本原则。适度原则是指福利保障水平由社会剩余产品价值量和社会保障物品可供给量决定。基础性保障原则是指福利制度必须承担起调节社会主义国家经济发展、政治安定、社会稳定等方面的作用。公平原则是指福利保障资金的筹集要公平,它是缩小贫富差距和改善社会不平等现象的路径。普惠原则是针对社会主义国家而言的,是社会主义国家福利保障制度必须坚持的一项原则,因为社会主义国家的福利保障制度理应确保所有无产阶级劳动者都能受益,也要最大限度地让所有国民都参与其中。

关于贫困问题,马克思认为无产阶级贫困化是资本主义制度的产物,"在社会的前进状态中,劳动者的没落和贫困化是他的劳动和生产的财富的产物。所以贫困是从现在的劳动本身的本质里发生的。"①

马克思提出了"六项扣除"理论,即在社会总产品中应该扣除:第一,用来补偿消耗掉的生产资料的部分;第二,用来扩大生产的追加部分;第三,用来应付不幸事故、自然灾害等的后备基金或者保险基金;第四,同生产没有直接关系的一般管理费用;第五,用来满足共同需要的部分,如学校等;第六,为丧失劳动能力的人设立的基金,如济贫。②"六项扣除"理论集中体现了马克思的福利思想。

(四)费边学派的福利思想

19世纪末期,费边学派对英国社会保障制度的形成和发展有着重要的影响。费边学派关于社会福利的思想主要包括如下四个方面。一是强调政府自治,通过扩大政府权利来改善社会福利,即实行社会主义。费边社会主义把国家政权看作"集体主义"的象征。因此,英国议会通过的关于缩短工作时间、限制雇用童工女工、改善车间工作条件之类的法案,都是集体对个人贪欲的限制,是牺牲个人活动和扩大集体活动,有利于增进社会福利。二是国家对私人企业实行国有化,实现租金和利息的社会化。三是对非劳动所得的收入及遗产征收累进所得税,以实现租金和利息从私人向国家的强制性、无偿性转移。四是制定"全国的最低生活标准"。政府应该采取诸如实行最低工资制和8小时工作制、扩大对工人损失的补偿、支持老年人年金制度、改善住房条件、增加教育设施等措施,保障居民的生活不至于降低到"最低生活标准"以下。费边社会主义是福利国家论的早期倡导者,把资本主义民主国家看作人民的代表和委托人,希望通过政治上实行普选制和议会制,以实现对经济生活管理的民主化。

费边社会主义的代表人物是马克斯·韦伯(Max Weber)。他提出了一系列关于国家如何保证公民的生活水平不低于最低生活标准的建议和政策,包括:实施最低工资制度;每天工作时间最多不能超过8小时;政府应致力于改善人民的健康水平和实施最低程度的卫生标准;支持工人伤害赔偿和养老金制度的建立;改善民众的居住生活条件等。韦伯认为,最低生活标准的相同并非指生活水准相同,而是依年龄、性别、健康状况与个别需要的不同而相互区别。

---

① 马克思.马克思经济学——哲学手稿[M].北京:人民出版社,1956:12.
② 丁建定.从马克思到列宁无产阶级社会福利思想的发展[J].当代世界与社会主义,2019(2):43-51.

韦伯的最低生活福利措施大部分已经在现代获得实施。在韦伯福利思想的基础上，1942年英国伦敦经济学院院长贝弗里奇提交了一份名为《社会福利和相关服务》的报告，制定了一整套对英国全体公民实行福利制度的完整的指导原则，设计了"从摇篮到坟墓"的福利措施。贝弗里奇报告确立了"二战"后英国福利体系重建的基本原则：普遍性原则；满足最低需求原则；充分就业原则；费用共担原则。按照这些原则，贝弗里奇设计的社会保障计划涵盖了养老、疾病、残疾、死亡、工伤、失业和家庭津贴等七大保障项目。这些很快成为欧洲各国建立福利国家的理论基础。从1945年开始，英国建立了覆盖全体国民、内容广泛的高福利制度。1948年艾德礼政府宣布英国已经建成福利国家。以此为契机，世界各国的社会福利制度得到迅速发展，并成为资本主义国家政党争取民众的政治手段。西欧、北美洲、大洋洲和亚洲的许多发达国家纷纷宣布实施普遍的福利政策。

（五）第三条道路的社会福利理论

如果说20世纪40年代末到70年代初支配西方社会30年的传统民主社会主义道路是"第一条道路"，20世纪70年代末到90年代中期流行西方近20年的新自由主义道路是"第二条道路"，那么英国经济学家吉登斯（Anthony Giddens）提出的超越左与右的中间道路则被称之为"第三条道路"。

吉登斯认为传统的社会福利是消极的，其本质上是一种风险的事后分配机制，其目标是维持人的一种生存状态，使人不至于因遭遇风险而陷入生存危机。为此，传统福利政策的目标是维护人的生存，主要形式是物质或现金给付；而积极的福利主要是强调自我实现和责任而非简单应对贫困，所以采取的方式主要是增强人自身的生存能力，是对人为风险采取"事先预防"。

吉登斯积极福利的主要观点包括：积极福利的目标是培养"自发地带有目的的自我"，不刻意回避风险或者设想"其他人会解决这些问题"，"自我"会积极地面对风险；积极福利的实施通常要求国家的干预，但不能局限于国家限定的范围，需要国际的甚至全球范围的合作，如通过减少环境污染来改善健康状况的措施等；积极福利应当体现有效的风险管理，这不仅意味着减小风险或者保护人们免受风险影响，而且意味着应该利用风险中的积极因素，并为风险承担提供必要的资源。吉登斯指出，"风险不只是某种需要加以避免或者最大限度地减少的负面现象，还是从传统和自然中脱离出来的，一个社会中充满动力的规则""机会与创新是风险的积极一方""我们所有的人都需要抵御风险的保障，但也需要具有面对风险并以一种积极的方式来对待风险的能力"。[①] 理想政府实施积极福利的目的是鼓励人们追求幸福，而且个人"福利"与社会"福利"应该以此来界定。幸福包含了心灵和肉体上的安全、自尊、自我实现的机会及爱的能力等方面。

吉登斯提倡无责任即无权利的原则。他认为，必须采取更为积极的方式来塑造自己的生活，更加积极地认同自己所采纳的生活方式和习惯，找到个人责任与集体责任之间新的平衡。为了实现这种平衡，社会和政府需要进行变革。这些变革包括：全球化、个人生

---

① ［英］安东尼·吉登斯.第三条道路——社会民主主义的复兴［M］.郑戈，译.北京：北京大学出版社，2003：66-67.

活的转变,以及人们与自然的关系。无责任即无权利原则反对传统福利制度中把福利视为不附带任何条件的权利要求的观念,主张福利既是每个人的权利也是每个人的义务和责任;在福利不断增加的同时,个人的责任和义务也应当不断延伸。而且每个公民仅仅具有对社会负责的意识是不够的,还应该具备对社会及个人负责的手段和技能。例如,一个失业的人在领取失业救济金的同时,应当履行主动寻找工作的义务并争取获得胜任新工作的技能。因此,主动的、负责任的个人是新福利政策的核心所在。为此,积极的福利政策非常注重教育和培训,认为教育和培训是培养负责任的个人这一目标的最积极、最经济的手段,是避免"福利依赖"的重要方式。①

第三节　社会福利与社会救助的争议

一、社会福利与社会救助形式的争议

在社会福利与社会救助发展早期,基本形式主要有两种:现金形式和实物形式。不同的形式选择分别代表了不同的政策维度。国家和社会应该为受助者提供一笔满足其基本需要的月收入还是提供食品、衣物和住房?应该确保儿童在公立学校获得基础教育还是发给每个家庭等额的教育券让其在教育市场中自行选择?这些问题就涉及社会福利与社会救助的形式选择。

选择实物形式的最早的代表人物是瑞典经济学家缪尔达尔(Gunnar Myrdal)。他在研究了瑞典儿童福利问题之后提出,实物援助优于现金形式的儿童津贴,其原因首先是规模经济效应,即政府在组织生产和分配批量产品或服务时效率相对较高,大规模生产并由政府统一分配可以消除许多市场竞争所造成的浪费和重复,从而可以提供低成本的鞋子、衣服或类似的产品,而个人购买则价格相对较高。此外,缪尔达尔认为实物救助比现金补助更有效,因为实物救助完全集中在目标人群上。例如,在儿童福利方面,如果采取现金补助,则无法保障这些现金能够真正用于目标人群即儿童自身,在实际中有较大概率会被挪用。在福利尤其是儿童福利方面,实物救助更有利于福利目标的实现。20世纪七八十年代美国住房和城市发展部开展的住房津贴试验计划(Experimental Housing Allowance Program,EHAP)中就采用了现金补助的方式。在匹兹堡和凤凰城有1 800户低收入家庭在3年里领取了房屋津贴补助,但是调查结果显示,只有很少部分津贴(匹兹堡是10%,凤凰城是25%)被实际用于房屋开支,更多的津贴被用作家用的补充。

缪尔达尔的观点被很多人尤其是古典福利经济学理论所质疑。古典福利经济学家认为,缪尔达尔所谓的政府提供的实物救助能节省开支的观点存在问题,因为国家垄断被再三证明其提供的商品或服务成本较高——无论是钢铁、垃圾收集、教育还是日间照顾。此外,尽管规模经济原理可运用于某些技术形式中,但如果对象是社会服务,如社会工作和职业辅导,那么就不会产生规模经济效应,因为社会服务等往往更多的是面对不同的个体,统一的、标准化的服务无法满足不同个体差异化的需求,从而也不利于社会福利水平

---

① 宋祥秀.吉登斯社会福利思想探析[J].改革与开放,2011(16):141-143.

的提升。

古典福利经济理论家认为现金福利是最优的,首先是因为现金给予使用者最大的选择权,因而可以"最大化它们的效用"(即他们的幸福)。至少在理论上可以证明,对于一个理性的个体来讲,自由支配50美元能获得的满足程度(福利)总是比由他人指定的价值50美元的商品或服务要高。当然前提是这个个体是理性的,即他有能力正确判断什么是对他最有利的。但是除非这个个体知道他需要什么,否则如果他容易受到广告和效仿的影响,那么就无法作出理性选择,需求无法独自决定,就有可能会产生"依赖效应"(dependence effect)。其次,现金形式的另一个优点是使用方便,提供现金福利可以节省大量的管理成本,为穷人有尊严地自主生活提供可能。最后,现金福利是降低收入贫困的最有效方法。以现金形式把所有社会救助分配给穷人的做法可以完全消除根据官方标准测定的贫困,从而节省政府财政开支。①

可以看出,实物和现金形式各有利弊,随着社会的发展,社会福利的形式越来越多样化和多元化,如提供机会、家庭服务、代用券、税收减免、社会干预等,以不断提升社会福利水平。

二、社会福利与社会救助方式选择上的差异

社会福利与社会救助方式主要有两种,一种是社会福利的普救方式(universal approach to social welfare),另一种是社会福利的选择性方式(selective approach to social welfare)。普救方式是指不管就业记录和收入状况,只要有需要,社会福利津贴就应该为每个有需要的人所得到,享受社会福利与社会救助是每个公民享有的权利,政府应该保证所有符合条件的人获得社会福利津贴以满足他们的共同需要。选择性方式是指社会津贴应发放给"真正的贫穷者",而对那些能够照顾自己的人则几乎不予帮助。社会福利的选择性方式与社会福利模式的补缺观点(剩余模式)有相似之处,即社会福利计划在市场、家庭和个人的一般保障功能失灵之后才发挥作用。从这个意义上说,社会福利计划通常是补缺性的而不是预防性的。

不同的福利选择方式造成了不同国家不同的福利制度安排。

瑞典的社会福利制度是普救方式的最佳范例。在瑞典,所有的公民都享有广泛的津贴,包括健康保险、住房和儿童津贴、失业保险和再培训救助、儿童照管、养老金、产妇津贴和公共教育等。瑞典政府和社会认为,每一个人都应得到帮助。在瑞典,所有公民都可享受一系列全面的福利服务。瑞典的社会福利制度的目标包括:促进全民健康及提高劳动能力;培养适应改革的、确保瑞典经济竞争力的、受到良好教育的、富有进取精神的人才;在社会成员对其生活质量比较满意的基础上形成的对现存的经济和政治制度广泛的社会认同感。瑞典普惠性的社会福利制度实现了人民健康幸福、国家政治稳定、经济发展的目标,但同时也带来了一系列新的问题。一是社会福利费用支出很高。例如,1991年,瑞典的公共福利支出占国内生产总值的3/5。二是全面的福利制度可能会削弱人们自我照顾

---

① Neil Gilbert,Paul Terrell. 社会福利政策导论[M]. 黄晨熹,周烨,刘红,译. 上海:华东理工大学出版社,2003:178-181.

的程度和范围,潜在地削弱非正式福利网的作用,可能会减少人们自愿帮助他人的次数。

相对于普惠性的制度安排,社会福利的选择性观点更关注最需要帮助的人群,基于此,社会福利计划通常会对社会成员进行家计调查以确定是否给予其补助。但是到目前为止,很少有国家运用纯粹的选择性方式。与高福利水平的瑞典相比,美国的社会福利制度安排偏向选择性。美国面向大众的、带有普遍性的福利服务相对较少,更多的是根据家计调查结果确定补助的福利计划组成,如社会保障退休金、伤残福利计划等。

总之,社会福利的普惠性方式与选择性方式对个人和社会造成了不同的影响。赞成普惠性方式的观点认为,虽然普遍的高福利水平降低了人们的自立性及利用非正式福利网的愿望,虽然社会福利的费用较高,但可以为个人和社会的发展提供最大化的机会。赞成选择性方式的观点认为,虽然家计调查并不一定能够真正确定哪些人需要帮助,但是这种方式可以降低福利费用开支,同时可以充分发挥非正式福利网的作用以实现人们的需要,从而也体现了社会福利的多元化。

我国社会福利与社会救助制度的发展现状

【学习目标】

通过学习本章,了解我国社会福利与社会救助的发展历程、发展成就、存在的困境及未来发展路径。

我国在农业社会时期就有过政府或民间兴建的福利设施。例如,宋代的居养院、安济坊、漏泽园,元代的养济院,明清两代的栖流所,都是用来收养老、弱、疾、残,并安置流民的场所,而且所有费用均由国库拨付。到了民国时期,政府兴建了少量的福利设施,教会和民间也举办了各种收养机构,只是由于连年战乱和政治腐败,往往流于形式。历史上这些所谓的福利设施由于规模太小、组织管理随意,并不是真正现代意义上的社会福利,本质上属于官办慈善事业,具有明显的政府恩赐色彩。中华人民共和国成立后,我国就开始了社会福利制度的建设。由于受苏联社会福利制度的影响,我国社会福利制度的实践基本上局限于社会保障制度的建设,经过了不断发展、干扰、停止和恢复发展的过程。改革开放后,我国初步形成了包括社会保险、社会福利、社会救济和社会优抚等方面的制度框架下的社会保障体系。20世纪80年代我国确立了社会主义市场经济后,政府又根据市场经济的特点对社会保障制度进行了一系列改革,其中包括了对社会福利制度的改革。

第一节 我国社会福利与社会救助制度的发展历程

从历史发展阶段上看,我国的社会福利制度实践大体经历了初建、调整、停滞、恢复、改革、加快发展六个阶段。

一、初建阶段(1949—1957年)

在中华人民共和国成立初期,政府主要通过接受、改造国民党官办的救济院、劳动习艺所以及地方民办的慈善堂、外国教会举办的慈善机构等,使其成为官办福利机构,同时也在城镇设立了残老教养院、儿童教养院、精神病人疗养院等福利设施,建立了国家负责、官方包办的民政福利和单位包办的职工福利。1951年5月,政务院批准了全国城市救济福利工作会议上通过的《关于城市救济福利工作报告》,并以此作为城市救济福利工作的原则。这份报告对改造旧有的福利设施、发展社会福利事业、健全对私立救济福利机构的管理制度作了明确的规定,面向城市居民的民政福利事业自此开始起步。经过十几年的发展,我国已经形成了城市居民的民政福利事业,内容涉及社会福利事业(包括社会福利院、儿童福利院、精神病人福利院等)、社会福利企业、社区服务和收容遣送等。

在1953年10月召开第二次全国民政会议之后,福利事业进入初步规划阶段。针对城市救济福利事业单位暴露出来的问题——没有区分社会救济福利对象和改造对象、收容范围混乱、收养人员成分复杂等,民政部相继召开会议,提出了改进工作的规范性要求。经过几年的整顿,福利救济机构基本上克服了乱收、错收的现象,明确了收养孤老、孤儿机构的社会福利性质,实现了社会福利与社会救济与劳动教养的逐步分流。

由于民政福利只覆盖了极少数的城镇人口,城镇大多数居民的福利需求实际上是通过由各个机关、企事业单位提供职业福利的方式来满足的。因此,职业福利事实上构成了我国社会福利制度发展过程中的主体内容,并一直持续至今。在职业福利方面,国家制定了一系列鼓励发展职业福利的规范,如《中华人民共和国工会法》(1950年)、《中华人民共和国劳动保险条例实施细则修正草案》(1953年)、《关于统一掌管多子女补助与家属福利等问题的联合通知》(1953年)、《关于各级人民政府工作人员福利费掌管使用办法的通知》(1954年)、《中华人民共和国职工生活困难补助法》(1956年)、《关于职工生活方面若干问题的指示》(1957年)等。这些规范确定了我国的职业福利具有政府设置、单位包办、免费(或者只有象征意义的缴费)享受、劳动部门主管、各个单位与基层工会负责具体实施等特点。这项制度安排内容上涉及生活服务、文化福利、职工住房、职工补助,甚至职工疗养等各个方面,现在虽然部分职业福利已经被社会化福利所替代,但是很多内容在一些国有单位中仍发挥着重要作用。

对城镇居民而言,除了民政福利和职业福利之外,还有其他一些福利制度,如社会补贴制度(主要是为了保障城镇居民的基本生活水平,对城镇居民在购买粮食、食油及有关副食品方面给予相应的价格补贴)、教育福利等,这些制度的所有经费都来自财政拨款。

相对于城镇居民,农村居民所能享受的社会福利制度主要是"五保"制度。农村"五保"制度建立于农业合作化时期。1956年颁布的《高级农业合作社示范章程》中规定:"农业生产合作社对缺乏劳动能力或完全丧失劳动能力、生活没有依靠的老弱寡、残疾社员在生产和生活上给予适当的安排和照顾,保证他们吃、穿和烧材的供应,保证年幼的受到教育和年老的死后得到安葬",形成了所谓的"五保"制度的雏形。

此外,对于那些无法得到单位与集体保障的"三无"人员,政府还建立了民政福利制度,对其基本生活进行保障:①对于单位体制以外的"三无"人员,以社会救济为特征,区分老年人、残疾人和孤儿等不同对象,以国家直接举办、直接管理福利机构的方式,为其提供生活照料、医疗康复、老人食堂、文娱活动等服务;通过建立儿童福利院与婴幼院收养社会弃婴、孤儿和流浪儿童,为其提供文化教育、劳动教育、思想教育、保育、抚养、治疗等服务;通过开办精神病人福利机构收养"三无"精神病患者,为其提供供养服务和生活管理服务。②对于不属于"三无"对象但又具备部分劳动能力的残疾人,采取组织起来集体就业、发展福利生产的方式予以生活救济。

这一阶段的社会福利制度可以称为我国传统的社会福利制度,它呈现出一种制度性供给与补缺型福利并存的二元格局。这种福利模式是与我国城乡分割的二元经济体制相适应的。

二、调整阶段（1958—1967年）

1958年之后我国社会福利生产进入了超常发展时期，但是在社会福利生产力度加大的同时也出现了安置残疾人数不多、假冒福利企业现象等比较严重的问题。

在城镇社会福利方面，1958年国务院颁发和实施《关于工人、职员退休处理的暂行规定》，对因工作致残完全丧失劳动能力的退休待遇，因身体衰弱而退休或提前退休，以及达到退休年龄及时退出工作岗位等情况均作出规定。同时，统一了工人退职条件和退职费标准，这些规定也适用于国有企业、供销合作社和军队无军籍职工。这一时期，国家也对特殊人群的劳动保险待遇作出相应的调整，如1958年对新招收的学徒工的待遇调整；1962年6月，国务院对于精简下放的老弱残职工生活安置办法规定，家庭有依靠的发放退职补助费，无依靠的按本人工资40%发放救济费。1966年4月，劳动部和全国总工会联合发文提出对劳保医疗的整顿意见，其中对于挂号费、营养滋补药品和住院的费用负担问题进一步作了规定。

在农村社会福利方面，1959年11月，卫生部在山西省翟山县召开卫生工作会议，向中央上报了《关于全国农村卫生工作山西翟山现场会议情况的报告》及附件《关于人民公社卫生工作几个问题的意见》。1964年，进一步确定了对无依无靠的鳏寡孤独要"保吃、保穿、保烧（燃料）、保教（儿童和少年）、保葬，使他们的生养死葬都有指靠"的"五保"制度（《1956—1976年全国农业发展纲要》）。后来，在内容上又增加了"保住、保医"等内容，并对"五保"对象实行集中供养与分散供养相结合的制度。1965年6月，毛泽东同志作出"把医疗卫生工作的重点放到农村去"的指示。同年9月21日，中共中央以（65）586号文件批转卫生部党委《关于把卫生工作重点放到农村的报告》，强调加强农村基层卫生保健工作，极大地推动了农村医疗福利事业的发展。

总体来看，这段时间出台的办法和规定都是对第一阶段制度的局部调整，社会福利主要通过生产单位提供，民政福利在社会福利制度框架中起补充作用。

三、停滞阶段（1968—1977年）

"文革"期间，我国的社会福利制度建设遭到了严重的冲击和破坏，劳动管理部门、工会组织基本不存在，社会福利制度实践出现倒退。1968年年底，政务院撤销主管救灾救济、社会福利的内务部，负责劳动保险事务的工会也陷入瘫痪状态。1969年财政部颁布的《关于国营企业财务工作中的几项制度的改革意见》直接造成劳动保险失去统筹功能，改为单位保障制。20世纪70年代，分管城市福利的内务部撤销，许多福利事业单位被强行合并和撤销，导致不少盲、聋、哑、残人员和孤老残幼重新流落街头，民政福利经历了从畸形发展到大规模削减的过程，形成了社会福利制度企业保障制、民政福利、农村的合作医疗、国家机关单位等相互分割的板块结构。至此，社会福利走上自我封闭的单位化道路,社会福利在制度上从国家福利转向单位福利,同时也为垄断福利的形成种下了祸根。[①]

四、恢复阶段(1978—1985年)

20世纪70年代末,我国进入了改革开放的新的历史时期。伴随着经济与社会结构的转变,我国不断出现许多新的社会问题,人们对社会服务的需求日益提升,计划经济时期以单位福利为主、民政福利为辅的制度框架受到了挑战。为适应社会经济结构的日益改变,社会福利制度也于20世纪80年代中期开始进行改革。

1978年9月,第七次全国民政会议提出,在有条件的地方可以吸收一些城市双职工家庭中生活不能自理的残疾人员,费用自理。1979年,为了进一步调动企业与职工群众的主动性和积极性,切实搞好经济核算,挖掘增产节约潜力,为国家多积累资金,国务院出台了《关于国营企业实行利润留成的规定》,逐渐解决企业的社会保障经费问题。

1979年11月全国城市社会救济福利工作会议召开,这是福利事业全面恢复的主要标志。这次会议进一步明确了城市社会福利事业的社会福利性质,要求突破以"三无"对象为收养范围的规定,积极创造条件,有计划地开展双职工家庭残疾人员和退休孤老职工的自费收养业务,按照《城市社会福利事业单位管理工作试行办法》对所有城市社会福利事业单位进行整顿。之后在全国范围内,许多社会福利事业单位开始突破原有的收养范围,有条件向社会敞开,其中,"五保"工作的开展尤为明显。还有不少社会福利事业单位积极拓展院外服务功能,举办养老、育幼、助残、康复等多种活动。此外,社会福利改革的另一个方向是供给主体的社会化。

1984年3月,民政部在福建漳州举办全国社会福利事业单位改革整顿工作经验交流会,这是社会福利事业改革探索的主要标志。会上提出了"社会福利社会办"的想法,鼓励社会各界力量创办社会福利事业,社会福利的供给模式开始从国家包办向国家、集体、个人合办转变。由此,我国的社会福利开始不断引入社会资源,朝着多元化供给的方向发展。

五、改革阶段(1986—2003年)

1986年以后,是社会福利的转型时期。在计划经济体制向社会主义市场经济体制转变的背景下,许多国有企业"关、停、并、转",使部分单位成员开始自谋职业,需要依托社区进行社会生活和管理。面对"单位人"向"社会人"转变后所产生的社会化的福利需求,1986年,民政部在沙洲(现为张家港)会议上提出了社区服务的构想。同年,确定在全国开展社会福利有奖募捐活动。到1986年年底,全国国有社会福利收养单位有1 007个,比1979年的686个增加了32%。社会福利事业单位在性质、任务、办院思想等各个方面

[①] 李建荣.构建中国发展型社会福利模式[D].合肥:安徽财经大学,2012.

都有了历史性的进步。① 1987年9月,民政部全国城市社区服务工作座谈会进一步提出了社区服务的内容、性质和目标,开始积极倡导开展社区服务。社区服务开始在一些城市进行试点和探索,并逐步在全国推广。1990年国家明确提出"社会福利社会化",并在2000年的全国社会福利社会化工作会议上得到系统阐述,具体表现为:将原有的以社会救济为特征、政府包办、只面向"三无"对象和"五保户"的模式,逐步转变为政府负责社会福利费用、全社会兴办社会福利事业、面向社会上有需求的所有公民、福利机构市场化经营的新型社会福利模式。这个转变过程首先由改革国有社会福利机构开始,然后开展面向社会全体公民的社区服务,之后逐步形成一套社会福利社会化的思路。1993年11月,民政部等14部委联合下发了《关于加快社区服务业的意见》,将社区服务作为建立健全社会保障体系和社会化服务体系中的一个重要行业。之后,全国各地出台了一系列地方性扶持保护政策,社区服务由此得到了制度上的保障,进入了快速发展时期。经过二十余年的发展,社区服务已经具备相当的规模。到2001年上半年,全国有社区服务设施18.1万个、便民利民服务网45.2万个、社区服务中心12 674个、农村社会保障网络1.9万个。②

20世纪90年代以后,我国出台了若干部关于社会福利事业建设的法律、法规。1991年、1992年和1996年,全国人大常委会先后发布了《中华人民共和国残疾人保障法》《中华人民共和国未成年人保护法》《中华人民共和国老年人权益保障法》。这三部法律包含了老年人、残疾人和孤儿、弃婴的社会福利问题,是当前民政部门从事这类人员社会福利工作的主要法律依据。1994年国务院发布《农村五保供养条例》,进一步对"五保"规范化。同年,国务院发布《残疾人教育条例》。1997年9月2日,国务院发布《关于在全国建立城市居民最低生活保障制度的通知》。从十四届三中全会以来所颁布的社会福利制度的法规来看,一方面深化社会福利制度的改革,另一方面将对城镇的贫困救济和卫生改革与发展提上日程。然而,在实践中仍然以医疗和养老为改革的重要内容,体现为以服务与市场经济改革为目标。

1997年9月,党的十五大在国有企业的改革方面明确提出了21字方针,即鼓励兼并、规范破产、下岗分流、减员增效和再就业工程。在这样的背景下,国家开始将社会福利制度视为一项经济制度,并将其作为市场经济的重要组成部分。1998年3月,成立了劳动与社会保障部来统一社会保障管理工作。1999年9月28日,民政部出台了《城市居民最低生活保障条例》,同年年底又出台了《社会福利机构管理暂行办法》。2001年年底,民政部同时颁布了《老年人社会福利机构基本规范》《残疾社会福利机构基本规范》《儿童社会福利机构基本规范》等强制性行业标准。这些政策、法规和标准的发布实施,为推进社会福利工作的开展提供了法律依据,对推动民政福利事业的发展提供了良好的法律保障。

2003年6月20日,国务院颁布《城市生活无着的流浪乞讨人员救助管理办法》,这标志着《城市流浪乞讨人员收容遣送办法》的废止,国家开始对流浪乞讨人员实施必要的社会救助。

---

① 苏振芳.我国民政福利事业的历史演变及其构建[J].福建论坛·人文社会科学版,2007(4):115-119.
② 民政部财务和机关事务司.2000年中国民政福利事业发展简明资料.

六、加快发展时期(2004年至今)

2004年8月,国务院下发《军人抚恤优待条例》,详细规定了革命军人享有的各项优待政策,如抚恤的标准、立功军人增发抚恤金的上浮比例、军人家属的待遇等。

2005年12月,《国务院关于深化农村义务教育经费保障机制改革的通知》明确指出将农村义务教育纳入公共财政的保障范围,同时划分了免除学杂费中国家和地方政府财政的分担比例。2006年,修订并通过了《中华人民共和国义务教育法》,标志着我国初等教育进入一个全新的时代。

2006年2月,全国老龄办等十部门下发《关于加快发展养老服务业意见的通知》,将发展社会养老服务机构、居家老人服务、老年护理等业务作为养老服务的工作重点。2013年9月,国务院出台《关于加快发展养老服务业的若干意见》,围绕健全养老服务体系,促进养老服务业发展作出了总体部署。经过多年的建设与发展,目前我国已经初步构建起以居家为基础、社区为依托、机构为补充、医养相结合的社会养老服务体系。①

2007年,国务院发布《残疾人就业条例》,确定了残疾人的就业权利。2008年颁布的《中华人民共和国残疾人保障法》进一步对残疾人的康复、教育、劳动就业、文化生活、社会保障、无障碍环境和法律责任作出了详细的规定。2015年9月,国务院建立困难残疾人生活补贴和重度残疾人护理补贴制度,通过专项福利补贴的方式,缓解残疾人因残疾产生的额外生活支出和长期照护支出而造成的生活困难。

2013年,民政部开始着力统一高龄老人津贴制度,建立以省为单位面向80岁及以上老年人的高龄老人津贴制度,明确全国80岁及以上的老年人皆可享受高龄老人津贴。2018年修订并通过的《中华人民共和国老年人权益保障法》明确国家鼓励地方建立80周岁以上低收入老年人的高龄津贴制度。自此,高龄老人津贴制度在全国范围内逐步建立起来。到2018年,全国各省均已建立高龄老人津贴制度。

2006年3月,民政部等14个部门联合印发了《关于加强孤儿救助工作的意见》,将儿童福利的保障对象扩展为所有失去父母的未成年人和事实上无人抚养的未成年人。2010年11月,国务院下发《关于加强孤儿保障工作的意见》,直接通过现金补贴的形式为福利机构内外的孤儿提供制度性保障。随后民政部、财政部发布《关于发放孤儿基本生活费的通知》,为所有孤儿发放基本生活津贴。2013年,民政部开始在深圳、昆山、海宁、洛宁四地进行普惠型儿童社会福利制度建设试点。2016年,国务院出台《关于加强困境儿童保障工作的意见》,明确适度普惠型儿童福利制度的基本内涵,即本着"适度普惠、分层次、分类型、分标准、分区域"的理念,立足当地经济社会发展状况、儿童生存与发展需要和社会福利制度的发展,全面安排和设计儿童福利制度。

农村福利方面,2004年开始实施《关于进一步做好农村五保供养工作的通知》,农村"五保"供养由农民集体内互助共济的集体福利事业向国家财政供养的现代社会福利事业转变。同时,农村养老服务设施发展迅速,很多地方的敬老院逐步向一些依靠家庭进行生

---

① 林闽钢,梁誉. 我国社会福利70年发展历程与总体趋势[J]. 行政管理改革,2019(7):4-12.

活照料有困难的老年人开放。2007年,民政部制定《全国农村社区建设实验县(市、区)工作实施方案》,开始在全国开展农村社区建设的实验。

此外,2018年年底,民政部成立了养老服务司和儿童福利司,分别负责老年人福利工作和儿童福利工作,实现了社会福利事业的系统化管理,促进了社会福利事业的全面发展。

第二节 我国社会福利制度的成就、困境及发展路径

一、我国社会福利制度的发展成就

我国社会福利制度的发展是随着中国特色社会主义的发展而发展的。党的十六大提出全面建设小康社会的奋斗目标,反映了国家对民生发展的重视。党的十七大报告中对社会福利制度第一次作了明确的论述:"必须在经济发展的基础上,更加注重社会建设,着力保障和改善民生,推进社会体制改革,扩大公共服务,完善社会管理,促进社会公平正义,努力使全体人民学有所教、劳有所得、病有所医、老有所养、住有所居。"党的十八大进一步强调了民生问题的重要性,在大力推进社会主义生态文明建设的同时,在改善民生和创新管理中加强社会建设,中国特色社会主义社会福利制度发展进入了又一个新阶段。党的十九大作出社会主要矛盾发生转化的科学判断,强调在发展中改善和保障民生,中国特色社会主义社会福利制度的发展达到了一个新高度。

(一)社会福利内容体系化

在计划经济体制时代,为了适应单位制和人民公社的社会管理形式,我国逐渐建立了"单位福利(集体福利)+民政福利"的社会福利制度架构,社会福利的内容基本停留在物质层面,主要是对服务对象的基本生活提供保证,强调的是温饱线标准上的生活水平。而当今的社会福利则是在满足人们基本生活的同时,具体服务内容日益丰富,涉及健康、娱乐、保健等多个方面,同时兼顾精神关怀和社会参与,内容从物质扩展到了精神和社会层面,服务项目也逐渐增多并向系统化、多样化发展。例如,民政部门主导推进了"重生行动",免费为患有唇裂且家庭贫困的儿童提供手术和康复治疗。我国已初步建立了包括公共福利、特殊福利、职业福利为主体的具有中国特色的社会福利体系,其中公共福利包括公共教育福利、公共卫生福利、公共文体福利、住房福利等,特殊福利包括老年人福利、青少年福利、残疾人福利、妇幼福利等,职业福利包括生活服务、文化福利、职工补助等。

(二)社会福利对象普遍化

计划经济时期,民政福利的对象限定在"三无"人员,即无劳动能力、无生活来源、无赡养人或抚养人的老年人、残疾人或孤儿。改革开放以来,我国的经济与社会结构快速发展和转型,政府具备了一定的财力基础。人民生活水平不断提高,对社会福利的需求开始呈现普遍化和多样化的发展态势。同时,伴随着人口老龄化、家庭空巢化、高龄化现象逐渐出现并加剧,流动人口、失能人口、留守人口等问题逐渐突出。在经济发展的推动下,纳入我国

社会福利政策范围的人数逐年增加。例如,老年人福利把城乡更大范围的老年人都囊括在内,残疾人福利范围扩展到全社会所有残疾人,儿童福利对象从以往的保障生活在福利院的孤儿扩展到农村留守儿童、流浪儿童、残疾儿童等,社会福利覆盖的人群不断扩大。

(三) 社会福利供给多元化

计划经济体制下,无论是民政福利还是单位福利(集体福利),社会福利的供给完全由政府或是单位(集体)垄断,采取的是国家或集体一体化供给模式。随着社会主义市场经济体制的建立,我国社会福利供给逐步实现了"提供"与"生产"相分离,社会福利的供给效率不断提高。

一方面,政府在社会福利领域的职能投入不断加大。一是社会福利事业整体被纳入财政预算体系之中,各级政府投资建立了大量社会福利机构与设施,为一些特困群体和贫困群体提供基本的生活与服务保障。二是社会福利法治化进程加快,相应的法律、法规正在不断健全。我国专门为老年人、残疾人和妇女儿童制定了相应的法律,如《老年人权益保障法》《残疾人保障法》《未成年人保护法》等,对有关社会福利的基本规范作出了明确规定和指导。同时,从中央到地方,在养老服务、残疾人与儿童保障、社区服务等方面陆续出台和实施了一系列政策,为各项社会福利的发展创造良好的制度环境。另一方面,在全面深化改革、扩大开放的新的历史背景之下,在社会福利社会化理念及政府各项激励性政策的强力推动下,社会资源与民间力量广泛参与社会福利的投资、管理、服务提供等领域,很好地弥补了市场条件和政府监管中的不足,特别在帮扶残疾人、照顾老年人和儿童、提供社区服务方面都起到了极大的作用。例如,社会福利基金会实施免费午餐计划,对贫困地区的少年儿童进行无偿资助,通过这项活动,既保证了儿童的营养供应,又解除了家长的后顾之忧。由政府、社会组织、社区、企业机构等主体共同参与的多元化社会福利供给格局逐渐形成。

总体上可以看出,我国现代社会福利呈现如下特征:在理论层面,社会福利从物质帮助扩展到以人为本;在目标层面,从满足人民基本生活需求上升到提升人民生活质量;在制度设计层面,从解决具体社会问题到从根本上解决人们的发展问题,从关注社会特殊群体转向全社会适度普惠;在操作模式层面,从分散式的临时救助转向建立公平正义客观的福利体系,从事后被动补救转为事先积极干预。总之,我国社会福利制度正在逐渐从"补缺型"向"适度普惠型"转变,这是我国经济发展的客观要求,也是新时代中国特色社会主义事业发展的要求。

二、我国社会福利制度面临的困境

为适应社会经济结构的日益改变,社会福利制度于 20 世纪 80 年代中期开始进行改革。在改革过程中,社会福利制度出现了一些亟待解决的问题。

(一) 社会福利理念还需提升

影响社会福利制度的一个很重要的因素是对社会福利制度正当性的认识。以 1949 年 10 月 1 日为历史起点,我国社会福利制度的正当性基础呈现一个逐渐变化的过程,这与正当性本应该具有的确定性、稳定性本质相矛盾。我国社会福利制度之所以缺乏确定性和稳定性,并非因为我国没有找到科学的社会福利制度的指导理论,而是因为在不同的历史时期,人们对指导理论的理解有变化。历史地看,我国社会福利制度的正当性体现为慈善主义、集体主义和效率优先的混合形态。

慈善主义表现在,我国政府和一般社会成员通常将社会福利看作国家权威的象征,认为社会福利充分体现国家的仁慈和恩赐,社会福利观念与制度中普遍缺乏社会权利要素和坚实的价值基础。

我国社会福利制度实践中的集体主义具有一种特殊的含义,一直在"二元制平均主义"和"淡化集体主义"之间徘徊。"二元制平均主义"是我国确立市场经济体制之前传统的社会福利形态,"二元制"表现在城乡的差别和两极化,"平均主义"表现在收入分配领域的绝对平均主义。这种认识带来的最大影响是社会结构被强制性地分割为两极,而且在两极之间人为地建立了不平等的社会福利分配体制。在每极群体内又以收入上的绝对平均取代了个人利益和群体利益互动的集体主义,极大地影响了群体内的积极性、创造性。

传统理论是把"效率"和"公平"对立开来的,二者不能兼得。改革以来,采取了更大程度上基于经济学而非从社会学的角度考虑的"效率优先,兼顾公平"的经济发展思路,在分配中以拉开收入上的差距来破除平均主义,提高劳动者的积极性,以此来换取经济发展的高效率。然而,单纯追求经济增长率或提高经济效率并不能解决所有的发展问题。因为人民生活水平的提高和人的自由全面发展虽然是以经济增长为基础的,但又不仅仅取决于经济增长,还取决于社会的制度安排。在现实生活中,效率优先下被兼顾的"公平"仍然不能被称为完全意义的公平。农民工问题、不合理的户籍制度、农村赋税问题等都显示了事实上的不公平。在"效率优先"的思维导向之下,社会对其成员参与各项社会政治、经济、科学、文化等活动所制定的"游戏规则"往往隐含了不公平的成分,结果是"兼顾公平"最终让位于"效率优先"。

(二)社会福利发展的目标亟需明确

一方面,我国目前处于经济社会转型和工业化、城市化进程中,农村劳动力向城市和非农产业持续转移,我国非正式就业人员数量不断增加。同时,由于城乡分割的管理体制,使不同的人群面临不同类型的福利项目,从而造成了社会福利体系碎片化的局面。这种碎片化、条块分割的制度体系进一步带来了制度衔接难、转移难、待遇享受不公平、福利水平不统一等问题。虽然采取这种分割的社会福利体系可以在较短时间内迅速扩大制度的覆盖面,但是随着流动人口规模越来越庞大等现实国情的发展,亟须明确社会福利未来的发展目标,以增强制度的统一性,提高制度运行效能。[①]

另一方面,在计划经济时代,我国经济发展基础薄弱,综合国力不是很强,人们为了保证基本生活而奔波,国家和社会无暇顾及社会福利事业的发展。生活条件的落后、信息的闭塞,也使人们对社会福利的认知非常少,导致社会福利的意识落后,社会福利目标相对模糊。

---

① 黄耀冬.推进我国适度社会福利体系建设的思路研究[J].学习与探索,2007(5):58-65.

（三）社会福利发展不平衡

由于经济发展的差异、资源禀赋的差异，社会福利呈现出不同区域之间、城乡之间发展不平衡。

首先是区域之间不平衡。我国地域之间差别较大，经济社会发展程度差异性明显，中西部地区尤为明显。这种区域之间发展不平衡同样给我国社会福利的发展带来了不平衡，发达省份的社会福利水平一般高于欠发达省份，社会中的部分项目仅仅在一些经济发达的城市试行。虽然中央给予一定的政策和补助，但许多欠发达地区仍然出现了社会福利资金收不抵支的现象。

二是城乡之间不平衡。虽然社会福利事业逐步随着新农村建设向农村迈进，彩票收益逐步投向广大农村贫困地区，投入农村贫困地区社会福利保障建设的财政资金也逐年增加，但是西部内陆区域与东部沿海地区社会福利水平相差较大，而农村地区社会福利和城市相比也有很大差距。在我国的很多农村地区，社会救助还是沿用传统的方法在操作，不具有规范合理性，较为随意，低保制度的规范性也存在各种问题。

（四）社会福利结构有待完善

我国社会福利长期以来的定位是救济性的社会福利事业，主要是为最困难的弱势群体包括城市中的"三无"老年人、农村的"五保户"、残疾人和孤残儿童等提供救助与支持，普通的劳动群众的福利则主要靠单位与家庭的福利保障和服务来提供。应该说这种以"单位福利"为主的福利体制与我国过去长期实行的计划经济体制基本上是相适应的。从表面上看，"单位福利"有点类似于非保障性福利中的"职业福利"。然而，实质上，西方发达国家的职业福利是建立在市场机制上的供给福利：企业或机构按照个人的工作表现和生产效率给予相应的福利待遇。我国的"单位福利"是由计划体制的单位赋予的，同一单位内部的福利待遇是基本一致的。在某种程度上可以说，我国的社会福利实践是一种狭义上以特殊困难群体为对象的"社会福利事业"，"单位福利"构成了城市居民福利的主体。

（五）社会福利法律建设有待完善

社会福利事业是我国社会主义现代化建设的重要方面，完善社会福利制度和体系也是社会福利事业的核心。但是从我国当前社会福利工作的实施现状来看，虽然我国在发展中对社会福利立法工作有了一定的认识并作出了一定的改善，但是在工作构建中仍然存在福利工作立法制度不足的现象，很多法律制度和内容对社会福利的解释不够清晰，针对社会福利的内容也相对空白。我国目前只有少部分的特殊法律通过了全国人大的立法，而且只是作为宏观性的政策指导内容，在制度执行中缺少详细的、完善的政策规定，从而制约了社会福利立法政策的完善。例如，我国的老年人权益保障法只是对社会福利的理念和要求进行了简单的描述，对于具体的福利项目和社会福利内容以及如何实施都没有给予准确的规划，这种法律层面上的空白极大地影响了我国社会福利工作的优化。

三、我国社会福利制度的发展路径

社会福利制度的功能显然是满足社会需要和解决社会问题,而任何社会问题总是发生在一定的社会经济背景之下,具有鲜明的历史和文化内涵。它导致不同区域以及同一区域不同时期的人们对于同一问题的期望和感觉不同,由此对于问题的提出方式、解决方式及满意的程度都会有所不同。我国的社会福利政策的改革与我国的经济、政治和社会发展状况密不可分,同时国际大环境对于我国社会福利政策的改革也有着重要影响。

(一)坚持不断提升人民幸福的发展型社会福利理念

我国转型期及其后的社会福利模式不能将社会福利仅作为防止和矫正社会问题的制度,而应当建立旨在提高人民生活质量和满足人类发展需要的社会福利制度。

坚持发展型社会福利理念,首先是坚持公平和正义原则。构建中国特色的社会福利制度,是国家稳定、社会和谐发展的基石,是构建和谐社会的根本保障。中国特色的社会福利制度本质上是为了实现社会的公平正义,目标是实现社会生活的正义、社会财富的公平、社会的和谐发展。社会福利制度的出发点和归宿是保护全体社会成员的合法权益。中国特色社会福利制度公平正义的本质,是衡量其发展的一个标尺,也是社会主义稳步发展的关键。只有建立起完善的社会福利制度,才能促进社会的公平正义,实现全体人民群众的真正自由和解放,让每一个社会成员都活得有尊严。

坚持发展型社会福利理念,还要着眼于解决贫富差距和收入分配问题。从20世纪80年代开始,中国开始改革开放,社会经济发生了翻天覆地的变化,人民群众的生活水平和质量大幅提升,人民群众收入增加,贫富分化也越来越严重。随着经济的进一步发展,我国实施了一系列的非均衡发展政策、效率优先政策、国有企业改革等政策,虽然促进了社会经济的快速发展,但是其不良后果是贫富差距越来越大。因此,必须构建和完善中国特色社会主义社会福利制度,确保人民群众收入的均等,从根源上避免贫富差距。正如习近平主席2014年1月1日在《求是》上发表的《切实把思想统一到党的十八届三中全会精神上来》中提出的:"并不是说就等着经济发展起来了再解决社会公平正义问题。一个时期有一个时期的问题,发展水平高的社会有发展水平高的问题,发展水平不高的社会有发展水平不高的问题。'蛋糕'不断做大了,同时还要把'蛋糕'分好。我国社会历来有'不患寡而患不均'的观念。我们要在不断发展的基础上尽量把促进社会公平正义的事情做好,既尽力而为又量力而行,努力使全体人民在学有所教、劳有所得、病有所医、老有所养、住有所居上持续取得新进展。"

(二)推动社会福利的法制化建设

法律是社会运行的基本保障,如果没有法律的保障,社会福利制度就会带有很大的随意性和不确定性。从世界各国的社会福利制度运行情况看,一般都是立法在前。例如,韩国在推行社会福利制度时总是法律先行,制定了《公务员养老金法》《军人养老金法》《国民福利年金制度》等法律规范,几乎每实行一种社会福利制度,总是先有一项新的法律出台,对该项制度的实施作出明确规定,使之有章可循、有法可依,这不仅使该项制度在实施过程中少出偏差,而且起到法律保障作用,便于克服各种阻力。我国社会福利制度体系的构建也应该强调立法的先行和完备。一是尽快颁布综合性的《社会福利法》,明确社会成员的福利权益,明确国家、社会、家庭与个人等不同主体及福利对象在提供和享受社会福利过程中的权利与义务;明确并规范各社会福利项目的实施机制和管理、监督机制等。二是在《社会福利法》基本法的基础上,分别制定各个项目的部门法及配套性法律,使各项社会福利项目在政策设计与实施过程中有法可依,并结合经济社会环境的变化以及原有制度的缺陷,及时对各项社会福利政策进行修订,使其内容更加清晰、细化与完善,更好地回应国民的社会福利发展需求。[①]

(三)建立并完善与社会福利制度配套的其他制度

社会福利制度关注"民生问题",单独的社会福利制度体系无法独自运行,往往涉及财政、税收、劳动收入等方面的配套制度。例如,教育福利制度也不仅是制定一部《教育福利法》就能实现的,还包括教育机构的改革、国家财政制度的供给改革、受教育学生的福利制度建立等多方面的配套措施。可见,构建科学合理的社会福利制度体系,需要多方面的配套改革措施。我们必须把这方面的工作有效地与其他方面的改革进程结合起来,才能最终建立新型的具有当代中国特色的社会福利制度体系。

第三节 我国社会救助制度的成就、困境及发展路径

一、我国社会救助制度的发展成就

(一)社会救助内容、结构逐步完善

在当代社会保障制度体系中,社会救助是最古老的社会保障制度,社会救助项目以其不同于其他保障项目的突出特点在反贫困和社会保障体系中发挥着重要的作用。中华人民共和国成立伊始,党和政府就非常重视社会救助工作。经过四十余年的改革开放,我国社会救助事业有了相当程度的发展,逐步形成了以居民最低生活保障制度为常规基础、以灾害救助为临时重点、以扶贫救助为特色内容、以政府组织为主导、以慈善机构为补充主体的社会救助体系。保障民生、改善民生,努力实现国民"学有所教、劳有所得、病有所医、老有所养、住有所居"的目标,始终是党和政府一以贯之、坚持不懈的工作宗旨。社会救助工作也有了新的发展,表现在以下几个方面:一是基本生活保障制度有了新的进展。最低生活保障制度进入定型、稳定的发展时期,农村"五保"供养制度日趋规范,供养水平不断提高,切实解决了农村贫困人口的生活困难。二是专项救助有了一定程度的发展。在农村救济方面,救济的覆盖面较广;在灾害救助方面,切实加强了救灾捐赠资金使用管理,增设因灾遇难人员抚慰金项目,提高因灾倒损农房恢复重建补助标准,灾情管理信息系统基本实现省市县各级全覆盖;流浪乞讨人员救助方面,救助管理政策体系日益完善,救助管

---

① 林闽钢,梁誉.我国社会福利70年发展历程与总体趋势[J].行政管理改革,2019(7):4-12.

理规范化水平不断提高；建立并逐步完善了医疗救助、住房救助、教育救助、失业救助及其他临时性救助。三是社会慈善事业得到推进，传统模式下的单一政府救助模式被政府救助与慈善事业所取代。我国增加了城乡慈善组织，大力开展慈善活动，促进中国特色慈善事业发展。四是扶贫计划被纳入新的社会救助系统，这符合扶贫对区域性贫困进行区域救助的本质特征。经过多年持续的努力，2019年，全国城市低保对象数量历史性地跌至千万大关以下，1月降到994.1万人，仅约占城市常住人口的1.1%；同月全国农村低保对象也下降到3 518.3万人，占农村常住人口的6.2%。① 随着农村脱贫攻坚取得最后阶段的成功和城乡低保对象的持续下降，在最近一两年里我国贫困人口的规模逐渐下降。这些数据说明，我国现阶段的社会救助确实取得了重大的成就。

（二）社会救助管理规范化

以往的社会救助往往是根据临时性的政策，在缺乏具体而科学的标准下实施的，但新的社会救助却强调在法律、法规的明确规范下运作。社会救助的主要职能集中于民政部门，形成了各级政府牵头，民政、社保、财政、教育、卫生、建设、司法、残联、妇联等职能部门和群众团体为成员的社会救助工作管理体系。各级政府统筹安排社会救助工作，负责每项救助工作的权责划分，协调各方面的力量形成工作合力；民政部门作为社会救助工作的牵头单位，负责对由其分管的城乡低保、救灾救助、农村"五保"供养、医疗救助、灾民救助、临时救助、医疗救助、应急救助和社会互助、城市生活无着的流浪乞讨人员救助等救助项目进行政策制定和具体实施；财政部门负责救助资金的预算管理和监督；教育部门负责教育救助政策的制定和实施；人力资源和社会保障部门负责对城乡失业人员进行就业救助；建设部门负责对住房救助政策的制定和实施；工会开展困难职工帮困；慈善机构接受慈善捐助和开展慈善项目。

（三）社会救助服务多元化

解决社会困难群体问题是一项涉及全社会的系统工程，需要采取政府决策、政策调整、法制建设、社会救助等多种手段，多管齐下，才能从根本上解决。中国历代都在民间设有不同形式的慈善公益团体，从事社会教化、儿童保护、老年人和残疾人服务等社会救助活动。全国各地群众举办公益性民间组织的积极性日益高涨。根据民政部发布的社会组织数量信息，截至2018年年底，全国共有社会组织81.6万个；从社会组织的三大类型来看，2018年社会团体总量为36.6万个，民办非企业单位（社会服务机构）总量为44.3万个，基金会总量为7 027个。2018年以来我国针对社会组织的打击整治、清理规范、审核处罚、登记把关及综合监管等方面的力度之大为近年来所罕见，登记从严、监管从严、处罚从严已经成为当前社会组织管理的政策主基调。《中国社会组织报告》(2019)指出，中国互联网公益发展迅猛，在网络公益活跃度、网络公益活动的创新性、社会公众的网络参与度等方面，在全球范围内都处于领先位置。

---

① 民政部2019年1月份民政统计数据[EB/OL].中华人民共和国民政部网.[2019-08-20]http://www.mca.gov.cn/article/sj/tjyb/qgsj/2019/201902061051.html.

互联网公益的兴起打破了传统公益的局限,极大地改善了公益资源的配置方式。公众参与公益的形式更加多元化,常态化与专门化、常规化与个性化、线上与线下一体化等多种方式,构建了中国公益的新生态,形成了公益参与的新模式,极大地拓展了整个社会组织领域的资金来源。由民政部指定的20家互联网募捐信息平台在2018年募集的善款总额超过31.7亿元,比上年增长26.8%,超过84.6亿人次网民点击、关注和参与。[①]

因此,尽管社会救助是各国最古老的社会保障措施,而且仍然发挥着作用,但是我国的社会救助与国外的社会救助依然存在项目与内容、政策上的差异。

二、我国社会救助制度面临的困境[②]

(一)社会救助体系有待进一步完善

一是社会救助管理体制应该更加有序化。我国的社会救助管理体制是民政部门为牵头单位,但由于缺乏明确的法律依据和存在部门利益阻隔,民政、财政、工会、妇联、企事业单位等多头实施社会救助,"多龙治水"的工作格局导致政出多门、标准各异。这种多元型的救助管理状况造成社会救助的总体无序,增加了社会救助的管理成本,降低了社会救助的工作效率,既不现实,也不利于救助对象需求的有效满足。同时,由于社会救助资源统筹不够,人手紧、经费缺,严重影响了基础社会救助机构人员的工作积极性,许多工作都由其他部门代行,人数较少且更换频繁,专业知识缺乏,导致对救助对象审查粗略,对政策理解不到位,部分地区甚至出现截留、挪用、贪污社会救助资金的现象。

二是社会救助方式应该更加人性化。目前我国的社会救助方式大多停留在"输血"层面,激励就业和预防贫困的措施较少。社会救助应该更多地体现政府的责任和被救助者的权利,并不特别要求被救助者提供服务作为回报。不过在社会救助过程中,被救助者被要求承担一些义务,如在住房救助中,要求被救助者承担如实提供材料的义务、家庭情况变化报告的义务、按时交纳租金的义务等。同时,依据国家统计局住户抽查获得的贫困人口数据尽管有一定的科学性,但是未能解决贫困人员的存在情况、贫困原因及如何针对性扶贫等问题。

三是社会救助项目设置应该更加合理化。现行社会救助制度安排中,大大小小的项目之间缺乏相互的衔接配套,不利于激励受助对象通过公开的劳动增加收入以及退出受助行列,引起多重救助的简单叠加和劳动所得对救助待遇的简单替代,这将会从深层次影响我国城市社会救助制度的长远发展。此外,在城乡收入差距越来越大的情况下,制度设计的二元化色彩明显,表现为政策二元、管理部门多元、财政支持不明确、救助标准二元化,这不仅没有缩小城乡收入差距,反而加大了城乡收入差距,与城乡一体化的发展方向背道而驰。同时,近年来我国困难人群的社会特征和急难需求正在不断变化,需要救助的点多面广,在有些方面,现行社会救助制度还存在一些盲区,一些急难需求还没有得到制度化的回应。

---

① 黄晓勇.中国社会组织报告(2019)[M].北京:社会科学文献出版社,2019.
② 许琳,张盈华,唐丽娜,翟绍果.社会保障学:第2版[M].北京:清华大学出版社,2012:158.

(二)社会救助法制建设有待进一步强化

各国社会救助制度都是以高层次的全国性的立法为保障,例如,英国1601年的《济贫法》规定了政府为生活贫困且丧失劳动能力的国民提供救助的义务。美国1935年的《社会保障法》中,公共救助是社会保障体系重要的组成部分之一。作为政府保障公民的最后一条防线的社会救助制度,需要以高层次的法律来规范,统领全国的社会救助事业,免除人民的生存危机。

在我国社会救助制度安排中有90%是政策性制度,这些政策性制度基本上以通知、意见、方案或规划等形式发布;只有10%属于法规性制度安排,而且这些法规性制度基本上属于国务院的行政法规及部门规章,如规定、条例、实施细则或办法,法律效力和等级都较低。

(三)社会救助机制有待进一步完善

目前我国社会救助在资金监管、程序保障、权利救助等具体机制方面还有待进一步完善。社会救助制度中的监督条款流于形式和文本,还没有形成一种经常性的、全面的监督安排,从而导致制度的执行不力,并且还不能及时纠正其中出现的问题。在现实生活中,社会救助法律制度实施中所存在的重亲厚友、挪用克扣救助款、强制搭售、符合救助条件的领取不到而不符合救助条件的却挤占抢夺救助资源等现象屡屡发生,折扣执行社会救助等现象层出不穷,这是与相应监督机制的缺失密切相关的。权力失去监督就会导致腐败,制度失去监督就会形同虚设,甚至还会造成新的社会不公。

三、我国社会救助制度的未来选择[①]

我国社会救助制度未来发展应该立足解决人民群众最关心、最直接、最现实的利益问题,加强理念提升、制度建设、管理创新,形成与构建社会主义和谐社会要求相适应的普惠型的社会救助体系。

(一)科学合理地规划社会救助事业

一是进一步扩大社会救助覆盖范围。积极研究解决非户籍人口享受社会救助待遇的问题,调整我国社会救助申请主体强调"人户一致"的原则,并将边缘贫困群体纳入制度救助,注意社会救助对象的边界弹性化处理。

二是建立科学合理的社会救助标准。我国目前社会救助水平(主要表现为低保救助水平)的厘定并没有客观的标准,所以在实际操作中变成了由当地政府的财政状况来决定,当地方财政力量不足时,社会救助标准必然会受到影响。因此,要建立社会救助标准的正常增长机制,强调保基本生存的同时更要关注发展,强调食品类支出的同时也要考虑贫困家庭在交通、教育、通信等方面的支出需求,保证贫困人口能够分享社会经济发展的

---

① 许琳,张盈华,唐丽娜,翟绍果.社会保障学:第2版[M].北京:清华大学出版社,2012:159.

成果。

三是真正实现社会救助的城乡一体化。城乡一体化主要是指城乡社会救助制度框架一致、管理体系一致,具体救助标准因城乡消费差异而有所差别或逐步走向趋同。社会救助制度属于公共服务范畴,应坚持制度公平、机会公平,保证城乡居民在社会救助面前具有同等的权利和机会,同时要保证城乡居民的社会救助效果公平。

(二)进一步强化社会救助管理体系

目前我国社会救助在资金监管、程序保障、权利救助等具体机制方面还存在一些漏洞,缺乏相应的监督机制。因此,健全社会救助工作的管理体制与运行机制,是做好社会救助工作的组织保证。为此,应加快理顺社会救助工作的管理体制,建立综合协调机制,有效整合救助资源,促进社会救助工作的良性运行。此外,应完善社会救助工作的运行机制,包括下面四种方式:一是规范操作。根据权利与义务对等的原则,规范救助对象的确定程序,坚持公开操作;进一步完善分类施保机制,制定相关的分类标准、补助系数等;救助资金管理必须明确职责,严格实行专户、专款、专人管理。二是建立专门的社会救助信息共享机制,实现救助工作的动态管理。三是建立健全监督机制,包括预决算管理机制、监督检查机制和处罚机制。四是统一整合地方社会救助各方面的资源,统一管理支配社会救助资金,实行资金、信息统一口径、统一数据库。

(三)逐步完善社会救助实施的财政支持

建立普惠型社会救助体系,必须首先设计保障救助资金供给的基本制度安排。各级政府是社会救助工作的责任主体,财政投入是社会救助资金可靠、稳定的来源,必须建立科学合理、规范有效的财政投入机制。

改善财政投入结构,逐步加大公共财政对社会救助制度的投入规模,尤其是对农村社会救助的投入规模。根据责任共担的原则,健全各级财政对于社会救助资金实行足额列支和按时拨付机制,制定稳定的制度化的中央和地方各级财政共同负责机制,以制度化的方式明确各级财政的责任。

(四)进一步健全社会救助实施的法制保障

作为政府保障公民的最后一条防线的社会救助制度,需要以高层次的法律来规范,统领全国的社会救助事业,免除人民最低生存的风险。我国《社会救助法》的制定和颁布已经迫在眉睫,它成为我国社会救助制度发展的瓶颈,制约着我国社会救助制度的稳定、定型和可持续发展。应加强社会救助的配套立法,完善制度内部的有效衔接,从而减少"福利依赖"和"贫困陷阱",真正做到"应保尽保"。同时,应调整社会救助法制结构性失衡,建立健全社会救助程序法,具体包括社会救助公开制度、社会救助回避制度、社会救助听证制度、社会救助应退尽退制度、社会救助处罚制度等,以期增强社会救助工作透明度,避免不正当行为,改变重权力轻权利和重实体轻程序的状况。

第六章 老年人福利

【学习目标】

通过学习本章,认识人口老龄化的含义及其带来的社会后果,掌握老年人福利的含义和内容,了解美国和日本的老年人福利现状及其对我国发展老年人福利的启示,了解我国老年人福利的发展及现状。

第一节 人口老龄化与老年保障

伴随着人类生活水平的提高和医疗技术的进步,人口生育率降低,年轻人口数量逐渐减少,人类的预期寿命不断提高,老年人口的规模越来越大,在人口结构中所占的比例也越来越高,于是就出现了人口老龄化。人口老龄化是人类发展进程中的一个客观现象,被国际社会看作衡量各国社会发展水平的重要指标,并且对各国的福利保障制度有着非常重要的影响。

一、日历年龄、生理年龄和经济年龄

了解人口老龄化,首先必须弄清楚什么是老龄。为了弄清楚老龄的起始年龄,有必要先探讨一下日历年龄、生理年龄、经济年龄。从研究人口科学文化素质出发,把人的年龄划分为自然年龄和智力年龄。我们从经济学的角度出发,把人的年龄分为日历年龄(自然年龄)、生理年龄和经济年龄。

日历年龄的内涵与自然年龄相同。生理年龄则是随着人体各种生理器官功能的变化,人的年龄也发生变化。这两种年龄是既一致又不一致。一致是因为过一年长一岁,与此相适应,生理器官的功能也过一年发生一点变化,而当人到一定年龄之后,生理器官就会呈现衰弱现象,此时也就进入了老年。日历年龄和生理年龄不一致是因为有的人从年龄上讲,已经算是老龄了,但其内部各种器官的功能却依然良好,精力充沛,甚至不减当年。人的老龄化,既用日历年龄表示,也用生理年龄表示。当大多数人活到一定年龄界限,生理功能开始衰老时,就进入了人口老龄化时期。

除了日历年龄、生理年龄外,从经济学上讲,也就是从人作为生产者和消费者的统一体来讲还有经济年龄。经济年龄是指从人开始具有从事经济活动的能力,直到他失去这种能力的年龄。经济年龄与日历年龄、生理年龄都有密切的关联。如果一个人的生理器

官处在功能正常的时期,他就处在具有从事经济活动的能力的时期。一般把经济年龄的上限视为人口老龄化的起始年龄。

到底人口老龄化应该从人的一生中的哪一年算起,没有一个统一的答案。古希腊思想家把人的年龄作了春季、夏季、秋季和冬季4个季节的划分,进入冬季就表示进入老年时代。这是一种比较朴素的思想,符合年龄也是属于自然规律这样一种认识。瑞典人口学家桑巴特把50岁作为年龄的分界,划分出不同类型的人口(见表5-1)。

表5-1 人口类型 %

人口类型	0~14岁占总人口比例	15~49岁占总人口比例	50岁及以上占总人口比例
增长型	40.0	50.0	10.0
稳定型	26.5	50.5	23.0
萎缩型	20.0	50.0	30.0

波兰人口学家爱德华·罗赛特把60岁作为人口老龄化的起始年龄,并按年龄阶段划分了人口所处的不同阶段和不同时期。他认为,当60岁以上人口开始占总人口的12%时,人口便进入最后阶段——"第四阶段",跨进了老年期(见表5-2)。这是从人口学角度对人口老龄化时期划分的最详细的研究成果。

表5-2 人口阶段

人口阶段	60岁及以上人口占总人口比例	人口所处的不同时期
第一阶段	≤8%	青年
第二阶段	8%和10%之间	老年社会临近
第三阶段	10%和12%之间	老年社会开始
第四阶段	≥12%	老年社会

国际人口组织认为65岁是人口老龄化的起始年龄,并按年龄结构对人口类型作了划分(见表5-3)。

表5-3 国际人口组织的人口类型

65岁及以上人口占总人口比例	人口类型
<4%	年轻型
4%和7%之间	成年型
≥7%	老年型

二、人口老龄化的含义

人口老龄化是指在一个国家或地区,由于人均预期寿命的不断延长而使老年人口在总人口中的比重上升,人口年龄构成老化的社会发展过程。也就是说,一个国家或地区的人口结构年龄中,老年人口所占的比重升高,并逐渐升高到科学界定的高度。人口老龄化具有两个含义:一是指老年人口相对增多,在总人口中所占比例不断上升的过程;二是指社会人口结构呈现老年状态,进入老龄化社会。

根据世界卫生组织对人口老龄化的界定,一个国家或地区60岁及以上老年人口占人口总数的10%,或65岁及以上老年人口占人口总数的7%,就意味着这个国家或地区的人口处于老龄化社会。计算划分人口老龄化的最科学的方法是:按65岁和65岁以上人口占总人口的比例,再结合老少比、年龄中位数、少年儿童人口占总人口比例,对人口作出类型划分。按照这种分类方法,少年儿童人口占总人口30%以下,老年人口占总人口10%以上,老年比在30%以上的人口,就被视为老年型人口。

2014年年底的统计数据显示,根据联合国划分老年人口的标准,在21世纪的第一个十年内,整个世界整体上已经进入人口老龄化社会。据联合国人口基金组织报告,2012年在全世界70亿人口中,年满60岁或以上的人口占世界总人口的11.5%。到2050年,这一比例将达到22%。[①] 当前世界人口属于老年型的国家大多分布在发达地区,其中老龄化程度最高的是欧洲和日本。日本是当今老龄化程度最高的国家。预测到2025年,日本老年人口比例将上升到23.8%。

作为世界上最大的发展中国家,中国也在20世纪末进入老龄社会。特别是考虑到我国改革开放后人口基数大和"只生一个孩子"的计划生育政策已贯彻执行了30年左右,因此,与其他国家的人口老龄化进程相比,我国人口老龄化进程具有速度快、规模大和未富先老等特点。根据我国民政部《2019年社会服务发展统计公报》,截至2018年年末,我国60周岁及以上人口为2.49亿,占全国总人口的17.9%,65周岁及以上人口为1.67亿,占全国总人口的11.9%。我国较快进入老龄化发展进程,养老问题已上升为亟待解决的社会问题,关系经济社会的发展和人民的福祉。作为目前世界上唯一一个老年人口过亿的国家,到2050年前后,我国60岁及以上人口将占总人口的1/3以上,80岁及以上老年人口将超过1个亿。

三、老龄化带来的社会后果

人口老龄化的现状及趋势对老年社会福利事业的发展提出了迫切的需求,人口老龄化不仅对世界各国的老年福利事业提出了严峻的挑战,也带来了前所未有的机遇。

(一) 赡养比升高

赡养比,又称老年赡养比,是指每100名劳动年龄人口供养的老年人口数量,等于老年人口除以劳动年龄人口再乘以百分之百。赡养比升高,就是每100名劳动年龄人口供养的老年人口数量在增加,意味着劳动年龄人口承受的经济负担越来越重,国家支出的老年费用也越来越庞大。从理论上讲,降低老年赡养比,就可以减轻国家的负担,可以减轻在业人口供养老年人的经济重负。

要降低赡养比,只能采用增加劳动年龄人口的方法。实践中有两种方法。一是提高生育率。生育率下降,总人口中少年儿童的比例越来越低,老年人口比例就会越来越高,老龄化社会就会很快到来。但在实践中,由于社会、经济、文化、教育等的发展,妇女地位提高等因素的影响,生育率必然呈下降的趋势。即使国家采取一些刚性措施来刺激生育

---

① 联合国人口基金 2012.二十一世纪人口老龄化:成就与挑战[EB/OL]. http://www.drcnet.com.cn/www/worldeconomy.

率上升,充其量也只能一时奏效,不能一劳永逸地把生育率刺激上来并使它始终停留在高水平。二是鼓励外国人迁入,减少本国人迁出。一般来讲,实行国际迁移的,无论是迁出国外,还是外国人迁入本国,大多是青壮年。鼓励外国人迁入,减少本国人迁出,有助于增加本国人口中的青壮年比例,从而阻止老年人口比例的上升,延缓老龄化的到来。但从实际来讲这是非常困难的。第一,必须大量地引进国外青壮年,限制本国青壮年外迁;第二,必须长时期地执行这样的国际人口迁移政策,不能中断。要做到这两点,从现实来看是非常困难的,没有一个国家愿意并且有能力长期地、不断地、大规模地引进国外青壮年。因此,企图通过国际人口迁移政策来阻止本国人口老龄化,防止本国赡养比上升,事实上是办不到的。

(二)在业劳动者"老化"

实际生活中,劳动者到了一定年龄常会感到体力或脑力难以适应原工作岗位的要求,反应能力开始变弱,掌握新技术的能力开始变差,虽然还没到退休年龄,但很希望改变工作岗位。这个年龄就被确定为"上年纪"的起始年龄,或者说劳动者"老化"的起始年龄。国际上,通常把40岁看作劳动力"老化"的起始年龄。随着人口老龄化的到来,劳动力"老化"的程度将不断加深。当劳动力人口中"老化"部分人口的比例上升,尤其是当"老化"部分的比例开始占据主导地位以后,在业人口群体会受到多方面的影响。

一方面,在业劳动者"老化"会使在业人口群体的体力、耐力、承受力弱化,并使大部分在业者处于非体力最佳期,从而不利于生产发展。例如,日本在20世纪60年代经济起飞,创造了经济奇迹,很重要的一个原因就是当时拥有大量的年轻在业人口。一般认为,从体力上考察,在业人口最佳年龄为20~30岁。另一方面,在业劳动者"老化"会使劳动力群体掌握新技术、新工艺、新知识的能力减弱,大部分在业者不是处于智力最佳期,因而不利于生产发展和科技进步。一般来说,智力在20岁以前迅速上升,之后便逐渐减退。智力减退是和劳动力"老化"的程度相关的。

为了弥补劳动力"老化"给经济带来的不利影响,老龄化国家纷纷采取对策。例如,重新训练老职工,让他们掌握新的知识和技能,或是开设第二职业;加强研究适合老年人的职业种类;变换老年人的工种,让他们从事轻便工作;为老年人建立专门的车间;充分发挥老年人的特长,用他们丰富的经验完善技术和生产工艺。

(三)社会保障压力加大

发达国家在"二战"后实行了"普遍福利"的政策,其中重要的一项,就是给予失去劳动能力和退休的老年人以政府财政资助,在每年的预算支出中以"社会保障和社会福利"的名义支出。从公共政策方面来讲,老龄人口的增加使政府必须加大对于养老、医疗的投入,增加财政负担。有统计数据显示,人在临终前花费的医疗费用占人一生医疗费用的比例超过1/3。法国政府的这项财政支出在1962年时大约占国民生产总值的5%,1974年已经增长到了25%,随着人口老龄化程度的加深,预计到2025年,这个比例将会增大到63%。造成费用增加的原因,一是老年人口的绝对数量增大,人口老龄化加剧;二是人的寿命越来越长,长寿人口的数量在增加,即80岁及以上的老年人口数量增加。这就必然要求政府和社会提供更多、更有效的医疗服务、护理、药物，必然要求支出更多的退休金及提供更多样的社会福利。

为了缓解人口老龄化带来的社会问题，许多国家都在寻求各种对策。例如，提高退休金，如公共养老金制度、国民年金制度等；对医疗保险进行改革。从社会福利的角度，可以兴办更多的老人公寓、老人之家、养老院等安置老年人晚年的集体福利事业。

第二节 老年人福利概述

在老年社会汹涌而至之时，这个庞大群体的生活状况也逐渐引起了人们的高度关注和重视。一方面，作为整个社会的一个重要组成群体，无论从哪个角度说，他们都应和其他公民一样分享社会发展的成果，不断提高自己的生活质量和福利生活水平；另一方面，随着年龄的增长和身体机能的衰退，老年人的经济资本和人力资本都在不断下降，单凭自身的努力从市场上获得改善生活的资源的能力非常有限。同时，在我国人均国民财富还不是很富裕的背景下，通过制度性渠道从国家或政府获得的资源相对有限。因此，老年人要保证自己老年生活的福利生活水平不下降或要提高，就需要充分发掘和利用自己的社会资本去获得各种资源。

一、老年人福利的含义

老年人福利是社会中每一个人都需要的。在人口老龄化趋势不断加强的形势下，对老年人福利的需求更是与日俱增。因此，老年人福利在社会福利体系中占有十分重要的地位。

老年人福利主要是面向全体老年人口，根据老年人的特点，提供物质帮助和社会服务。我国一般认为，老年人福利是指在政府的领导下，在社会各方力量的参与下，对处在特殊困境下的无劳动能力、无生活来源、无法定赡养人和抚养人的孤寡老人与部分生活不能自理、家庭无力照顾的老年人所提供的供养、医疗、康复、娱乐和教育等方面的服务。[①]

二、老年人福利的内容

（一）生活及护理服务

由于老年人的活动能力下降，出现各种意外的概率也大大增加，一些老年人因疾病或瘫痪而生活无法自理，因此需要家庭和社会提供生活照料。在传统的农业社会，老年人主要依赖家庭提供生活照料。进入工业化社会以后，由于家庭结构的变化及家庭照顾功能的相对减弱，社会照顾的作用就显得非常重要。一般来说，老年人生活及护理服务主要是通过开办社会福利院、老年公寓、老年活动站等为老年人提供生活照料，包括基本性日常生活照料和工具性日常生活照料。前者比如给老年人喂饭，帮助其穿衣、洗澡、上厕所等，

---

① 时正新.社会福利黄皮书：中国社会福利与社会进步报告（1999）[M].北京：社会科学文献出版社，2000：146-147.

主要服务对象是高龄老年人和瘫痪、卧病在床的老年人;后者则包括帮老年人做饭、洗衣、料理家务、购物等,具体如增加老年福利设施,扩大老年社会化服务,兴建老年公寓、临终关怀医院、托老院、敬老院、福利院及各种照料老年人的社区服务组织等。

(二)医疗保健服务

人进入老年阶段后,由于生理功能的衰退,抵御疾病的能力下降,往往会有各种不健康的因素,如各种各样的老年病、慢性病,应该为其提供定期的保健服务。而开支较大的医疗保健对收入已经有所降低的老年人及其家庭来说无疑压力很大,所以健全的医疗保险体系和老年医疗保健福利对老年人有着重要的意义。例如,建立老年保健康复室,定期为老年人提供各种检查、保健服务。再如,加强对老年常见病、慢性病、多发病的研究,各大中城市基本都设有老年医院、老年人护理院或老年医疗康复中心,地(市)县(市)医院开设老年病门诊或老年病专科门诊,街道和乡镇设有老年病门诊或老年医疗站。

(三)文化娱乐服务

老年人几乎所有的时间都是闲暇的,同时,老年人不需要直接为生活奔波。在保证了基本的生存和经济方面的需求以后,老年人就会重视精神上的追求,如个人兴趣的发展、参与各种社会活动以实现自我价值等。休闲娱乐不仅可以满足老年人的精神需求,在娱乐中陶冶性情,还可以为其提供结识更多的老年人的机会。安排老年人旅游、运动会、书画比赛,创办老年人活动中心、老年大学,开展老年人再就业咨询、培训等,让老年人在集体中发展出一些非正式的社会关系,可以满足他们的心理需求和社会需求。

第三节 发达国家的老年人福利

一、美国的老年人福利

美国社会非常发达,但是社会福利制度发展较晚。美国的老年人福利的具体内容包括以下几个方面。

(一)规范和完善社会为老服务体系

主要有六方面内容。一是支持性服务:资助社区为老年人看病、购物、参加老年活动中心的活动提供交通便利;为老年人提供整理、打扫房间服务,支持入户服务和建立托老所。二是营养服务:为老年人提供营养午餐,可以集体就餐,也可送餐到家。三是预防性健康服务:通过为住在社区的老年人提供教育和信息服务,方便老年人参加活动、锻炼,改善膳食和营养结构,定期检查身体,引导其采用科学的生活方式。四是全国支持家庭照料者项目:帮助为配偶、老年亲戚和朋友提供照料的人,具体包括帮助照料者获得有关政策信息,提供咨询、培训,提供服务人员临时替代照料者,提供其他补充性服务,帮助须照料19岁以下孙子女的老年人。五是保护老年人权益:主要是防止老年人受到虐待。六是为土著民族的老年人提供服务。

（二）服务设施类型

美国已经形成了较为全面的养老居住建筑和服务设施类型，全面覆盖身体状况从健康到虚弱，生活自理程度从独立居家生活到需要辅助生活的各阶段老年人，主要分类如下。

1. 活跃老年社区

活跃老年社区是一个年龄限制的社区，专门为喜欢参加健身和社会活动的老年人建立。这些社区吸引55岁上下的年轻老人及希望住在一个有很多娱乐活动场所的环境的老年人。这种社区通常由一些卖给老年人的独立房屋、联排公寓或别墅构成。社区活动有高尔夫、钓鱼、网球、游泳、划船、教育课程、艺术、手工、演出等。相应的社区面积较大，建有俱乐部、湖泊、游泳池、图书馆、高尔夫球场、散步和自行车路径、网球场、饭馆、礼堂等。

2. 独立生活社区

独立生活社区主要是指面向日常生活可以自理的老年人的住宅。这种方式的代表环境有两种：老年公寓和老年聚集住宅。同为出租，老年公寓较为安静，老年聚集住宅还提供就餐、清扫房间、交通、社会活动等便利服务，一般设有餐厅。平均居住期2年。如果老年人能够独立生活，但想要居住更安全，喜欢同其他老人住在一起，可以选择这种独立生活的方式。

3. 协助生活机构/社区

协助生活机构/社区主要为老年人提供日常生活活动帮助、服药提醒、24小时保安服务及特殊医疗（老年痴呆症等）照顾。有的州允许两个人住在一间房里，有的州仅允许每个房间住一个人。平均居住期3年。辅助生活的其他名称包括居民照料、寄宿和照料、寄宿之家、辅助照料、个人关照、老年之家、受保护照料等。如果老年人的日常生活活动（如洗澡、穿衣、吃饭等）需要帮助，需要提醒服药，需要24小时保安服务，自己行走可能有困难，有特殊医疗要求，有失禁问题，有时健忘或困惑（老年痴呆症），则辅助生活区是合适的选择。

4. 护理院

护理院里有治疗和康复设施、专业人员，多为集中住宿的形式。这种类型的住宅是提供给"介护老人"居住的。介护老人是指大部分或全部生活行为依赖他人护理的老年人。护理院是为康复期病人及长期患病的人提供24小时护理照料的设施，提供常规的医药监督和康复治疗。如果老年人需要24小时护理照料，没有轮椅、助行器或其他人的帮助不能行走，不能自己完成日常生活活动，到了老年痴呆晚期阶段，需要治疗和康复设施，患有慢性病，则选择护理院居住是合适的。护理院的其他名称包括专业护理设施、康复之家、护理设施、长期照料设施。

5. 持续护理退休社区

在持续护理退休社区设有独立生活区、协助生活区、记忆障碍护理区、专业护士护理区，规模较大。平均居住期为10~12年。如果老年人身体健康，现在可以独立生活，希望在今后生活的每一个阶段都得到照料，即生活服务有保障，可以选择持续护理退休社区居住。一般个人付给社区一次性费用或月租费来支付生活开销。持续护理退休社区是一个不断发展的概念,社区为老年人提供住房、活动、服务、医疗照料。不同的是,它提供老年不同阶段的连续照料,从独立生活设施到必要时的辅助生活和护理院。

持续护理退休社区以成熟的商业化运营模式著称。老年社区既是美国郊区化的产物,更源于其特定的地理和社会背景——充裕的土地资源、发达的市场环境、较年轻的老年群体。这类社区多建设在郊外地段,以低密度住宅形式为主,主要面向较年轻、健康、活跃的老年群体,提供居住和配套服务。让老年人享受郊外的清新空气和美好景观的同时,还能充分利用各类休闲娱乐、康体健身设施。整个社区内部形成多层级的设施配置,既有集中的社区配套以满足较大规模的聚会与活动,在每个组团还设有基本配套,满足小组团内部相对全面的生活需求,促进居民对居住邻里的归属感和家庭感。有的社区不仅提供专门面向老年人的住宅,还为年轻家庭提供合适的居所,实现各年龄阶层的混合居住,既为两代家庭相邻而居提供可能,还能让老年人在与不同年龄段人群的广泛接触中,感觉充实与获得满足。有的社区为老年人提供了多种可参与的活动内容,形成上百个由社区居民自行运营的俱乐部和活动项目,使老年人老有所乐。有的社区与周边的知名大学建立合作关系,社区居民可使用大学的教学设施,并为其提供终身学习项目,从而吸引了大量高知文化的老年人,使其老有所为,老有所学。

6. 以房养老模式

美国是"以房养老"模式的鼻祖,在美国的一些地方,"以房养老"已被许多人认为是一种最有效的养老方式。许多美国老年人在退休前10年左右就为了自己养老而购买了房子,然后把富余的部分出租给年轻人使用,利用年轻人支付的房租来维持自己的退休后生活。由于美国的房屋出租业比较发达,美国人支出的房租大约占个人支出的1/4到1/3,因而房屋出租的收益也是比较可观的。除此之外,美国政府和一些金融机构向老年人推出了"以房养老"的"倒按揭"贷款,至今已有20多年的经验。"倒按揭"的发放对象是62岁以上的老年人,有三种形式,前两种与政府行为相关,后一种则由金融机构等办理,不需要政府的认可手续。第一种形式是联邦政府保险的倒按揭贷款。该贷款由美国联邦住房管理局进行保险,大致是62岁以上的老年人将房子抵押给银行或专门的倒按揭公司,然后每月领取生活费。用户可以尽可能长地生活在自己的住房内,在一定期限内按月分期获得贷款。第二种形式是由政府担保的倒按揭贷款。该贷款由美国联邦全国抵押协会办理。这种贷款有固定期限,老年住户搬移住房及实施还贷计划后才能获得贷款。第三种形式是专有倒按揭贷款。这种贷款一般由金融机构办理,贷款对象资格无须政府认可。采用这种方式,发放贷款机构与住户共同享有住房增值收益,但发放贷款机构要求保留住房资产的25%~30%作为偿还贷款的保证。这样虽然减少了放贷额度,但有利于住户对住房增值部分的受益。

美国养老社区机构作为一个产业持续发展的重要原因,是在法律上有一套鼓励、监督机制来保证养老机构的高质量服务。该机制体现在两个方面:一套完整和不断发展的评估体系;相对独立的监察员体制。政府给老年人的医疗保险和医疗补助可以支付老年人在护理院入住期间的部分开销,这笔费用由政府发放到护理院。护理院要想得到政府的钱,就必须符合政府的各项规定,并在每年的质量评估中达标。政府的主管部门每年对养老机构进行审查,只有符合审核标准、质量评估达标的护理院才有可能得到政府的医疗保险和医疗补助。由于联邦和州政府的钱是通过各种税收得到的,实际用的是纳税人的钱,因此每一个纳税人都有权要求政府对养老机构采取鼓励和监督措施,最终得到高质量的服务。对辅助养老机构而言,要想得到某些医疗补助资助的项目,也要符合规定和标准。大部分辅助机构没有政府的支持,主要遵守市场竞争的原则。美国政府给监察员项目拨款,由监察员和入住养老机构的老年人直接接触交流,来保护老年人的合法权益,并监督改善养老机构的服务质量。如果老年人对入住的养老机构的服务质量不满意,通常的做法是先在养老机构内部设法寻求解决。如果仍然不能满意,可以向监察员申诉。

二、日本的老年人福利

日本作为东亚地区的发达国家,其少子老龄化问题已经出现多年,且日益严峻。日本政府总务省的统计数据显示,截至 2015 年 9 月,日本 65 岁以上的老龄人口数量为 3 384 万人,占总人口的 26.7%,老龄人口总数和比例均创历史新高。而且老龄人口中 75 岁以上的达 1 637 万人,占人口总数的 12.9%,80 岁以上的达 1 002 万人,首次超过 1 000 万人大关。伴随着严重的人口老龄化问题,日本养老体系也经历了曲折的发展历程。20 世纪 70 年代,日本在对国家发展政策进行调整的时候,选择了福利国家模式,政府在育儿养老问题上承担很大一部分责任,即所谓的"从摇篮到坟墓都由政府承担"。20 世纪七八十年代,日本政府确实做到了这一点,老年人看病、住养老院都不花钱。以至于有一段时间,日本老年人把医院当作社交场所,因为医院有便宜的食堂等设施,且老年人比较多,老年人们喜欢在医院相互交流,打发时间。福利国家模式的建立,对日本传统家庭模式带来了冲击。过去,三世同堂的日本家庭占很大的比例,家庭在抚幼养老上承担着非常重要的作用,社会上"养儿防老"的观念非常普遍。但是,工业化发展带来了生活方式的多元化、家务劳动的社会化,同时,福利国家对家庭提供了比较全面的福利服务,这些因素弱化了家庭在抚幼养老方面的功能。从 70 年代中期开始,日本政府逐步将国家福利行政向地方政府分权、让权,目的是根据地方自治的特点,使市、町、村等基层组织能因地制宜地发展老年人社会福利事业。到 80 年代又把发展民间福利和志愿者活动列入重要议事日程。由此在半个多世纪以后,日本社会老年福利事业已经逐步摆脱了主要由政府一手操办的格局,转型以满足老年人生活需求为根本目的,由多元的社会主体共同完成的事业。老年社会福利事业主体不断扩展,呈现由国家、地方政府向公办福利组织、民营福利组织(社会公益法人)甚至倡导国民个体以适当方式承担责任等变化的趋势。

(一) 老年人福利法制建设

1961 年日本颁布《国民年金法》,20~60 岁的人都要缴费参加,65 岁以后可以领取养老金,从而解决了老有所养的问题。1985 年日本政府对年金制度进行了改革,将所有在职人员及其配偶全部纳入国民年金制度。至此,日本的国民年金发展成为向全体国民支付共同基础年金的全国一体化制度,即所有国民必须依照法律加入年金制度,并缴纳保险金,待其 65 岁以后可以根据缴纳金额和年限领取年金。

1963 年,日本《老年人福利法》出台,明确规定了国家及地方公共团体负有增进老年人福利的责任。《老年人福利法》又被称为"老年人宪章",它明确了老年人福利的原则,确立了日本现行老年人社会福利制度的基本框架,要求通过老年福利机构和其他福利服务等措施,保障老年人的身心健康、生活安定;规定国家和政府应该承担老年人社会福利费用的主要责任,强调民间和个人适当负担义务;要求国家和社会应通过兴建老年福利设施,收养因经济和健康原因无法在家中养老的老年人。

为了迎接老龄社会的到来和改善国民健康保险财务状况,1982年,日本颁布了《老年人保健法》,建立了独立的老年人保健制度,规定凡70岁以上或65岁以上70岁以下身体有残疾的老年人,均为医疗免费保障的对象,其所需要的医疗费用除个人负担极少部分外,由国家和地方政府负担30%,医疗保险负担70%。

1997年,日本颁布了《介护保险法》,建立了介护保险制度,将原来由医疗保险支付的介护费用单独分离出来,并通过社会保险的方式支付老年人生活护理所需的费用。参保对象从40岁开始缴纳保险费用,65岁以上可以享受介护保险,但个人必须支付10%的费用。需要护理的老年人可以在自己的家中享受所需要的综合性福利服务和医疗服务,也可以到机构居住,在不同场所养老的老年人享受不同的服务。

(二)老年人福利体系

日本现有的福利服务体系是在《老年人福利法》颁布以后确立和发展起来的,目前已形成了以收养型福利机构为骨干、以社区照顾系统为基础的老年人福利服务体系,基本满足了老年人各方面的福利服务需求,成功地解决了人口老龄化带来的诸多社会问题。

1. 收养型老年人福利机构

根据不同的功能和服务对象,大体上可以分为老年人养护之家、老年人特别养护之家和低费老年人福利院三种。老年人养护之家主要接收65岁以上的贫困老年人和没有住房、不能独立生活的老年人。这种设施的规模一般要求能够接纳50人以上,50人配备管理人员15人,每人平均居住面积约为7.5平方米,一个房间1～2人。生活费和设施利用费原则上根据本人及扶养者的收入状况征收,生活水准在贫困线以下者可以减免征收。设施的运行费用由国家和地方政府各承担一半。老年人特别养护之家接收生活不能自理,家庭中无力看护且需要长期护理的老年人。尽管它以每年平均增加200所的速度发展,但还是供不应求,每年有2万多名高龄老年人等待入院。低费老年人福利院的接纳对象原则上是60岁以上的低收入夫妇,或因无子女、经济及家庭住房困难等原因不能居家养老者。低费老年人福利院强调国家和个人共同承担的原则:生活费和设施利用费全部由个人负担;事务管理费原则上由个人负担;设施设备运行费用国家承担1/2,地方政府和经营者各承担1/4。

2. 开展社区照顾服务

1980年,日本《高龄老年人保健福利推进10年战略计划》即"黄金计划"开始实施,主要目的是建立和完善社区照顾服务体系,依托社区建立多种服务设施,开展家庭看护服务,使老年人能够在社区和家中安度晚年。日本的社区照顾服务体系包括设施服务和家庭看护服务。

设施服务是利用在社区的设施为居家养老的老年人提供休息、娱乐、保健、康复和护理等服务。这类设施主要有老年人福利中心、老年人之家、老年人保健和康复训练中心、高龄老年人福利中心。老年人福利中心是一种综合性服务机构,由专业人员管理,为老年人提供咨询、教育、娱乐和康复等服务;老年人之家是一种规模较小的服务机构,为老年人提供社交、集会和娱乐等服务,主要由志愿者协助管理;老年人保健和康复训练中心主要是为居家养老的患有各种慢性疾病的老年人提供保健服务和福利服务。

家庭看护服务是社区照顾服务系统的重要组成部分,是一种经济有效的服务方式,服务对象是社区内生活不能自理、需要生活护理的老年人,由医生、护士、康复师和家庭服务员上门为老年人提供体检、康复、治病、理发、洗涤、清扫、做饭和护理等多项服务。

第四节 我国老年人社会福利的发展与现状

人口老龄化是经济社会发展进步的产物,是不可逆转的客观发展趋势,是国际社会共同面临的重大课题,也是改变世界发展格局的基础性力量。改革开放40多年来,为适应经济转轨、社会转型的新形势,解决城镇化、老龄化、家庭结构小型化等带来的一系列养老问题,我国加快推进老年人福利保障体系建设,制度结构日趋完备,财政投入不断增加,公共服务保障日臻规范,在维护保障老年群体权益方面发挥着重要作用。[1]

一、我国老年人福利的发展历程

我国老年人福利保障体系经历了从补缺型逐步走向适度普惠型,从小福利走向底线公平的大福利,从照顾弱者到普惠全民的可持续发展型福利的发展历程,大致可以分为三个阶段。

(一)初创阶段(1978—1993年)

初创阶段是以城市福利院和农村敬老院为主要形式的老年人福利服务发展阶段。改革开放前,我国沿袭长期以来以计划经济、单位制为主要特征的经济社会体制,老年人的照料主要由家庭和单位承担,政府着力解决的是城市"三无"、农村"五保"等特殊困难老年人的基本生活保障问题,主要是通过兴办城市福利院和农村敬老院提供集中供养服务。1979年,城市福利院开展孤老职工的自费收养工作,使城市老年人社会福利服务对象第一次冲破了"三无"对象的局限。1984年11月,民政部在福建漳州召开全国城市社会福利事业单位整顿经验交流会议,首次提出"社会福利社会办"的指导思想,支持城市社会福利院和农村敬老院向社会老年人开放。1992年,邓小平在"南方讲话"中谈到人口老龄化的问题,指出中国解决老龄化问题不能走欧洲福利国家的路子,还是要走中国的以家庭养老为主的路子。在这个阶段,养老服务概念尚未出现,各级政府文件大多以老年人福利服务定义老年人服务。

---

[1] 民政部社会福利和慈善事业促进司.为了夕阳红满天——老年人福利与养老服务40年发展历程与成就[J].中国民政,2018,24:30-33.

(二)发展阶段(1993—2012年)

发展阶段是以生活照顾和护理服务为主要形式的狭义的养老服务发展阶段。在改革开放和市场经济不断深化的推动下,"单位人"逐步变为"社会人",我国单位办福利体制逐步变为社会化服务机制,城市老年人居家社区服务随之出现。1993年民政部、国家计委等部门《关于加快发展社区服务业的意见》(民福发〔1993〕11号)第一次提出"养老服务"概念。该文件将养老服务项目纳入社区服务业的范畴,确立了85%以上街道兴办一个社区服务中心、一个老年公寓(托老所)、一个残疾人收托所和一个以上托幼机构的发展目标。在这个时期,发展养老服务、养老服务业被提出并纳入政府议事日程。因为养老服务发展不成熟及语言习惯,养老服务与老年人福利服务概念在这个时期并存使用。但总的来看,这个时期无论是老年人福利服务还是养老服务,都主要是指为老年人提供的生活照顾和护理服务,即狭义的养老服务概念。民政部先后下发了《国务院办公厅转发民政部等部门关于加快实现社会福利社会化意见的通知》《社会福利机构管理暂行办法》《老年人社会福利机构基本规范》《农村敬老院管理暂行办法》等一系列规章、标准,推动传统的老年人社会福利服务向养老服务转变,养老机构作为社会福利机构的一类,依据《社会福利机构管理暂行办法》,开始建立行政审批准入制度。2000年4月民政部在广东召开全国社会福利社会化工作会议,2000年8月国务院在北京召开全国老龄工作会议,分别明确了相关工作的发展战略、目标任务和政策措施。2002年,党的十六大报告作出了我国"老龄人口比重上升"的判断,重视人口老龄化对全面建设小康社会的重大影响。2003年,政府工作报告提出要做好老龄人口工作。2005年,民政部启动了全国养老服务社会化示范活动,促进了社会福利由补缺型向适度普惠型转变。2005年《国务院关于发布实施〈促进产业结构调整暂行规定〉的决定》(国发〔2005〕40号),首次将养老服务视为服务业的一部分。2006年《国民经济和社会发展第十一个五年规划纲要》第一次将"养老服务"纳入国家发展纲要。2006年《国务院办公厅转发全国老龄委办公室和发展改革委等部门关于加快发展养老服务业意见的通知》(国办发〔2006〕6号),第一次界定了"养老服务业"的内涵和外延——"养老服务业是为老年人提供生活照顾和护理服务,满足老年人特殊生活需求的服务行业",并提出加快发展养老服务业的六项重点工作:进一步发展老年社会福利事业、大力发展社会养老服务机构、鼓励发展居家老年人服务业务、支持发展老年护理和临终关怀服务业务、促进老年用品市场开发、加强教育培训以提高养老服务人员素质。2006年第二次全国老龄工作会议提出,建立"以居家养老为基础、社区服务为依托、机构养老为补充"的中国特色养老服务体系。2008年全国民政工作会议修改为"以居家为基础、社区为依托、机构为补充"的社会养老服务体系,第一次形成养老服务体系的完整表述。2008年全国老龄委办公室、民政部等10部门《关于全面推进居家养老服务工作的意见》(全国老龄办发〔2008〕4号)第一次就居家养老服务工作作出专门部署。2011年《国务院办公厅关于印发社会养老服务体系建设规划(2011—2015年)的通知》(国办发〔2011〕60号)第一次出台养老服务业全国性专项规划,第一次对建立社会养老服务体系进行了全面部署。2012年12月28日第十一届全国人民代表大会常务委员会第三十次会议修订《中华人民共和国老年人权益保障法》(以下简称《老年人权益保障法》),第一次在国家法律层面规定

"国家建立和完善以居家为基础、社区为依托、机构为支撑的社会养老服务体系"。

(三)改革完善阶段(2013年至今)

改革完善阶段是涵盖老年生活照料、老年产品用品、老年健康服务、老年体育健身、老年文化娱乐、老年金融服务、老年旅游等多领域,综合性、广义的养老服务发展阶段。党的十八大以来,党中央高度重视养老服务工作,养老服务的产业属性更加突出,成为涵盖范围广泛的新业态,养老服务业发展速度明显加快,发展模式不断创新。2013年《老年人权益保障法》修订,将"社会服务"单独立章,养老服务第一次纳入国家法律。2013年民政部出台《养老机构设立许可办法》(民政部令第48号),第一次建立了养老机构设立许可制度。《国务院关于加快发展养老服务业的若干意见》(国发〔2013〕35号)第一次从国务院层面部署推进养老服务业发展,并提出2020年"以老年生活照料、老年产品用品、老年健康服务、老年体育健身、老年文化娱乐、老年金融服务、老年旅游等为主的养老服务业全面发展"的发展目标。2015年《国务院办公厅转发卫生计生委等部门关于推进医疗卫生与养老服务相结合指导意见的通知》(国办发〔2015〕84号)第一次部署推进医养结合工作,将医养结合服务纳入养老服务体系。2016年《国务院办公厅关于全面放开养老服务市场提升养老服务质量的若干意见》(国办发〔2016〕91号)对养老服务业"放管服"改革进行了部署。2017年《国务院关于印发"十三五"国家老龄事业发展和养老体系建设规划的通知》(国发〔2017〕13号)将"以居家为基础、社区为依托、机构为支撑"的养老服务体系修改为"以居家为基础、社区为依托、机构为补充、医养相结合"的养老服务体系。党的十八大以来,习近平总书记多次考察养老服务工作,对老龄工作和养老工作作了多次重要讲话。关于应对人口老龄化,习近平总书记提出"有效应对人口老龄化,事关国家发展全局,事关亿万百姓福祉,要立足当前、着眼长远,做到及时应对、科学应对、综合应对"。关于提高养老院服务质量,他指出"要按照适应需要、质量优先、价格合理、多元供给的思路,尽快在养老院服务质量上有个明显改善,加快建立全国统一的服务质量标准和评价体系,加强养老机构服务质量监管,坚决依法依规从严惩处欺老、虐老行为"。关于新时代养老工作,党的十九大提出"积极应对人口老龄化,构建养老、孝老、敬老政策体系和社会环境,推进医养结合,加快老龄事业和产业发展"。李克强总理在2015年政府工作报告中指出:"对困境儿童、高龄和失能老年人、重度和贫困残疾人等特困群体,健全保障制度和服务体系"。2018年政府工作报告提出:"要积极应对人口老龄化,发展居家、社区和互助式养老,推进医养结合,提高养老院服务质量。"

我国正逐步构建起与新时代中国特色社会主义相适应、面向经济困难老年人、城乡统筹、可持续的老年人基本福利补贴体系,加快构建以居家为基础、社区为依托、机构为补充,医养相结合的多层次养老服务体系。

二、我国老年人福利的发展成就

经过改革开放40多年的发展,在党中央、国务院的坚强领导下,民政部等部门不断完善养老服务业发展的顶层设计,优先保障群众基本养老服务需求,大力营造良好的营商环境,全面放开、搞活养老服务业市场,有效扩大多元服务供给,养老服务共建共享水平显著提高,广大老年人的获得感和满意度明显增强。

(一) 老年人福利补贴制度日益完善

老年人福利补贴制度主要包括高龄老年人津贴制度、经济困难的失能老年人养老服务补贴制度及护理补贴制度。民政部会同财政部印发《关于建立健全经济困难的高龄、失能等老年人补贴制度的通知》(财社〔2014〕113号),提高了老年人的资金保障水平。各地老年人福利补贴制度建设稳步推进。截至2017年年底,全国经济困难的高龄老年人津贴制度实现省级全覆盖,养老服务补贴和护理补贴制度分别覆盖30个和29个省(区、市),据不完全统计三项补贴政策共计惠及约2611万老年人。

(二) 老年人优待制度不断扩展

以方便老年人生活为基本出发点,以增进老年人健康和福祉为基本原则,各部门积极推动形成了较为完善的老年人优待制度。2013年,全国老龄工作委员会办公室、最高人民法院等24部门联合印发了《关于进一步加强老年人优待工作的意见》(全国老龄办发〔2013〕97号),提出了一系列优待服务项目和范围。在交通出行优待方面,鼓励城市公共交通工具对65周岁以上老年人免费。在卫生保健优待方面,2017年,国务院办公厅印发《国务院办公厅关于制定和实施老年人照顾服务项目的意见》(国办发〔2017〕52号),鼓励通过基本公共卫生服务项目为老年人免费建立电子健康档案,每年为65周岁及以上老年人免费提供包括体检在内的健康管理服务。在文体休闲优待方面,2015年,体育总局、发展改革委等12部门印发《关于进一步加强新形势下老年人体育工作的意见》(体群字〔2015〕155号),提出要通过财政补助、政府购买服务等方式支持公办和民办体育场地设施免费、低收费向老年人开放。2016年,《国务院办公厅关于印发老年教育发展规划(2016—2020年)的通知》(国办发〔2016〕74号)提出加强老年教育支持服务,推动美术馆、图书馆、科技馆等向老年人免费开放。在维权服务优待方面,全国老龄工作委员会办公室、最高人民法院等六部门出台了《关于进一步加强老年法律维权工作的意见》(全国老龄办发〔2016〕102号),提出各级人民法院要为老年人维权案件开辟绿色通道。

(三) 养老服务体系逐步健全

养老服务工作实现了三大历史性转变和两大方面深度结合,充分发挥了维护社会稳定、促进经济社会协调发展、推动社会进步的重要作用。

1. 从补缺型到适度普惠型,养老服务发展模式实现调整

改革开放前,养老服务以城市"三无"、农村"五保"等生活没有依靠的鳏寡孤独老年人为重点对象,主要提供吃、穿、烧、葬等温饱生活照顾和物质救济,属于补缺型老年福利模式。改革开放后,随着市场经济体制改革全面推进,再加上1999年全国进入人口老龄化社会的重要影响,养老服务发生巨大变化,逐步形成了面向全体老年人的适度普惠型发展模式。在发展理念上,养老服务正逐步努力塑造现代社会可供人们选择的一种更安全、更有保障、更有品质的养老方式和晚年生活。在服务内容上,养老服务不仅提供照料服务,还提供精神慰藉、文化娱乐、医疗健康、社会交往等满足更高层次需求的综合性、专业性服务。在服务对象上,养老服务已经从改革开放初期保障不到 500 万特殊困难群体,发展为面向 2 亿多老年人的重要民生服务。在服务功能上,养老服务业不仅增强了兜底保障特殊困难群众服务的作用,而且进一步发展为改善人民生活质量、拉动内需增长的新业态和新动能。

2. 从政府、集体二元供给到社会多元供给,养老服务发展机制实现转型

改革开放前,养老服务在城市主要由政府投资兴办老年福利院、在农村主要由村集体开办农村敬老院的方式提供,具有浓厚的政府、集体包办服务色彩。20 世纪 80 代中期,国家倡导社会福利社会办,支持政府举办的社会福利机构向社会开放,接收社会老年人入住。2000 年,全国积极推进社会福利社会化,动员社会力量参与兴办老年福利服务。党的十八大以来,党中央、国务院作出一系列关于加快发展养老服务业的决策部署,不断破除养老服务准入门槛,全面放开养老服务市场,推动了养老服务在新时代的大发展。截至 2017 年年底,全国养老服务已经从 1978 年的 8 000 多家服务机构扩大到包括养老机构、社区养老服务设施、互助型养老设施等在内的各类养老服务机构 15.5 万个,总床位从 2006 年 113.6 万张增加至 744.8 万张,兴办主体不断丰富,个人、企业、社会组织、境外独资合资等社会力量广泛参与,全国社会力量举办的养老机构床位比例已经超过 34% 且不断扩大,与市场经济相适应、满足人民多样化服务需求的养老服务多元供给机制基本建成。

3. 从行政指令式的直接管理到以法治为核心的综合监管,养老服务行业管理实现升级

相当长的一段时间里,养老机构由政府和集体直接创办并管理,管理主要依据红头文件和内部规章制度,管理服务粗放、不规范,服务质量不稳定。改革开放以来,尤其是党的十八大以来,养老服务行业管理的政策体系从无到有基本成型,修订了《老年人权益保障法》,增设社会服务专章,出台了《养老机构管理办法》部门规章,养老服务纳入法制轨道。国务院先后印发《关于加快发展养老服务业的若干意见》《关于全面放开养老服务市场提升养老服务质量的若干意见》等纲领性文件,明确了养老服务工作的指导思想和主要任务。出台《养老机构服务质量基本规范》《社区老年人日间照料中心服务基本要求》等国家标准、行业标准 12 个。以法律、法规为核心,以政策文件、规划、标准为重要支撑的养老服务综合监管体系基本建立,为引导和助推养老服务迈入现代服务业提供了有力保障。

4. 实现了与积极应对人口老龄化工作的结合

为解决人口老龄化给经济社会发展带来的巨大挑战,党中央、国务院确立了积极应对人口老龄化的战略指导思想,老有所养与老有所医、老有所为、老有所学、老有所乐共同组成了老龄工作的主要内容,让每一位老年人都能健康长寿、安享幸福晚年成为养老服务及老龄事业发展的根本目标。党中央、国务院在积极应对人口老龄化的各项重大部署中,都把推进养老服务纳入重要内容。"十三五"期间,国家层面共出台涉老专项规划 22 部,养老服务被纳入其中;19 个省完成了老年人权益法的配套法规的制定或修订。养老服务从改革开放前解决特殊困难群体的系列政策措施,转变为涉及亿万老年人老有所养的基础性工作,转变为积极应对人口老龄化的重要制度设计。

5. 实现了家庭支持、居家社区和机构服务、互助养老、医养服务的结合

为满足老年人日益增长变化的养老服务需求，养老服务工作逐步从改革开放前以机构集中照料为主，逐步拓展到居家为基础、社区为依托、机构为补充、医养相结合的养老服务体系建设。各地积极探索家庭照顾者"喘息"服务、适老化家居环境改造、护理假等政策，支持家庭照料老年人。"十二五"以来，中央财政资金累计投入300多亿元支持养老服务发展，大力推进居家社区服务设施建设，社区养老服务基本覆盖城市社区和半数以上农村社区，养老驿站、社区"嵌入式"小微服务机构、无围墙敬老院、虚拟养老院、区域养老服务中心等兼具居家社区养老服务和集中照料服务的新模式不断涌现。截至2017年年底，全国93%的养老机构能够以不同形式为老年人提供医养结合服务，建成8.2万个社区互助型养老设施，农村互助幸福院、抱团养老、低龄老年人服务高龄老年人等互助养老模式不断创新。家庭支持、居家社区和机构服务、互助养老等不同形式的养老模式，在各地的规划统筹、政策引导和"互联网＋"的支撑下不断融合创新，逐渐形成以老年人需求为中心、多层次、一体化的服务体系。

【扩展阅读】

全国老龄工作委员会办公室

全国老龄工作委员会办公室是1999年10月经党中央、国务院批准全国老龄工作委员会在北京成立的政府机构。办公室设在国家卫生健康委员会，日常工作由中国老龄协会承担。2005年8月，经中央机构编制委员会（简称中央编委）批准，全国老龄工作委员会办公室与中国老龄协会实行合署办公。在国内以全国老龄工作委员会办公室的名义开展工作，在国际上主要以中国老龄协会的名义开展老龄事务的国际交流与合作（中央编办发〔2005〕18号）。

中国老龄协会

中国老龄协会是国务院所属副部级事业单位，1995年2月，经国务院批准成立（国办发〔1995〕9号），是国家专司老龄事业的部门。2005年8月，中国老龄协会与全国老龄工作委员会办公室实行合署办公。2018年3月，根据中共中央《深化党和国家机构改革方案》，中国老龄协会由国家卫生健康委员会代管。2019年2月，中组部明确中国老龄协会参照公务员法管理（组通字〔2019〕9号）。

中国老龄协会的主要职责是对我国老龄事业发展的方针、政策、规划等重大问题和老龄工作中的问题，进行调查研究，提出建议；开展信息交流、咨询服务等与老龄问题有关的社会活动，参与有关国际活动；承办国务院交办的其他事项和有关部门委托的工作。

案例讨论

央广网乌鲁木齐3月24日消息（记者吴卓胜，通信员丁晓丹、姚冶）近日，新疆印发

《关于建设农村幸福大院 解决困难老年人生活照料问题的实施方案》(以下简称《方案》),要求今年在全疆范围内重点规划建设乡(镇)农村幸福大院,为有需求的困难老人提供集中生活照料服务。

《方案》指出,农村幸福大院要为农村困难老年人提供急需的日常生活基本照料服务,包括做饭、洗衣、卫生清扫、体检,让他们感受到关心关爱和大家庭的温暖,同时,《方案》明确了可以享受服务的对象范围。

新疆民政厅兜底脱贫办公室副主任贾国文说:"农村幸福大院重点服务保障对象包括建档立卡贫困人口和农村低保对象中身边无人照料、生活自理有困难的留守独居空巢老年人,建档立卡贫困人口和农村低保对象中身体残疾或身患重病的老年人,子女外出务工、身边无人照料的农村经济困难老年人,散居'五保'供养对象,农村生活困难的老党员、老模范。"

据了解,农村幸福大院建设坚持"政府主导、政策扶持、突出重点、统一管理、保障服务"的原则,根据全疆目前农村经济发展、基础设施和提供服务保障能力的条件,原则上每个乡(镇)至少布局一所农村幸福大院,可根据实际增加。《方案》中对各乡镇农村幸福大院的施工规模等方面都作出了明确要求,目前各地前期准备工作已经启动。

贾国文说:"新建幸福大院选址原则上在乡(镇)政府驻地,也可以充分利用闲置的乡(镇)办公用房、校舍、厂房等进行改扩建;原则上按照单层平房、四合院式建筑设计建设,住房为两人标准间,配建食堂、洗衣房、活动室、医务室等服务设施,要符合保暖节能和消防安全要求。乡镇幸福大院初期规模按照50~100人确定,今后根据实际需要再逐步扩大。确定的项目4月底至5月初全部开工建设,9月底基本完工。"

资料来源:今年新疆将在全疆所有乡镇为有需求困难老人提供集中生活照料服务[EB/OL]. 央广网[2020-03-24]. http://news.cnr.cn/native/city/20200324/t20200324_525027684.shtml.

讨论问题

老年人福利的内容有哪些?在实际工作中需要注意什么?

儿童福利

【学习目标】

通过学习本章,理解当前社会发展儿童福利的重要性,掌握儿童福利的含义和内容,了解英国和日本的儿童福利现状及其对我国发展儿童福利的启示,了解我国儿童福利的发展和现状。

儿童作为国家和民族的未来,其生存和发展问题日益受到世界各国的关注,世界上的每一个国家都非常重视儿童福利。在1989年出台的联合国《儿童权利公约》中,18岁以下的所有人都属于儿童范畴,应该受到各国最大限度的福利保障。儿童对自身的保护能力和对社会的适应能力还未形成,具有心理、生理上的依赖性,是社会的弱者。世界范围内尤其是在部分发展中国家,仍然存在虐杀、毒害、贩卖儿童的现象,需要给予儿童更多的社会保护、家庭关心、帮助和教化。

第一节 儿童福利概述

一、儿童福利的含义

1959年,联合国正式公布《儿童权利宣言》,对儿童福利的概念进行了界定:"凡是以促进儿童身心健全发展与正常生活为目的的各种努力、事业及制度等均称为儿童福利。"美国儿童福利联盟认为:"儿童福利属于社会福利的范畴,其服务对象是儿童,主要向儿童提供家庭或社会无法给予的服务。"20世纪60年代初,《美国社会工作年鉴》规定:"儿童福利的目的是为儿童创建愉快的生活,使之健康发展,与此同时,最大限度地挖掘儿童潜能。儿童福利不仅包括直接提供给儿童的福利服务,也包括能够促进儿童身心健康的相关家庭福利服务或社区福利服务。"可以说,儿童福利是指为了保障儿童的身心健康和正常全面发展,国家和政府通过立法与制度安排,为全体儿童提供的社会化服务和设施。儿童福利属于社会政策范畴,保护儿童和确保儿童身心健康发展是国家最基本的责任,发展儿童福利事业是国家义不容辞的责任。

我国学者一般将儿童福利的概念分为广义和狭义两种。广义的儿童福利是由国家或社会为立法范围内的所有儿童普遍提供的旨在保证其正常生活和尽可能全面健康发展的资金与服务的社会政策和社会事业,包括儿童的医疗保健设施和服务、儿童的活动场所和条件、普及义务教育等。狭义的儿童福利是由专门的机构向特殊儿童群体提供的特殊服务,是指政府和社会为有特殊需要的儿童及其家庭提供的各种支持、保护和补偿性服务,主要是针对处于不幸生活环境下的儿童(如孤儿、弃儿和伤残儿童),已经从家庭中获得需求的儿童并不包括在这类福利服务对象的范围内。[①] 一般认为,狭义儿童福利概念虽然具有针对性,特别是在我国社会资源有限的情况下,国家鼓励家庭领养、代养、收养孤儿、弃儿和伤残儿童,或者由国家和社会兴办儿童福利院、孤儿院、弃婴院、伤残儿童康复院等福利设施和机构,集中收养孤儿、弃儿和伤残儿童,便于社会和政府有针对性地对急需帮助的儿童提供支持,但它仍是一种消极的儿童福利。在现今社会条件下,随着社会经济的发展和社会人道主义观念的发展,人们已开始更多地认同广义的儿童福利,这种面向所有家庭和儿童的福利具有较强的发展取向,逐步成为一种制度性的福利。

二、儿童福利的内容

我国台湾学者曾华源和郭静晃对现代社会中青少年包括儿童福利需求的内容作了非常详细的阐述,并将青少年(儿童)福利需求归结成八类:获得基本生活照顾;获得健康照顾;获得良好的家庭生活;满足学习的需求;满足休闲和娱乐需求;拥有社会生活能力的需求;获得良好心理发展的需求;免于被剥削伤害的需求。[②] 根据儿童的需求,我们可以把儿童社会福利的主要内容分为两大类:普遍福利和特殊福利。

(一)儿童普遍社会福利

1. 家庭保护

国家通过立法,规范儿童在家庭中的权利和应受到的保护。保护儿童的生命健康权;父母或者其他监护人应当依法履行对未成年人的监护职责和抚养义务,不得虐待、遗弃未成年人;不得歧视女性未成年人或者有残疾的未成年人;禁止溺婴、弃婴。父母或者其他监护人应当以健康的思想、品行和适当的方法教育未成年人,引导未成年人进行有益身心健康的活动,预防和制止未成年人吸烟、酗酒、流浪以及聚赌、吸毒、卖淫。父母或者其他监护人应当尊重未成年人接受教育的权利,必须使适龄未成年人按照规定接受义务教育,不得使在校接受义务教育的未成年人辍学。父母或者其他监护人不得允许或者迫使未成年人结婚,不得为未成年人订立婚约。父母或者其他监护人不履行其监护职责或者侵害被监护的未成年人的合法权益的,应当依法承担责任。父母或者其他监护人有前述违法行为且经教育不改的,法院可以根据有关人员或者有关单位的申请,撤销其监护资格,另行确定监护人。

2. 医疗卫生与保健福利

卫生部门对儿童实行预防接种制度,积极防止儿童常见病、多发病,加强对传染病防治工作的监督管理和对托儿所、幼儿园卫生保健的业务指导。学生在校学习期间,卫生部门和学校应当为儿童提供必要的卫生保健条件,做好预防疾病工作。同时,国家还兴办专

[①] 陆士桢,常晶晶.简论儿童福利和儿童福利政策[J].中国青年政治学院学报,2003(1).
[②] 郭静晃.儿童少年福利与服务[M].台北:扬智文化事业股份有限公司,2004.

为儿童提供医疗保健服务的儿童医院,或者在全科医院中设立儿科;开展儿童保健工作,定期进行儿童健康检查、预防接种,防治常见病、多发病,使儿童健康成长。

3. 教育福利

儿童的受教育权和发展权是儿童权利的重要组成部分。20世纪中叶以来,随着儿童权利意识的不断提高,"教育机会均等""保证每个孩子都能享受到有效促进其身心和谐发展的良好教育"成为一种社会需求。

在学前教育方面,许多国家根据《儿童权利公约》的基本精神和本国的实际情况,纷纷采用立法的形式确立学前教育的地位。在一些发达国家,甚至出现了把学前教育纳入义务教育体系的倾向。例如,美国1985年9月规定,将5岁儿童的教育纳入学校公立教育中,这一规定使全美90%以上的5岁儿童进入学校的幼儿班接受学前教育。法国政府规定,学前教育与初等教育处于同一系统,属于初等教育的基础性或准备性教育。自20世纪80年代初开始,法国4～5岁儿童的入园率已达到100%。有的甚至明确规定5岁以后的幼儿教育就是义务教育,国家对该阶段的教育不仅在师资、设施、财政上给予保证,而且要求家庭尽量保证履行5岁以上儿童接受教育的义务。各国还纷纷通过多种途径发展多样化的幼教机构,特别是适应各种文化背景的单亲家庭和各种"社会处境不利"儿童的幼教机构,以"补偿"这些儿童因家庭照顾和教育不足而承受的发展缺失。在义务教育方面,许多国家实行九年义务教育制度,有些国家的儿童还免费接受中、小学教育,免费享有课本、文具和在校午餐等。

4. 文化福利

努力创造条件,建立并完善适合儿童文化生活需要的场所和设施,如博物馆、纪念馆、科技馆、文化馆、影剧院、体育场(所)、动物园、公园等场所,并对中小学生有适当的优惠。鼓励社会团体、企事业单位及其他社会组织、公民个人,开展多种形式的有利于儿童健康成长的社会活动。鼓励新闻、出版、广播、电视、文艺等单位和作家、科学家、艺术家等,创作或者提供有益于儿童健康成长的作品。国家给予专门以儿童为对象的图书、报刊、音像制品等出版物扶持等。

(二)特殊儿童社会福利

特殊儿童是指残疾儿童、孤儿、弃婴和流浪儿童,他们除与普通儿童享受同等待遇外,还应该受到特殊的保护。特殊儿童社会福利是儿童社会福利工作的重要组成部分,也是通常所认为的狭义儿童福利。

1. 残疾儿童的预防和康复

残疾儿童的预防是指以实行预防为主的方针,由政府颁布一系列的法规,采取一系列的政策措施来预防儿童先天致残。例如,我国《婚姻法》《母婴保健法》都作出相关规定,来控制有害遗传,加强婚育、孕产系统管理,搞好婚前检查、婚前教育、产前检查、遗传咨询、预产期保健、母婴保健、早期教育等服务工作。残疾儿童的康复是指建立儿童康复中心,为残疾儿童提供门诊和家庭咨询,开展各种功能训练和医疗、教育、职业培训,以减轻其残疾程度,帮助残疾儿童恢复或者补偿功能,恢复其自理生活和从事劳动的能力,为他们走向社会创造条件,增强其参与社会生活的能力。

2. 特殊教育

许多国家都制定了教育法、义务教育法、残疾人保障法、残疾人教育条例等法律法规，全面、系统地规范残疾儿童教育的职责、特点、发展方针、办学渠道、教育方式等。各国都逐步形成共识，把特殊教育融入普通教育中，让残疾儿童进入普通学校随班就读，使他们更多地接触社会，逐渐学会一些社会所认可的行为，掌握社会规范和道德准则，最终适应社会生活。

3. 培育良好的社会环境

动员社会采取多种方式关心和帮助残疾儿童的成长，大力弘扬残疾儿童自强不息的精神，倡导团结、友爱、互助的社会风尚，为残疾儿童的生存和发展创造良好的社会环境。

4. 特殊儿童的监护养育

创办相关的社会福利设施，如儿童福利院、康复中心、孤儿学校、儿童村等，负责孤儿及被遗弃的病残儿童的监护养育和安置工作。此外，城市的社会福利院、农村的敬老院及优抚社会福利设施也应承担相应的职责。

第二节　发达国家的儿童福利

一、英国的儿童福利

英国是最早为保障儿童权利进行立法的国家。1889年，英国政府颁布了世界上第一部专门针对儿童权益保护的法案《儿童法》，规定了地方政府、社区和志愿组织对儿童的照护职责，构建了由政府、社会和个人（主要是家庭寄养或个人为有需要的儿童提供照护服务）组成的完整的儿童福利体系。20世纪中期，英国宣布自己进入"福利国家"之后，英国的儿童福利制度进入了黄金发展时期。英国的儿童福利制度强调儿童和成人享有平等的福利权，建立了专门的职能部门负责实施更细化的儿童福利服务项目（如教育培训、生活保障）并进行监督管理。在儿童福利立法方面，英国已经建立了覆盖儿童保护、医疗、育儿、技能培训等方面的法律制度，其中2006年颁布的《儿童照护法》进一步强化了地方政府及其他机构为儿童提供照护的职责以及为父母及其他人提供儿童照护信息的义务，强调有关部门协调保障早期儿童照护所需的人力、财物、服务、场所及其他资源，并建立和保持项目储备资金的职责。这部法律在增进儿童福利、提升儿童照护的质量，尤其是在缓解正在工作的父母照护学前儿童的压力方面产生了积极的作用。截至2016年，英国政府共通过四十多项专门用来规范儿童福利的全国性法律及旧法案的修正案，基本实现了全面普惠型的儿童福利政策，构建了相对完善的儿童福利政策体系，具体包括以下几个方面。[①]

（一）儿童福利津贴

英国政府直接针对儿童及其家庭发放生活津贴，为家庭处境困难的儿童发放家庭所

[①] 王丽铮. 中英儿童福利政策比较研究[D]. 郑州：郑州大学，2017.

得补助。儿童福利津贴制度自1997年开始实施,是英国儿童福利体系的核心,在此之前,英国儿童福利津贴的主要方式是儿童税收津贴和家庭津贴。目前大约有1300万名英国儿童享有这项津贴,但自2013年2月开始,英国政府对儿童父母的收入水平进行了限定,父母双方中任何一方年收入超过43 875英镑,就会自动终止享有这项津贴。截至2015年3月,英国家庭的首个儿童每周可得到20.3英镑的政府补助,非首胎子女则为13.4英镑。[1]

(二)儿童信托基金

英国的儿童信托基金(Child Trust Fund, CTF),又称婴儿债券(Baby Bond)或儿童储蓄账户,是英国政府为了增加低收入家庭的后代的储蓄和资产持有率,在2001年推出的促进经济增长和社会正义的举措。2003年出台详细计划,2004年9月1日正式实施,主要面向在此日期以后出生的儿童。2005年,覆盖对象扩展到2002年9月1日以后出生的儿童。儿童信托基金采取逐年累计投入的方式,由英国政府为每名符合标准的儿童创建一个初始金额最低为250英镑的儿童成长基金账户,其父母可定期为子女存入一定金额的成长基金(每年存入上限为1 200英镑)。在该儿童年满16周岁后,账户持有人可以选择将该笔基金用于投资理财,可供选择的投资方式有股票投资、现金和托管账户。这笔信托基金可以用作儿童的高等教育费用和技能培训费。2009年开始,每年政府为残疾儿童的信托基金账户增加100英镑的额外政府补贴,严重残疾者补贴达200英镑。自2011年11月起开始实行新的儿童储蓄账户(ISA),原来持有信托基金账户的家庭可以继续保留账户,并且在儿童年满18周岁前,这笔被用于投资的儿童信托基金免于支付利息所得税。自2015年4月起,儿童信托基金账户可以直接转换为儿童储蓄账户。儿童信托基金的设立改变了英国"从摇篮到坟墓"的福利传统,将政府包揽一切转变为自力更生和政府支持相结合。

(三)儿童税收抵免

儿童税收抵免(Child Tax Credit, CTC),是英国目前所有针对贫困儿童的社会福利制度中数额最大、最重要的组成部分,是由税务局根据家庭收入状况决定税收抵免的具体额度。一个家庭成员中若存在未成年人,则与未成年人一同生活的家属有权申请相应的税收抵免。若家庭成员收入较低或处于失业状态,则有权申请工作税收减免。税收减免程度通常根据申请人的年收入而定,大致可分为三档:低收入人群(年收入低于6 420英镑)、中等收入人群(年收入高于6 420英镑低于50 000英镑)以及高收入人群(年收入超过50 000英镑)。申请人只要年收入在6 420英镑以下,即可领取全额的儿童税收抵免;当申请人的年收入超过6 420英镑时,其领取的儿童税收抵免将被削减。儿童税收抵免的最终额度是由家庭因素、婴儿因素、儿童因素、残疾儿童额外因素和严重残疾儿童额外因素共同决定的。

---

[1] 数据来源:Lynch R. R. (2016). Interrogating Motherhood, AU Press: Athabasca University, p. 64. 转引自王丽铮. 中英儿童福利政策比较研究[D]. 郑州:郑州大学,2017.

(四)监护人津贴

监护人津贴主要包括两种类型:一是针对父母双亡的儿童进行资助,申请对象为儿童监护人,也可以由他人代为申请。符合申请条件的监护人需要与儿童一同生活,每周可以获得112.55英镑的津贴补助。二是针对离异家庭的儿童,与父亲或母亲一方生活的儿童中的年龄较大者,每周可以在儿童福利金的基础上额外领取20.7英镑。

(五)教育津贴

教育津贴主要是用来帮助家庭收入较低的儿童继续完成学业。16～18岁的未成年人可以申请此项津贴来帮助自己继续完成全日制高等教育或专业技能培训等学习项目。

二、日本的儿童福利[①]

(一)儿童福利津贴

1. 儿童津贴

儿童津贴也被称为家属津贴、家属给付。1971年日本颁布《儿童津贴法》,规定儿童津贴是社会保障制度的一部分内容,儿童津贴的支付对象限于义务教育结束前的第三个孩子以后的孩子。随着日本社会老龄化进程的加快,儿童津贴制度的重点不再是减轻、缓解多个孩子对家计带来的压力,而是逐渐转移到应对少子化时代的策略。1985年儿童津贴的支付对象改为第二个孩子,1991年进一步改为从第一个孩子开始支付。目前,日本儿童津贴的对象是至初中毕业为止的儿童,年龄层次不同,具体的金额支付标准不同。如果夫妇两人加两个儿童的家庭年收入超出960万日元,则不能享受儿童津贴。根据支付对象是否为被雇佣者,儿童津贴的经费来源有所不同:如果儿童津贴是支付给被雇佣者的,则所需经费由雇主承担70%,日本中央政府负担20%,都道府县和市町村则分别负担5%;如果儿童津贴是支付给非被雇佣者(如自营业者或公务员)的,则所需经费由日本中央财政负担2/3,都道府县和市町村分别负担1/6。

2. 儿童抚养津贴

儿童抚养津贴是向因父母离异等原因而没有与其父亲共同生活的儿童所支付的津贴。1961年日本制定了《儿童抚养津贴法》,主要目的是促进没有与父亲共同生活的儿童所在家庭的生活安定和自立,缓解由于离婚等原因而形成的母子单亲家庭存在的经济、社会方面的困难,以增进儿童的福利。按照现行日本《儿童抚养津贴法》的规定,在日本国内居住的(即无国籍限制),符合下列七种情况中任一种的儿童(满18周岁后的第一个3月31日之前的人,或未满20周岁处于一定残疾状态的人),可以享受儿童抚养津贴:①父母解除婚姻关系的儿童;②父亲死亡的儿童;③父亲处于一定残疾状态的儿童;④父亲生死不明的儿童,及其他处于与①到④类似状态、政令中规定的儿童;⑤被父亲遗弃1年以上

---

① 杨无意.日本儿童福利的历史演进与发展现状[J].中华女子学院学报,2017(6):107-114.

的儿童;⑥父亲被依法连续拘禁1年以上的儿童;⑦母亲未婚生育的儿童(不包括得到其生父承认的儿童)等。1974年,儿童抚养津贴的对象进一步扩大,包括重度智力发育不全和重度身体残疾的人。

3. 特别儿童抚养津贴

日本的特别儿童抚养津贴是针对抚养有重度智力发育不全的儿童的低收入家庭,按月支付给其父母或监护人的现金补助。特别儿童抚养津贴的资金来源于日本中央财政拨款。1964年,日本颁布《重度智力发育不全儿童抚养津贴法》(1966年修定为《特别儿童抚养津贴法》,扩展了津贴的支付对象),建立起特别儿童抚养津贴制度。1974年,日本政府再次修改,将支付对象进一步扩大到重度智力发育不全和重度身体残疾的人。根据日本现行的规定,特别儿童抚养津贴主要有三种:①对有精神或身体残疾的儿童支付的特别儿童抚养津贴;②对精神或身体有重度残疾的儿童支付的残疾儿童福利津贴;③对精神或身体有显著重度残疾的儿童支付的特别残疾人津贴。

(二) 儿童福利服务

根据不同的标准,日本的儿童福利服务可以有不同的划分。依据服务的提供形式,日本的儿童福利服务主要包括设施服务与居家上门服务;按照服务对象的不同,日本的儿童福利服务又被划分为障碍儿童的福利服务,孕产妇、母子、婴幼儿的福利服务和需要保护儿童的福利服务。

1. 障碍儿童的福利服务

这是日本儿童福利制度最为核心的内容,包括针对身体障碍和智力障碍儿童提供的医疗、护理、康复等方面的服务,以及教育、住房等方面的帮助。提供服务的形式包括在相关机构内对障碍儿童提供全面的照护康复教养等服务,以及居家上门服务和相关咨询服务。

2. 孕产妇、母子、婴幼儿的福利服务

主要包括:在生活支援设施内对需要支援的母子提供保护服务;对因贫困无法住院生产的孕产妇提供助产设施;在保育所内提供婴幼儿保育服务;孕妇和婴幼儿健康检查;放学后儿童的看护服务。

3. 需要保护儿童的福利服务

需要保护儿童是指失去保护者或者其保护者被认定为不适合履行监护责任的儿童。日本将需要保护的儿童分为两种:一是由于父母或监护人不能或者不恰当履行责任而导致的需要保护的儿童;二是因为儿童自身出现过错、过失甚至犯罪而成为需要保护的对象。在对需要保护的儿童提供保护时,主要的形式有两种:一是入住儿童福利设施;二是将儿童委托给普通家庭抚养,又称寄养父母制度。

(三) 母子与遗孀福利

1. 母子福利贷款

母子福利贷款是都道府县为促进母子家庭的经济自立、激发母子家庭的生活热情、增进儿童福利而设定的贷款制度。贷款种类包括事业启动资金、事业维持资金、修学资金、

技能学习资金、就业准备资金、疗养资金、生活资金、住宅资金、迁居资金、就业准备资金、结婚资金、儿童扶养资金等。

2. 遗孀福利资金贷款

遗孀福利资金贷款是为遗孀福利而设置的贷款制度,套用母子福利贷款的有关规定。

3. 设置零售店许可权

母子家庭的母亲(含遗孀)及福利团体提出申请,可以优先得到在公共设施设置小卖部和销售香烟(仅限母子家庭)的许可。

4. 护理人员的派遣

当母子家庭的母亲或子女因伤病而在日常生活中面临困难的,派遣护理人员上门护理伤病者或照料孩子,具体由都道府县或指定城市实施。此外,在公营住宅和就业方面也会给予特殊的照顾。

此外,近年来随着离婚率的大幅上升,日本的单亲父子家庭也在增多。一般而言,相对于女性,男性面临更大的工作压力,同时缺乏儿童照料的经验,所以单亲父子家庭在育儿方面面临许多困难和负担。从 2010 年开始,单亲父子家庭也可享受母子与遗孀福利中的某些援助,如儿童抚养津贴、单亲家庭福利贷款等。

第三节 我国儿童福利的发展与现状

一、我国儿童福利的发展历程

我国儿童福利事业发展大致分为萌芽、初步发展、停滞、恢复重建、改革发展和加速发展阶段。

(一)萌芽阶段(1949—1957 年)

中华人民共和国成立伊始,我国政府就开始针对部分孤残儿童提供相应的政策帮助,如教育及医疗保健等。1959 年,我国政府开始在城市设立儿童福利院,专门收容孤残儿童等处于困境中的未成年人,并为无家可归的农村困难儿童提供五保福利保障,初步建立了狭义的儿童福利体系:儿童的生存权、发展权、受保护的权利在宪法中得到了保障;对农村孤儿的照顾工作也归入五保管理体系中;保卫儿童的全国委员会成立。

(二)初步发展阶段(1957—1966 年)

在该阶段,由于恢复和发展生产力的需要以及男女平等的观念开始普及,女性就业率逐渐提升,幼儿园和托儿所的建设逐渐增多。在儿童福利服务体系中,特殊儿童的照料事业有了一定的发展,确立了教与养相结合的基本原则,建立了儿童福利院等机构来保障特殊儿童权益,并且发展了一些工读学校来保障进城农民工子女就学。但在该阶段,家庭养育仍然占据主要地位;城乡之间的儿童福利供给分化逐渐明显,如城市特殊儿童享受专门福利机构的教养,但在农村仍然处于传统的五保管理体系中。

（三）停滞阶段（1967—1978年）

"文革"期间，儿童福利事业发展停滞，之前已经初步建立起来的儿童福利机构无法正常运行，特殊儿童的照料也遭到了重创。

（四）恢复重建阶段（1978—1989年）

该阶段，在儿童福利制度体系建设方面，政府出台了一系列决议；签署了联合国儿童福利宣言，开始与国际接轨；儿童福利机构得到恢复和发展，儿童福利运行机制开始恢复，儿童福利的内容逐渐丰富；重视儿童养育的同时还重视文化、技能的培养，并促使其同社会主义市场经济相协调。但儿童福利政策仍然分散在其他的政策中，并没有成为独立的政策体系。

（五）改革发展阶段（1990—2009年）

随着改革开放的深入，儿童福利事业也进入了改革发展阶段，并开始与国际接轨。1990年我国签署了《儿童权利公约》，1992年颁布了儿童福利事业发展极具纲领性的重要文件《九十年代中国儿童发展规划纲要》，2001年颁布了《中国儿童发展纲要（2001—2010）》。同时，开始注重发展儿童福利的多元化主体，如1991年颁布《中华人民共和国收养法》，鼓励社会力量参与儿童收养。不过该阶段仍然没有形成完整的儿童福利体系，儿童发展的目标和策略仍缺乏整体性架构、指导思想及基本原则。

（六）加速发展阶段（2010年至今）

2010年11月，国务院出台了《国务院办公厅关于加强孤儿保障工作的意见》，首次直接通过现金补贴的形式为福利机构内外的孤儿提供制度性保障，儿童福利事业从只注重儿童福利院内的儿童群体扩展到为儿童福利院外的社会散居孤儿提供保障的阶段，儿童福利的基本理念发生了重要转变，中国儿童福利政策也有了重大突破。《中国儿童发展纲要（2011—2020）》进一步拓展了儿童发展的领域，致力于将补缺式福利推进到普惠福利。此外，我国政府协同联合国基金会建立了儿童福利示范区，旨在探索适合中国国情的儿童福利体系。至此，我国儿童福利的受益群体、覆盖范围等都得到了扩展，运行方式和技术都得以更新。2013年5月，民政部指出将在未来建立具有广泛性的普惠型儿童福利体系。2013年下半年，民政部在全国范围内选取了广东省深圳市、河南省洛宁县、浙江省海宁市和江苏省昆山市四个地方作为全国首批适度普惠型儿童福利制度建设工作的试行地点。2014年4月，民政部颁布《关于进一步开展适度普惠型儿童福利制度建设试点工作的通知》，又增加了46个地区作为第二批试点，普惠型儿童福利体系的发展进一步加快。

二、我国儿童福利的发展成就

（一）儿童福利价值理念得到发展

中华人民共和国成立初期，儿童福利的价值理念强调以家庭为主要责任承担者，政策上体现为补缺型儿童福利制度设计。伴随着改革开放,儿童福利得到了更高的关注,儿童个体之间不会因为种族、肤色、性别及出生环境等客观因素而受到不平等的对待,社会开始正视儿童群体在社会上的发言权,儿童作为社会成员应享有的权利开始得到保障。进入21世纪之后,儿童福利观念转变为"儿童不仅是家庭中的儿童,更是国家的儿童",使儿童群体从原本的社会弱势群体开始向着社会群体的方向发展,进而使家庭养育观念发生改变。儿童安全、医疗、教育、文体活动、基本保障与服务等内容逐渐纳入国家儿童相关制度文件中。随着《中国儿童发展纲要(2010—2020年)》的颁布,儿童福利价值理念开始从补缺型儿童福利向普惠型儿童福利转变,儿童福利不再仅仅是针对残疾儿童或被遗弃儿童、贫困儿童等困境儿童的救助,更是面向全体儿童基本生存权的保障,使其能享受更进一步的发展、受尊重、受教育、娱乐等全面的权利。至此,"儿童与成人一样有着自己的需求""儿童应受到尊重,儿童作为独立自主个体应表达个人观念"等共同价值观开始形成。

(二)儿童福利的内容日益扩展

主要表现在三个方面:一是服务内容日益丰富。中华人民共和国成立初期,国家没有足够的财力和医疗条件为儿童提供更多的治疗和康复服务,福利院里的儿童主要以粗放的养育为主,这种情形一直持续到20世纪七八十年代。20世纪80年代以后,儿童福利服务从单纯的"以养为主"逐步转到"养、治、教、康"并重。进入21世纪,福利机构逐步把治疗和康复作为重要目标,强调养护、救治、教育、康复和特殊教育为一体,机构福利服务内容更加丰富。二是儿童福利的方式逐渐丰富。随着我国经济的飞速发展和国家财力的日渐丰裕,全国范围内的孤儿儿童津贴制度逐步建立,社会散居孤儿养育标准和福利机构集中供养孤儿养育标准开始实施,我国儿童社会福利制度从服务转向服务与津贴并重的阶段。三是儿童社会福利项目不断扩展,如各地实施的教育优惠政策、贫困家庭儿童教育券、义务教育阶段儿童的爱心营养餐券、高等教育阶段的贫困家庭儿童教育资助、孤儿和贫困家庭儿童医疗费用资助项目等。

(三)儿童福利的水平不断提升

早期我国孤儿保障实行的是最低生活保障制度、"五保"制度和定期定量补助制度等,补助标准都相对较低。2010年开始,国家为全体孤儿建立津贴制度,保障标准有了很大提高。事实上,很多省(自治区、直辖市)的津贴标准都高于国家标准,全国各地还根据国务院关于建立孤儿津贴标准自然增长机制的要求,使孤儿基本生活费实现动态增长。同时,随着我国儿童社会福利事业的发展,用于儿童社会福利的财政支出逐步增加,受益面也不断扩大。孤儿基本生活费的支出年年增长;医疗福利方面,自2007年起,国家每年投入1亿元资金用于孤残儿童康复的"明天计划";自2008年起,民政部与李嘉诚基金合作的"重生行动"开始投入资金并运行;在教育福利方面,国家为贫困家庭儿童提供各类教育补贴。

(四)儿童福利的立法逐渐增多

针对儿童群体的法律颁布相当频繁,儿童福利法律体系已初具规模。我国儿童法律保护框架总体分为两类：一是专门针对儿童群体的法律及受众面包含儿童群体的法律；二是专门针对儿童福利和儿童保护特定领域或综合性的法律。这些法律、法规从不同方面规定了政府的职责和公民的权利与义务，明确了政府在特定问题领域从法律角度保护儿童的基本原则、政策目标和手段，奠定了我国儿童权利保护的法律基础，如《中华人民共和国婚姻法》《中华人民共和国义务教育法》《中华人民共和国未成年人保护法》《中华人民共和国收养法》《中华人民共和国母婴保护法》《中华人民共和国预防未成年人犯罪法》等。国务院还颁布了多部行政法规，如《校车安全管理条例》《禁止使用童工的规定》《疫苗流通和预防接种管理条例》等。国务院及各职能部门还制定了儿童福利与儿童保护的部门规章和政策性文件，如《九十年代中国儿童发展规划纲要》《儿童发展纲要（2001—2010 年）》等。这些政策规章有效地充实和完善了儿童福利的法律体系。

【扩展阅读】

联合国儿童基金会

联合国儿童基金会（The United Nations Children's Fund），原名联合国国际儿童紧急救助基金会，是联合国下设的专门机构，是联合国系统的永久成员，于 1946 年 12 月 11 日在联合国大会上成立，总部设在美国纽约。

联合国儿童基金会的最初目的是满足"二战"之后欧洲与中国儿童的紧急需求，1950 年起扩展到满足全球所有发展中国家儿童和母亲的长期需求。目前在 190 多个国家和地区开展工作，曾获得诺贝尔和平奖。

文化理念

联合国儿童基金会是促进建立一个实现儿童权利世界的主要推动力。我们对全球决策者及基层各类合作伙伴的影响力可将一些富有创意的想法变为现实。这个特性使我们有别于其他世界组织和从事儿童工作的组织。

我们相信抚养和关爱儿童是人类发展的基石。联合国儿童基金会就是为了实现这一目的而创立的——与其他机构协力克服贫困、暴力、疾病和歧视给儿童成长之路带来的障碍。我们认为我们能够携手推进这一人道主义事业。

我们支持一切为儿童提供最美好人生开端的措施，因为在年幼时得到适当的关爱可以为一个人的未来打下最牢固的基础。

我们提倡女童接受教育——确保她们至少完成初等教育——因为这将使所有儿童受益，不论男女。受过教育的女孩长大后能更有智慧、成为良好公民及爱护子女负责任的母亲。

我们为使所有儿童都能接受针对儿童常见疾病的免疫接种、使他们都得到充分的营养而努力工作，因为让一个儿童遭受可预防疾病的痛苦或死于可预防疾病都是错误的。

我们努力防止艾滋病在年轻人中间传播，因为使他们免受伤害并赋予他们保护其他人的能力是正确的。我们帮助受艾滋病影响的儿童和家庭重过一种有尊严的生活。

我们需要每一个人的参与去创建一个保护儿童的环境。我们随时准备在紧急情况下及在儿童受到威胁的任何地方帮助儿童减轻痛苦，因为任何儿童都不应遭受暴力、虐待或剥削。

联合国儿童基金会支持《儿童权利公约》。我们努力确保受歧视的人,特别是女孩和妇女获得平等待遇。我们为实现《千年发展目标》和《联合国宪章》中的承诺而努力。我们为实现和平与安全而奋斗,并致力于鼓励每个人对儿童作出的承诺负责任。

我们是"全球儿童运动"组织的一部分——该组织是一个致力于改善儿童生活的广泛联盟。我们通过全球儿童运动及联合国关于儿童问题大会的特别会议等事件鼓励年轻人大胆说出他们的看法并参与影响他们生活的决定。

联合国儿童基金会的资金完全来自政府、个人和企业及其他基金会的自愿无偿捐赠。其中,每年资金来源中有1/3来自私营企业。在中国募集的善款将全部用于联合国儿童基金会在中国的项目。

联合国儿童基金会共有37个国家委员会,它们主要负责在其所在的发达国家和地区进行宣传与资金的募集。这些国家委员会开展慈善募捐,组织社会活动,建立信息数据库,召开研讨会,通过直接邮寄贺卡销售募集善款,旨在提高公众意识,使他们更清楚地了解发展中国家面临的挑战。

目标

使儿童有一个良好的开端,建立积极的有利于发展的家庭和学校环境。用生活技能和知识武装、保护青少年,全力着手解决导致贫困的社会因素。动员政府、媒体和大众努力实现儿童权利。

案例讨论

记者24日从市政府获悉,《西安市农村义务教育学生营养改善计划管理办法》(以下简称《办法》)正式印发,自2018年9月21日起施行,有效期5年。

营养改善计划实施对象主要为农村义务教育学生

据了解,《办法》适用于西安市实施营养改善计划的区、县和学校,西咸新区参照实施。营养改善计划实施对象为农村义务教育学生,义务教育阶段残疾学生、建档立卡贫困户学生也纳入实施范围。主城区以义务教育阶段低保家庭学生、孤残学生等家庭经济困难学生为主实施营养改善计划。市、区、县政府在确保应享尽享、人财物有长期保障的情况下,结合实际逐步扩大实施范围。营养改善计划在市政府统一领导下,实行"以区县为主、分级负责、部门协同推进"的管理体制。市政府成立全市农村义务教育学生营养改善计划领导小组,统一领导和部署全市营养改善计划实施工作。

教育部门牵头负责营养改善计划的组织实施、指导和监督检查,负责学校营养改善计划的日常管理,确定供餐模式和供餐内容,建设、改造学校食堂,建立奖惩制度和联席会议制度,将营养改善计划纳入教育工作督导评估范围。营养改善计划实施学校要配备专职管理人员,承担具体组织实施和相关管理工作。校长是学校实施营养改善计划的第一责任人,要切实落实学校食堂食品安全管理责任。

到2020年全面实现学校食堂供餐或配餐企业送餐

在供餐内容和模式上,《办法》规定,各区县政府和学校要按照"安全、营养、热乎、可口"的标准,结合当地实际确定学生供餐内容。国家试点县要全面实施学校食堂供餐,其他地方试点区县要加快制定学校食堂供餐或配餐企业送餐方案,到2020年全面实现学校食堂供餐或配餐企业送餐。

供餐内容以学校食堂提供完整午餐为主,暂不具备供餐条件的学校,要结合当地实际,进一步优化供餐内容,通过配餐中心或政府购买服务等方式为学生提供新鲜、保质期较短和价值相当的完整营养早餐或正餐。供餐食谱参照有关营养标准和膳食指南,在卫计部门的指导下,结合学生营养健康状况、当地饮食习惯和食物实际供应情况,科学制定带量食谱,做到搭配合理、营养均衡。

同时,各区县政府要统筹支持义务教育学校建设的各类项目资金,加大食堂建设力度,实现营养改善计划实施学校食堂建设全覆盖。学校食堂一般应由学校自主经营,统一管理,不得对外承包。倡导政府向专业团餐公司购买服务的方式,引进专业化大型团餐企业运营学校食堂,促进学校食堂管理规范化和现代化。按照食堂从业人员与就餐学生人数不低于1∶80的比例为学校食堂配备合格工作人员。

大型配餐要通过公开招标、集中采购、定点采购方式确定供货商

《办法》明确,各区县政府和学校要严格遵循食品安全法律、法规,建立完善食品安全保障机制,落实各项食品安全保障措施。学校食堂、配送中心、供餐企业要依法经营,建立健全食品安全管理制度,规范食品采购、储存、加工、留样、配送、清洗、消毒等环节的管理。

建立招标采购监督机制、供餐企业和配送企业准入退出机制、大宗食品及原辅材料招标制度、食品采购索证索票、进货查验和供货商评议等制度。凡进入营养改善计划的米、面、油、蛋、奶等大宗食品及原辅材料、大型配餐均要通过公开招标、集中采购、定点采购的方式确定供货商,要严格实行统一招标、统一采购、统一配送、统一价格、统一服务、统一结算的办法,从源头和过程上确保实施安全,不得采购不合格食品。

食品储存场所要符合卫生安全标准,建立健全食品出入库管理制度和库存盘点制度。需要熟制烹饪的食品应烧熟煮透,烹饪时食品中心温度应不低于70℃。严禁使用非食用物质加工制作食品。每餐次的食品成品必须留样。学生营养餐配送中心、供餐企业必须具备配送条件和资质。配送车辆及用具必须保证清洁卫生。运输过程中食品的中心温度应保持在10℃以下或60℃以上。

营养改善计划补助标准为每生每天4元

营养改善计划补助标准为每生每天4元,一学年按200天计算。周至县所需资金由中央财政承担,其他区县所需资金除中省财政补助外,其余资金由市、区财政共同承担。

我市对实施营养改善计划项目并通过食堂(配餐中心)为学生提供完整餐的学校,根据享受学生人数补助学校食堂运行经费,其中临潼区、周至县、蓝田县、鄠邑区按照每生每天0.7元,其他区县按照每生每天0.5元,一学年按200天计算,学校食堂供餐人数不足150人按照150人计算;对工作开展较好且取得一定成效的区县,给予奖励性补助。

各级财政部门应按规定时间将专项资金进行预算、分解和下达。营养膳食补助资金纳入国库管理,实行分账核算,封闭运行,依国库管理制度有关规定及时支付。同时,专项资金应当用于为享受营养改善计划的学生提供等值优质食品,不得以现金形式直接发放给学生个人和家长,不得用于补贴教职工伙食和学校公用经费支出,不得用于劳务费、宣传费、运输费等工作经费,坚决杜绝各种形式的克扣、截留、挤占和挪用。专项资金结余应当继续用于学生营养改善计划实施工作,结转结余不得超过两年,不得挪作他用。

　　此外,各级政府和有关部门按照职责分工,建立问责制度,制定专门的监督检查办法,省级重点督查,市级定期巡查,区县全程检查,学校日常自查,促进营养改善计划实施公开透明、廉洁运作。对各级政府和有关部门、学校及其工作人员在实施营养改善计划过程中的违法违纪行为,依法追究相关责任,涉嫌犯罪的移交司法机关依法处理。

资料来源:西安市农村义务教育学生营养改善计划 每生每天4元补助[N]. 西安日报,2018-08-25. https://baijiahao.baidu.com/s? id=1609692853706697726&wfr=spider&for=pc.

讨论问题

政府实施农村义务教育学生营养改善计划的政策含义是什么?

第八章 妇女福利

【学习目标】

通过学习本章,理解妇女福利发展的特殊性,掌握妇女福利的含义和内容,理解建立和发展妇女福利的意义,了解我国妇女福利的发展及现状。

第一节 妇女福利概述

一、妇女福利的含义

妇女福利是指面向全体城乡妇女的福利,主要包括为妇女提供保健服务、为育龄妇女提供孕产福利津贴,以及保障妇女的就业权利及就业劳动中的一些特殊保护措施等内容。妇女福利的目标是照顾妇女的身体特征和生育负担,维护妇女的合法权益。

妇女福利应该具有比较宽泛的内涵,包括妇女在经济、政治、文化等领域应享有的各种福利,体现了女性的权利和利益。当前,将妇女问题与全球政治和经济发展密切相连已经成为国际社会的普遍共识,女性的利益实现和保障程度已经成为衡量一个国家人权状况和综合发展的重要指标。强调女性的福利,就是要通过确定女性的优先发展地位和加强依法维护力度,使社会资源配置充分考虑到性别差异,使女性能够获得相应的生产生活资料和平等发展的机会,能够享受自己的社会保障和福利,最终实现男性与女性在社会发展各个领域的平等、和谐与共同进步。

二、妇女福利的内容

(一)妇女生育津贴

妇女生育津贴是指政府和社会为怀孕与分娩的妇女提供的物质帮助和产假,以保证母亲和孩子的基本生活及孕产期的医疗保健需要。针对妇女生理特点提供特别的健康保健,为母亲提供更优惠的减费或免费健康服务,在很多国家已经成为制度。生育保证了人类繁衍、世代延续,具有社会价值。生育津贴在某些国家又被称为生育现金补助。由于生育会导致身体发生一系列生理变化,母亲要付出巨大的身体损耗甚至生命,很多国家把照顾母亲的健康作为社会福利的重要方面,把生育津贴纳入社会福利的范畴,有的国家则建立了面向工薪劳动者中的妇女专门的生育保险制度。

实行生育津贴制度主要是为了保护女性的生育功能,保护母婴健康,维持人类自身繁衍,同时也是为了保护女性劳动力资源,为其创造参与和发展的机会,这对一个国家的经济发展具有积极意义。

生育津贴提供的渠道有若干种,包括健康保险、疾病和生育补助金,以及在较为综合与全面的国民补助计划中含有单列的生育分支项目,还有一种渠道是直接向家庭提供津贴,特别规定对家庭妇女在怀孕和生育时给予津贴补助。

国际劳工大会1952年通过的《生育保护公约修正案》《生育保护建议书》及此前通过的《生育保护公约》,在世界范围内提供了照顾妇女生育的政策框架,其宗旨就是确保在妇女产前产后使其本人及婴儿得到支持和照顾。

(二) 妇女就业福利

妇女就业福利是通过立法和政策措施,保证妇女享有与男子同等的就业权利和机会,创造男女平等的就业机制,使妇女平等地参与社会经济生活。妇女就业福利既是照顾妇女身心特殊需要的重要方面,也是为了保护社会生产力、保护妇女及下一代身体健康所采取的必要措施。因此,各国的劳动法及相关法律,均有对妇女在就业及劳动过程中提供相应的保护措施的规定,并要求用人单位严格执行。妇女就业福利具体包括如下几个方面。

1. 对妇女就业权益的保护

保障妇女享有同男子平等的就业权利,不得以性别为由拒绝录用妇女或者提高对妇女的录用标准;保障妇女享有同男子平等的就业服务的权利,政府的劳动主管部门及各类职业介绍机构在提供就业服务时不得歧视妇女;保障妇女的就业权益不因生育和抚养子女而受到歧视或者侵害,任何单位不得以结婚、怀孕、产假、哺乳等为由辞退女职工或者单方面解除劳动合同。

2. 对妇女职业权益的保护

实行男女同工同酬;不得因女职工怀孕、生育、哺乳而降低其基本工资;在晋职、晋级、评定专业技术职务及职业培训等方面,坚持男女平等的原则;根据妇女的身体和生理特点合理安排女职工的工种与工作。

3. 对妇女特殊劳动权益的保护

在妇女经期、孕期、产期和哺乳期,不得安排其从事高空、低温、冷水、有毒有害等劳动;在孕期、哺乳期不得延长女职工的工作时间和安排其夜班劳动,并应为其提供特殊保护设施;生育时享受一定天数的产假等。

(三) 福利设施和福利服务

生育津贴与劳动保护,均是针对劳动妇女设置的,并且只适用于特定的阶段,如生育津贴保障的是育龄妇女,劳动保护保障的是就业期间的妇女。不仅未参与社会劳动或未受雇的妇女无法享受这种福利,而且妇女超过生育期亦不能再享受这种保护。真正具有普遍意义的妇女福利是国家和社会为全体女性提供的福利设施与服务。例如,建立女性卫生室、孕妇休息室、哺乳室、托儿所、幼儿园等设施,并妥善解决女性在生理卫生、哺乳、照料婴儿方面的困难。另外,妇女活动中心、咨询服务中心、健美中心、妇女用品专门店等都是为女性提供福利服务的场所。在许多国家和地区,还设有专门的妇女庇护所,为受虐妇女或遭遇特殊困难的妇女提供特殊救助。

第二节 我国妇女福利的发展现状与未来发展路径

一、我国妇女福利的发展现状

《中华人民共和国妇女权益保障法》和《中国妇女发展纲要》的颁布实施反映了以人为本理念的确立和不断深化,以及国家、社会对女性生育的社会价值的认同与重视。以妇女参与经济为基础,以妇女参政为关键,以妇女接受教育为决定因素,以妇女的健康状况为指标,以法律保护为有效手段,以优化环境为重要因素,使妇女发展和权益保护有了更加明确的法律依据与发展目标,主要表现在以下几个方面。

(一)女性的福利权利保护得到提升

妇女福利实现了从制度保护到权利享有,不再过度依赖单位和家庭。计划经济时期城镇单位主要是通过国家和单位福利来保护女性的合法权益,有行政和家长制的色彩。社会保障实现社会统筹,由专门的经办机构负责,国家逐步建立了覆盖城乡居民的医疗、养老等保障,女性享受福利成为一项基本权利。[1]

(二)女性的劳动就业保护不断加强

各级政府进行经济体制转轨和经济结构重大调整,实施就业与再就业的方案和多种有力措施,为女职工提供了更多的就业渠道和稳定的就业机会,就业形势开始呈现多样化走向。

一是加强女职工劳动保护。从1988年颁布《女职工劳动保护规定》到2012年《女职工劳动保护特别规定》出台,女职工劳动保护程度不断提高。越来越多的企业重视女职工劳动保护。编发《促进工作场所性别平等指导手册》,推动用人单位贯彻落实法律、法规,维护女职工合法权益和特殊利益。各项劳动保护工作深入推进,为女职工参与经济社会发展创造了条件。二是全社会就业人员中女性占比超过四成。随着国家经济社会快速发展,妇女就业选择更加多元,创业之路更加宽广,就业和创业人数大幅增加。2017年,全国女性就业人数3.4亿,比1978年翻了一番。同时,政府实施鼓励妇女就业创业的小额担保贷款财政贴息政策,2009—2018年全国累计发放3 837.7亿元,中央及地方落实财政贴息资金408.6亿元,获贷妇女656.9万人次,妇女就业创业得到大力支持。三是妇女就业领域极大拓展。在社会主义现代化建设进程中,妇女生产力不断释放,就业领域更广。2010年,妇女从事第二三产业的比例为46.8%,比改革开放初期的1982年提高了24.8个百分点。2019年,人力资源社会保障部等九部门印发《关于进一步规范招聘行为促

---

[1] 黄桂霞.从制度保护到权利享有:改革开放40年妇女福利进展[N].中国妇女报,2018-11-13.

妇女就业的通知》,明确了不得实施的六种就业性别歧视行为,建立健全多部门联合约谈、市场监管、司法救济三条救济渠道,为保障妇女平等享有就业权提供有力支持。四是各行各业优秀女性大量涌现。中国尊重妇女主体地位,发挥妇女聪明才智,拓宽妇女就业创业渠道,加强就业服务培训,支持妇女在国家建设中建功立业。各级妇联组织表彰了一大批三八红旗手、三八红旗手标兵和三八红旗集体。各级工会组织大力表彰五一巾帼标兵岗和五一巾帼标兵。妇女参与经济社会发展的能力显著增强,在政治、经济、科技、教育、文化、卫生等各条战线展现巾帼风采、贡献巾帼力量。例如,屠呦呦为中药和中西药结合研究作出了卓越贡献,是中国首位获得诺贝尔奖的女科学家,是中国妇女的杰出代表。

(三)女性的健康保障快速发展

一是妇幼健康法律、法规和政策体系不断完善。我国颁布实施母婴保健法等法律、法规,将妇幼健康事业纳入经济社会发展总体规划。国家"十三五"规划纲要、"健康中国2030"规划纲要、中国妇女发展纲要和中国儿童发展纲要等都提出明确的妇幼健康目标措施,将妇幼健康核心指标纳入各级政府目标考核,强化政府主体责任。二是中国特色妇幼健康服务网络不断加强。自1950年起,在城乡逐步建立以妇幼保健机构为核心、以基层医疗卫生机构为基础、以大中型综合医院专科医院和相关科研教学机构为支撑,具有中国特色的妇幼健康服务网络。党的十八大以来,妇幼保健网络逐步嵌入覆盖14亿人口的医疗保障网和覆盖城乡的三级医疗保健网,妇幼健康信息化建设不断加强。2018年,全国共有妇幼保健机构3 080家、妇产医院807家、妇幼保健工作者近64万人,被世界卫生组织列为妇幼健康高绩效的10个国家之一。三是妇幼健康服务公平性、可及性逐步提升。从2000年起,相继实施降低孕产妇死亡率、消除新生儿破伤风、农村孕产妇住院分娩补助、预防艾滋病梅毒乙肝母婴传播、农村妇女"两癌"检查和免费孕前优生健康检查等妇幼重大公共卫生服务项目。2009年起,实施国家基本公共卫生服务项目,人均补助经费由最初的15元提高到2018年的55元,免费提供包括孕产妇健康管理在内的14类基本公共卫生服务。四是妇女生殖保健服务不断加强。20世纪90年代,积极开展以人为本的计划生育优质服务,推进避孕方法知情选择,尊重和保护妇女生殖健康权益。2016年发布《"十三五"卫生与健康规划》,实施免费计划生育技术服务基本项目,提高生殖健康水平。2018年印发《母婴安全行动计划》《人工流产后避孕服务规范》,开展妊娠风险防范、危急重症救治等行动。五是妇女健康水平持续提高。2015年,妇女平均预期寿命为79.4岁,比1981年提高了10.1岁,比中华人民共和国成立时提高了42.7岁。孕产妇死亡率持续降低,提前实现了联合国千年发展目标。城乡差距不断缩小,城市与农村孕产妇死亡率之比从1990年的1∶2.2下降到2018年的1∶1.3。

(四)女性受教育水平显著提升

中国通过法律、法规赋予妇女同男子平等的受教育权利。在坚持优先发展教育、持续实施教育惠民政策、缩小城乡教育差距、积极推进教育公平的历史进程中,妇女的受教育状况不断改善,受教育水平大幅提升,表现在下面几个方面。

一是扫除妇女文盲成果斐然。1949年第一次全国教育工作会议提出,要在全国范围内进行识字教育,扫除文盲。1956年中国发布《关于扫除文盲的决定》,再次明确扫盲工作目标。20世纪50年代开展的三次扫盲运动,帮助1600万名妇女脱盲。1995年以来,中国政府颁布实施三个周期的妇女发展纲要。全国15岁及以上女性人口文盲率由中华人民共和国成立前的90%降至2017年的7.3%,实现了历史巨变。

二是九年义务教育基本消除性别差距。制定出台《中华人民共和国义务教育法》等法律和政策,不断加大义务教育投入,重点向农村地区倾斜,通过设立中小学助学金、制定女童专项扶助政策、实施"春蕾计划"和"希望工程"等助学项目,大大增加了农村女童受教育的机会。2017年,女童小学净入学率达到99.9%,与男童完全相同;普通小学和普通初中在校生中女生比例分别达到46.5%和46.4%,比1951年分别提高18.5和20.8个百分点。义务教育阶段基本实现男女平等。

三是妇女接受高中阶段和高等教育水平实现历史新高。改革开放40多年来,大力普及高中阶段教育,加大中西部贫困地区扶持力度,实行家庭经济困难学生资助政策,女性接受高中阶段教育的机会显著增多。2017年,高中阶段教育毛入学率达到88.3%,高中阶段教育在校女生占在校生总数的47.7%,其中普通高中在校生中女生比例已达50.9%。1998年颁布《中华人民共和国高等教育法》,不断扩大高等教育规模,推行助学贷款制度,设立助学奖学金,为更多女性接受高等教育创造了条件。2017年,普通高等学校本专科在校女生占在校生总数的比例已达52.5%,比1978年提高28.4个百分点,比1949年提高32.7个百分点;女研究生占研究生总数的比例已达48.4%,比1985年提高29.8个百分点。

四是妇女接受职业教育和继续教育人数大幅增加。1996年《中华人民共和国职业教育法》颁布,提出国家采取措施帮助妇女接受职业教育。2019年颁布《国家职业教育改革实施方案》和《高职扩招专项工作实施方案》,扩大高等职业教育招生规模,提升职业教育现代化水平,为妇女接受职业教育提供了新机遇。继续教育长足发展,成为妇女获得知识、增长技能、提高素质的重要渠道,妇女参加高等学历继续教育的人数和比例逐年上升。此外,妇女还广泛参与各级各类非学历继续教育。

五是女童平等接受学前教育取得成效。1992年国务院颁布实施《九十年代中国儿童发展规划纲要》,提出3~6岁幼儿入园率达到35%。从2011年开始,中国连续实施三期学前教育三年行动计划,解决入园难问题。《中国妇女发展纲要(2011—2020年)》提出,学前教育毛入学率达到70%,女童平等接受学前教育。2018年,中共中央、国务院印发《关于学前教育深化改革规范发展的若干意见》,要求推进学前教育普及普惠安全优质发展。

(五)妇女福利的法制建设逐步完善

1951年颁布的《中华人民共和国劳动保险条例》中对女职工的产假及产假工资作了规定。1956年的《工厂安全卫生规程》和《工业企业设计卫生标准规程》中,对工厂企业中妇女卫生室和托儿机构的设置作了具体的规定。1988年国务院颁布了《女职工劳动保护规定》,这是我国第一部综合性的女职工劳动保护法规。1992年《妇女权益保障法》颁布,全国31个省、自治区、直辖市都分别制定了地方实施细则。《就业促进法》《劳动法》《劳动合同法》对妇女保护作了比较详细的规定。《女职工禁忌劳动范围的规定》的颁布对女职工的保护更进了一步。1996年的《老年人权益保障法》为老年妇女提供了专门的法律保障。近几年,全国人大对《刑事诉讼法》《刑法》《婚姻法》等都进行了修改,增加了一系列保护妇女儿童权益的新规定。各地区也在为妇女提供不同组织、不同形式的法律服务与援助。

二、我国妇女福利的未来发展路径

在短短的几十年间,我国妇女权益的维护与保障取得了巨大成就,但面临的困难和问题依然存在,维护妇女权益的任务仍然十分艰巨。因为不同的理念、不同的经济水平、不同的生存状态下的女性有着不同的福利和保障需求。未来妇女福利需要关注以下几个方面。①

(一) 转变妇女福利发展的理念

一是将社会福利从基本权利向人力资本投资转变。经济的快速发展导致了新的社会风险,对于女性来讲表现为平衡工作和家庭之间的矛盾冲突。针对妇女福利,如为幼儿提供照顾津贴,帮助家庭尤其是妇女更好地平衡工作和家庭,使其有更充沛的精力和更高的效率投入全职工作中,充分发挥女性人力资本价值。二是重置有酬工作与非正式照顾的关系,通过增加工作生涯的弹性将有酬工作与非正式照顾结合起来,是目前化解工作和家庭之间矛盾的最有效方式。可以与私人服务提供者合作,引入非正式看护的福利以及正式与非正式捆绑形式的福利。

(二) 进一步加强就业女性的劳动保护

1. 建立性别平等的劳动力市场法律规范,保证妇女各种形式的就业不受歧视

联合国《消除对妇女一切形式歧视公约》中确认,采取一切措施,消除在就业方面对妇女的歧视。例如,在就业机会、培训晋升、劳动时间与报酬、休假制度、劳动保护、劳动安全、社会保险等方面都应避免女性受到歧视或其他不公正待遇,并确保怀孕妇女、产假期妇女和生产后重新返回就业岗位的妇女不受歧视。

2. 加大推行有利于女性就业和再就业的生育保险制度改革的力度

虽然目前我国一些保障法规相继出台,但是缺少相互衔接的配套措施,加大了女性就业的难度。应该建立与灵活的工时制度和用工制度相配套的社会保障制度,而且这种制度应该覆盖包括个体劳动者和非正规部门的就业者在内的所有女性就业者。

3. 进一步加强非正规部门女性的劳动保护

在非正规部门就业是未来城市化过程中大量农村妇女流动就业的主渠道,而非正规部门福利政策落实不到位问题是影响这部分妇女福利水平的主要问题。大量的个体、私营、乡镇等企业中的女性劳动者,尤其是女性农民工的合法权益没有得到有效保护。应该

---

① 黄桂霞.新社会风险下的中国妇女福利:挑战与应对[J].山东女子学院学报,2018(2):19-26.

特别关注解决非正规就业部门签订劳动合同,依法参加养老保险、医疗保险、工伤保险及劳动保护等问题,明确劳动法律关系中的主体,才能真正保护女性劳动者的合法权利和利益。

4. 平衡家庭照顾责任

在我国,家庭照顾在福利中依然保留着传统的基础地位和提供模式,主要由女性负责给予福利,尤其是家庭照顾者的角色和责任绝大部分是由女性承担的,这些直接影响了她们在社会上从事有偿劳动的时间和精力投入,也成为女性社会参与的障碍。缺乏有偿劳动的机会,女性也就在一定程度上丧失了分享社会福利的权利。应协调工作和家庭生活,让更多的男性参与家庭事务,更多地承担照顾责任,让更多的女性尤其是母亲能从事有酬劳动。

【扩展阅读】

中国妇女发展基金会

中国妇女发展基金会成立于1988年12月,是经中国人民银行批准,民政部登记注册的全国性非营利性社会组织,是独立的社会团体法人。中国妇女发展基金会的宗旨是:全面提高妇女素质,维护妇女合法权益,支持妇女发展和妇女事业发展,向国内外企事业单位、社会组织和个人募集资金与物资,在妇女教育、培训、扶贫、救灾和多项公益性服务活动中,充分发挥自身特殊的社会职能。主要成就有:建成了现代化的、新型的培养女性人才的基地——中华女子学院;从1996年开始开展循环借款入户扶贫活动,到目前为止,已在全国13个省、54个县共循环投入扶贫基金3 018万元,扶助4万多贫困户,使20万人受益或摆脱贫困;设立了"玫琳凯妇女创业基金""下岗女工再就业基金""妇女理论研究基金""女大学生助学、奖学基金""妇女儿童保健基金"等专项基金;创办了北京耕耘苑培训交流服务中心,为城市下岗女工进行实用技术培训;为贫困地区妇女进行妇科病防疫和治疗捐款;2000年,创立了"大地之爱"社会公益品牌,同时开展了一系列活动,其中最著名的就是设立了"母亲水窖"专项基金。

幸福工程

幸福工程是中国人口福利基金会、中国计划生育协会和人口报社于1995年年初共同发起实施的。通过向海内外募集资金,建立幸福工程专项基金,旨在救助还生活在极度的贫困状态,口粮不足,缺乏收入来源,更享受不到文化教育、卫生保健等基本社会福利的贫困母亲,唤起社会各界对贫困母亲的关注和支持。

幸福工程的承办组织都是属于非营利性的民间组织,具有下列鲜明的特点。

1. 救助贫困母亲,是幸福工程明确的主题

母亲是家庭生活的核心和家庭生产的主要力量。在我国贫困人口中有1/6以上是贫困母亲。在贫困地区由于男劳力大量外流,出现"农业女性化",妇女在农业生产和农村经济发展中担负着重要的职责。母亲是新生命的孕育者、哺养者和教育者,母亲的身体健康与否、文化素质的高低,将直接影响下一代的素质。

2. 小额资助是有效的扶贫方式

（1）公益性的低息贷款。贷款的利息仅为3‰~5‰，使贫困母亲贷款贷得起、还得起，实现"劳动脱贫"。

（2）保证项目落实到人。"幸福工程"始终坚持贷款"直接到人"，切实为贫困母亲提供发展资金和条件。为此，还制定了有利于贫困母亲的贷款制度，如无须抵押担保，贷款时受救助的妇女本人来办手续，用签字、按手印代替盖图章等。

（3）通过劳动脱贫促进妇女素质提高。贷款是"幸福工程"救助贫困母亲的重要手段，但与获得经济效益相比，"幸福工程"更重视的是妇女自身素质、经济和社会地位及参与程度的提高，以及民族的昌盛和社会的持续发展。

3. "三治"任务，促进妇女全面发展

"幸福工程"不是单纯的扶贫活动，工程提出"以扶贫开发项目为主体，结合开展科学文化知识教育和生育保健服务"，即治穷、治愚、治病"三治"并抓。治穷是指以"小额贷款，直接到人，滚动运作，劳动脱贫"的方式扶助贫困母亲发展家庭经济，提供就业机会，帮助她们增加收入，脱贫致富，提高经济和社会地位。治愚是指扶持村一级兴办母亲学校及各类培训班，帮助贫困母亲扫盲，学习科学文化知识，掌握一两门致富实用技术，懂得生殖保健知识。治病是指帮助贫困母亲检查和治疗常见妇科病，向她们提供生殖保健服务。

案例讨论

人社部、教育部等9部门2019年2月21日联合发布通知，要求进一步规范招聘行为，促进妇女就业。其中提出，招聘时不得询问妇女婚育情况；同时规定，对用人单位、人力资源服务机构发布含有性别歧视内容招聘信息的，依法责令改正；拒不改正的，处1万元以上5万元以下的罚款。

妊娠测试不得作为入职体检项目

通知提出禁止招聘环节中的就业性别歧视。各类用人单位、人力资源服务机构在拟订招聘计划、发布招聘信息、招用人员的过程中，不得限定性别（国家规定的女职工禁忌劳动范围等情况除外）或性别优先，不得以性别为由限制妇女求职就业、拒绝录用妇女，不得询问妇女婚育情况，不得将妊娠测试作为入职体检项目，不得将限制生育作为录用条件，不得差别化地提高对妇女的录用标准。

在人力资源市场方面，通知要求，及时纠正发布含有性别歧视内容的招聘信息的行为，确保发布的信息真实、合法、有效。对用人单位、人力资源服务机构发布含有性别歧视内容招聘信息的，依法责令改正；拒不改正的，处1万元以上5万元以下的罚款；情节严重的人力资源服务机构，吊销人力资源服务许可证。

同时，通知还提出将用人单位、人力资源服务机构因发布含有性别歧视内容的招聘信息接受行政处罚等情况纳入人力资源市场诚信记录，依法实施失信惩戒。

女性"三期"劳动仲裁要快速处理

通知特别提到，要加强监察执法，依法惩处侵害女职工孕期、产期、哺乳期特殊劳动保护权益行为。对妇女与用人单位间发生劳动人事争议申请仲裁的，要依法及时快速处理。

此外，对于就业中的性别歧视的投诉和司法救济机制，通知要求，畅通窗口来访接待、12333、12338、12351热线等渠道，及时受理就业性别歧视相关举报投诉。根据举报投诉，对涉嫌就业性别歧视的用人单位开展联合约谈，采取谈话、对话、函询等方式，开展调查和调解，督促限期纠正就业性别歧视行为，及时化解劳动者和用人单位间的矛盾纠纷。

为遭受就业性别歧视的妇女提供法律咨询等法律帮助，为符合条件的妇女提供法律援助。积极为符合条件的遭受就业性别歧视的妇女提供司法救助。

资料来源：九部门：招聘不得询问妇女婚育情况[N].新京报，2019-02-24.

讨论问题

如何看待现实中的隐形就业歧视？

第九章

残疾人福利

【学习目标】

通过学习本章,了解残疾及残疾人的含义,掌握残疾人福利的含义和内容,了解美国和日本的残疾人福利,了解我国残疾人福利的发展、现状以及与发达国家的差距。

残疾人的社会福利,是 20 世纪中期以来世界各国普遍关心的一个社会问题。其原因一方面是许多国家都感到政府对于社会福利的财政支出越来越大而开始考虑改革,另一方面是随着社会文明的进步和残疾人事业的发展,必须对残疾人的福利给予更多的关注。残疾人的社会福利是国家对全体公民实施社会福利政策的重要方面,也是社会福利服务工作的重点与难点。

第一节 残疾人福利概述

一、残疾和残疾人的含义

残疾人是社会中有困难的特殊群体,应当受到社会的特殊关怀与照顾,但是对残疾人的不同定义会影响残疾人社会福利的理念。世界卫生组织根据卫生工作的经验,对缺陷、残疾和障碍三者进行了区分。缺陷是指心理上、生理上或人体结构上某种组织或功能的任何异常或丧失;残疾是指由于缺陷而缺乏作为正常人以正常方式从事某种正常活动的能力;障碍是指一个人由于缺陷或残疾而处于某种不利地位,以至于限制或阻碍该人发挥按其年龄、性别、社会与文化等因素应能发挥的正常作用。

国际劳工大会 1983 年 6 月 1 日在日内瓦举行的第 69 届会议通过的第 159 号《残疾人职业康复和就业公约》中第一条给出了残疾人的定义:残疾人是指因经正式承认的身体或精神损伤在适当职业的获得、保持和提升方面的前景大受影响的个人。

联合国大会《关于残疾人的世界行动纲领》指出,残疾泛指世界各国任何人口出现的各种功能上的限制。人们出现的残疾既可以是生理、智力或感官上的缺陷,也可以是医学上的状况或精神疾病。这种缺陷、状况或疾病有可能是长期的,也可能是过渡性质的。

我国 1990 年 12 月 28 日通过的《中华人民共和国残疾人权益保障法》第 2 条规定:残疾人是指在心理、生理、人体结构上,某种组织、功能丧失或者不正常,全部或部分丧失以正常方式从事某种活动能力的人。我国残疾人福利基金会宣传提纲指出:残疾人是指由于心理状态、生理功能、解剖结构的异常或丧失,而导致其部分或全部失去以正常人的方式从事某种活动的能力,因而在社会生活中不能充分发挥正常作用的人。残疾人包括听力及语言残疾、智力残疾、肢体残疾、视力残疾和精神残疾五个方面。

根据世界卫生组织2006年的数据,世界上约有6.5亿人有各种各样的残疾,约占世界总人口的10%,其中80%的残疾人(超过4亿人),生活在贫困国家,也是最缺乏残疾人所需设施的地区。在全球范围内,残疾人在参与社会活动方面仍有诸多不便,生活水平也较低。[1]

我国2006年4月1日进行的全国残疾人第二次抽样调查结果显示,我国约有8 296万残疾人,占全国人口的6.34%。各类残疾人的人数及占残疾人总人数的比重分别是:视力残疾1 233万人,占14.86%;听力残疾2 004万人,占24.16%;言语残疾127万人,占1.53%;肢体残疾2 412万人,占29.07%;智力残疾554万人,占6.68%;精神残疾614万人,占7.40%;多重残疾1 352万人,占16.3%。[2] 与1987年第一次全国残疾人抽样调查比较,我国残疾人口总量增加,残疾人比例上升,残疾类别结构有变动。

二、残疾人福利的含义

残疾人福利是国家和社会在保障残疾人基本物质生活需要的基础上,在生活、就业、教育、医疗和康复等方面为残疾人提供的设施、条件和服务,是社会福利的一个重要项目。残疾人福利的目标是通过政府、社会和残疾人自身的共同努力,创造良好的物质条件和精神条件,使残疾人享有全面参与社会生活的权利,分享社会经济发展带来的物质文化成果。

残疾人福利是一个国家面向残疾人群体,以满足残疾人多样需求为目标,实现社会发展需要的价值理念建设、制度设立和社会全方位、多层次合力落实的系统化制度安排。不同国家的福利模式根据自己国家建设理念和发展目标的不同而有所区别,但其基本原则都是建立一种符合国家和时代发展的能够有效促进残疾人事业建设、为残疾人提供深层保障的福利系统。

三、残疾人福利的内容

残疾人福利的内容主要包括就业、生活、教育、医疗和社会服务等方面。

(一)就业福利

生存权、劳动权是人类最基本的权利。残疾人劳动就业是残疾人实现自身价值、自立社会的基础,是社会文明进步的标志。国家和社会为有一定劳动能力的残疾人提供其力所能及的劳动就业机会,为残疾人提供就业保障,是保障残疾人生活的根本途径。

目前我国安置残疾人就业主要有两种方式。第一种方式是集中安排残疾人到福利性

---

[1] 数据来源:联合国网站.
[2] 数据来源:中国残疾人联合会网站.

企业就业。福利性企业的特点在于：一是社会效益和经济效益并重；二是人员结构上，安置一部分残疾人就业，并配备一定比例的健全劳动力，以便生产经营能顺利进行；三是具有残疾人工作的适应性，即福利性企业要结合残疾人生理功能的代偿和社会弥补，积极开展适合残疾人生理特点的技术革新和改造，为他们设计适宜的岗位和配备适用的设备；四是政策的倾斜性。国家规定，福利性企业可享受税收减免、立项登记优先等方面的优惠；五是加强残疾人的职业培训和教育，提高残疾人的就业素质等。

安置残疾人就业的第二种方式是将残疾人按企事业单位人数的一定比例分散安排到各企事业单位，国家给予一定的政策优惠和扶持，如税收的优惠、资金的帮助，以及办理有关手续的简化、优先和费用减免等。由于多数社会福利企业人员素质偏低，技术力量薄弱，尽管享受各种政策上的优惠，在激烈的市场竞争中，福利性企业的发展还是困难重重。按比例安排残疾人就业可以使各企业在市场竞争中处于平等地位，分散竞争风险。国外许多国家采取这种方式解决残疾人就业问题，收到了良好效果。

（二）生活保障

生活保障也称社会救助。在我国，贫困人口中有半数左右是残疾人，残疾人和残疾人家庭的生活境遇十分困难。据统计，我国目前70%的残疾人的经济来源是家庭、亲属供养和国家、集体救济。对残疾人实行社会救助以保障他们的基本生活，是现阶段我国残疾人社会保障工作不容忽视的重要内容。制定生活贫困线，将包括残疾人在内的贫困者置于社会安全网内；同时，社会救助金随经济增长和生活费用的提高不断增加，以抵消物价上涨等因素对残疾人实际生活的影响。残疾人社会救助要同残疾人就业、教育、医疗等结合起来，从根本上消除残疾人群体中的贫困现象。

（三）教育保障

发展残疾人教育事业是提高整个残疾人群体生活质量的基础和前提。残疾人受教育程度的高低影响其就业机会、收入水平、社会地位和精神状态，因而残疾人社会福利的一个重要方面就是保障残疾人受教育的权利，为他们提供受教育的机会。残疾人教育主要包括如下三个部分。

一是基础教育。对那些有学习能力的残疾学龄儿童和青少年，国家和社会要保障他们享受九年义务教育的权利，不应使他们因身体缺陷而失学。

二是特殊教育。身体的残疾使残疾人在受教育方面存在客观上的不利因素和特殊困难，社会应根据各类残疾人的特点，通过盲聋哑学校、培智学校，或在普通学校开设特教班等对残疾人开展特殊教育，如生活自理能力教育和心理辅导。很多残疾人由于身体的缺陷和障碍，生活自理能力及适应环境的能力较差。掌握生活技能需要依靠涉及生理、病理的一套科学的方法，对严重弱智者和截瘫者更是如此。此外，由于残疾人在社会中面对的最大障碍往往不是生理的而是心理的障碍，所以心理辅导尤为重要。心理辅导可以教育残疾人正确认识和对待社会，正视自己的特点，勇敢面对人生，消除自卑感和排他情绪，激励他们融入社会的勇气，增强其自信、自尊、自立、自强的决心。

三是根据残疾人的特点开展职业教育和成人教育，开启残疾人潜在智力和体能，补偿其生理缺陷,使其拥有一技之长,以增加他们的就业机会,提高其社会生存能力。

(四)医疗保障

残疾人医疗保障主要包括医疗保健和医疗康复两个方面。残疾人因身体存在缺陷,疾病对其威胁更大,他们对医疗保健的需要比身体健全者更为紧迫。因此,社会要为残疾人提供完善的医疗服务,方便残疾人就医,定期对残疾人进行健康检查,积极开展疾病预防工作。

残疾人医疗康复是指通过自身的努力和外力的辅助,使残疾人的精神、肉体乃至劳动能力得到最大程度的恢复。康复工作是一项综合性工作,涉及心理康复、职业康复、精神病人的治疗康复、体疗、假肢与矫形器的装配等。残疾人康复有多种手段,康复训练具有适应面广、简便易行的特点,绝大多数残疾人可以通过康复训练达到功能补偿、能力增强,以及改善参与社会生活自身条件的目的。社区康复遵循就近就地、便利实效的原则,适合残疾人数量多、分布广、经济条件有限的状况。因此,康复训练与社区康复服务是残疾人康复的重点。残疾类别的特殊性、残疾人康复需求的多样性,决定了残疾人康复事业的社会性。建立并形成社会化的康复工作体系,是残疾人康复的首要前提。我国目前的重点是对小儿麻痹后遗症、白内障、聋哑儿童进行抢救性治疗。

(五)残疾人社会服务

残疾人社会服务是指社会为方便残疾人生活,满足残疾人物质与文化需要而提供的各种优先服务和特殊照顾。残疾人社会服务应立足残疾人的实际生活,防止表面化、形式化;同时要加强社会管理,维护残疾人群体的切身利益。残疾人社会服务也包括为残疾人群体提供开展文体活动的机会。各种文化体育活动不仅可以满足其丰富精神文化生活的需要,增强他们的自强精神和社会参与意识,而且可以为残疾人提供展示自己才华的舞台,让更多的人了解和关心残疾人的生活。

第二节 发达国家的残疾人福利

一、美国的残疾人福利[①]

美国残疾人福利服务制度经历了较长时期的发展。1935年通过的《社会保障法》不仅建立了美国福利制度框架,也在法律上明确了要为残疾人提供可靠的生活保障。20世纪70年代,随着残疾人权利运动的兴起,美国残疾人福利政策在理念上发生了重大转变,即从福利转向权利,更加强调残疾人全面的社会参与和社会融入,而这其中最重要的就是残疾人服务的提供。

美国的残疾人福利制度建设十分全面,具体内容包括医疗康复、教育、就业保障和无障碍保障等。

---

① 姚建平.美国的残疾人福利服务制度[J].中国民政,2015,19:56-59.

（一）医疗康复服务

美国残疾人康复服务以各种法律、法规为基础。1973年联邦政府颁布《康复法案》，要求州职业康复部门制定各州残疾人职业康复计划并提供职业康复服务。在此后的10~15年间，美国相继出台了《残疾人教育法案》《职业教育修正法案》《职业教育奖励法案》《职业教育法案》和《身心障碍者受教育法案》等，都涉及残疾康复和就业支持。《康复法案》是残疾人职业康复最重要的法律，该法案规定的职业医疗康复服务具体包括：①由专业技术人员对职业康复需求进行评估，开展资格鉴定；②咨询和引导服务，包括帮助残疾人进行职业选择，提供必要的信息支持等；③如果当地职业康复部门不能满足残疾人康复服务的需要，提供转介和其他服务以确保残疾人能够获得其他部门的服务；④与工作相关的服务，包括寻找工作和工作场所服务、工作维持服务、后续服务和跟进服务等；⑤职业和其他培训服务，包括提供职业调整服务，提供相关书籍、工具及其他培训材料等；⑥对身体与精神损失残疾人的诊断和治疗费用提供资金支持；⑦补偿因为参加就业资格鉴定、职业康复评估所支付的额外费用；⑧补偿使用适当的公共交通工具和系统的培训费用；⑨提供在职或其他个性化辅助服务；⑩由合格的翻译人员为符合条件的听障人士提供翻译服务，为盲人提供阅读方面的服务；⑪为盲人提供康复教学和行走定向服务；⑫职业许可证、工具、设备、初始存货供给；⑬为符合资格条件的残疾人自谋职业提供市场分析、商业计划、技术援助和咨询服务等；⑭康复技术，包括电子通信、感应器及其他技术辅助设备；⑮为残疾学生提供过渡性服务，以促进他们按个人计划就业；⑯就业支持服务；⑰帮助残疾人就业的家庭服务；⑱帮助残疾人维持就业、职业进步所需要的在职服务。总的来看，这些残疾人职业康复服务可以分为五类：就业前的康复需求评估和咨询、在业支持康复服务、职业康复费用支持、职业康复的设备和技术支持及家庭服务。

（二）残疾人教育服务

为了保障残疾人的受教育权，20世纪70年代，美国颁布了许多法律文件对特殊教育进行改革，使特殊教育有了长足发展。1975年颁布的《所有残疾儿童教育法》经过修改后更名为《残疾人教育法》，2004年被重新修订后更名为《残疾人教育促进法》，目的是更好地保障残疾学生的受教育权，使他们能够和健全人一样享受正常教育。

美国建立了从婴儿早期干预一直到高等教育各个阶段的多个残疾人教育服务项目。

1. 婴儿早期干预

1975年美国国会通过了《全体残疾儿童教育法》，要求各州为所有残疾儿童提供免费的特殊教育和相关服务，并确立了零拒绝、非歧视性评估、适当教育、最少限制环境、适当核查程序和家长参与六条原则。1986年，美国国会修订了《全体残疾儿童教育法》并通过了《99-457公法》，要求各州逐步建立综合的、多学科和多部门合作的早期干预计划，即"残疾婴儿和学步儿早期干预计划"。1990年，美国国会修订了《99-457公法》，并颁布了《残疾个体教育法》。《残疾个体教育法》规定早期干预计划的服务对象是0~3岁的残疾婴幼儿。一旦某个3岁以下婴幼儿被确定需要接受早期干预，专家小组就要在家长的参与下为该婴幼儿制订一份书面的个别化家庭服务计划，并根据计划提供相应的服务。

2. 学前教育服务

学前教育服务是对3~5岁残疾幼儿实施的免费学前教育,又称为"学前资金计划"(the Preschool Grants Program)。1986年的《99-457公法》将这项免费教育上升为强制性要求。到1992年,所有州都开始全面实施3~5岁残疾幼儿的学前教育。该项服务的主要目标包括:确保残疾儿童获得特殊教育和相关服务;确保残疾儿童及其父母的权利得到保护;帮助各州和地方政府为所有残疾儿童提供教育服务;评估和确保残疾儿童教育的效果。美国3~5岁残疾幼儿学前教育计划不仅具有强制性而且完全免费。计划所需经费绝大部分由州和学区承担,联邦拨款主要起积极引导的作用。如果地方学区或地方学校没有为残疾幼儿提供教育或没有为他们提供适当的教育,家长可以提起诉讼。

3. 高等教育服务

美国大多数四年制学院和大学以及社区学院都接受联邦政府的资金支持,并且都依法设置和统筹协调为残疾学生提供服务的机构。这些机构通常称为残疾人服务办公室(Disability Services Office)或者能力差异服务办公室(Office of Differing Ability Services)等。除了学校和学院级的残疾人服务办公室主要负责残疾学生事务外,各高校残疾人服务部门一般会针对残疾学生的能力水平,提供适合其能力的服务。被录取的残疾学生必须先向残疾人服务办公室申请合适的项目支持,并提交能够证明自己残疾类型与水平的官方评估文件以及个别化教育计划。残疾人服务办公室依据学生的能力水平及研究兴趣,为其提供个性化的服务。接受高等教育的残疾学生有权决定是否向所在大学报告自己的残疾。学生申明自己的残疾身份后,学校必须根据每个学生的特殊需求为其提供合理的相应服务,保证其平等参与的机会。

(三)残疾人就业保障

为保障残疾人更好地就业,1917年美国国会通过了《职业教育法案》,规定残疾劳工和退伍军人的康复与培训计划所需的资金由联邦政府承担,以法律形式保障了残疾人的就业权。1918年,美国以《职业重建法》为基础,帮助残疾人独立生活。1920年,美国制定了世界上第一部专门针对残疾人就业的法律——《职业康复法》,完善了残疾人就业立法。1935年美国的《社会保障法案》规定为残疾人提供各种所需福利。1990年《美国残疾人法》规定残疾人同健全人一样享有公共交通、就业、电信服务等领域的权利。

1. 残疾人就业权的保护

美国法律规定,接纳残疾员工是雇主的责任,不得歧视残疾人,应保证残疾人同健全人一样在雇用、应聘、薪水、晋升、培训、辞退和补偿等领域享有平等待遇。此外,法案还规定残疾人有平等就业的权利,就业权受到侵害后可向有关机构投诉。若不能得到有效调解,残疾人还可以通过诉讼的方式维护自己的合法权益。考虑到残疾人的特殊情况,法案免除他们的相关诉讼费用。美国通过税收减免等多种优惠措施鼓励企业雇用残疾人,保障残疾人的就业,并尽量减轻因此对企业造成的影响。1999年,克林顿总统签署了残疾人福利事业中最重要的一项计划,规定残疾人如果失去就业机会,可以免费接受政府的就业培训。

2. 就业服务

美国就业服务包括以下三种类型：一是就业支持服务。包括以单独或混合的方式提供用以帮助残疾人获得竞争性职业的服务，基于满足残疾人的个人就业计划需求的服务等。二是过渡性服务（transition service）。过渡性服务是为残疾学生提供的离开学校后的服务，包括完成中等教育后的教育（postsecondary education）、职业训练、融入性就业、继续教育和成人教育、成人服务、独立生活或社区参与等。三是康复服务。这些就业服务对于残疾人实现自立和融入社会具有重要意义。

3. 残疾人工作场所的适应和改造

主要分为两个部分：在工作场所硬环境方面，雇主应当根据残疾雇员完成其工作职责的实际需要，调整办公设施、场地、照明、声响设备、空气过滤装置、餐厅、卫生间、停车场、培训室等硬件设施；在软环境方面，雇主应当对自身规则、休假政策及工作岗位等进行调整。例如，雇主可能需要对其有关工作方式、茶歇、用餐等方面的规则作出例外规定。此外，雇主还应为残疾雇员提供合理的迁就，具体包括寻求医疗服务、接受康复治疗、维护自用无障碍设备、避免工作场所暂时性的环境不适、训练辅助性动物、接受盲文或手语培训的休假等。这些在工作场所的迁就和照顾措施对于残疾人就业十分重要，因为往往是工作环境而不是工作能力的问题阻碍了很多残疾人的就业。[①]

（四）无障碍环境建设

1961年美国制定了世界上第一个"无障碍标准"，目的是使残疾人能够毫无障碍地出入和使用各种建筑物。1968年，美国颁布了《建筑障碍法》，规定将方便残疾人出入纳入建筑合同条款。1970年颁布的《城市公共交通法》规定联邦政府及各州在公共交通方面为残疾人提供一切便利。1973年颁布的《高速公路建设法案》明确要求联邦政府在建造高速公路时充分考虑残疾人的特殊需求，为残疾人的出行扫除障碍。1973年成立的联邦独立机构——无障碍委员会，致力于开发和制定建筑环境、交通工具、电信设备及电子信息技术等方面的标准，同时为无障碍设计提供技术援助。1986年的《航空运输无障碍法》禁止航空旅行对残疾人的歧视性待遇，具体涵盖登机辅助和新建造飞机的无障碍等方面。1988年《听觉辅助法》为重听者提供特殊的电话服务，同年的《远程通信无障碍增强法》也为失聪者提供了"电话服务"。1990年后，美国相继出台《美国残疾人法》《电信法》《康复法》等法律、法规，规定城市建筑物、道路、住宅社区、文化体育场所和公共交通等均应该建立无障碍的环境，办公设备、电子产品和通信工具等均应采用无障碍技术。1998年的《康复法修改法案》第508节要求所有联邦机构在开放、获得、使用或维持电子信息技术时必须遵守该法律，联邦支持的电子和信息技术必须实现无障碍化。总体看来，美国残疾人无障碍建设和服务可以分为建筑物无障碍、交通无障碍和信息通信无障碍三个方面。

1. 建筑物无障碍

使用联邦资金设计、建造、改建或租借的建筑设施必须无障碍，包括邮局、社会保障办公室、监狱和国家公园等。接受联邦资助的非政府设施，如学校、公共房屋和大众运输系

---

① 姚建平.美国的残疾人福利服务制度[J].中国民政，2015，19：56-59.

统也必须无障碍。同时,美国无障碍委员会还颁布了详细的实施细则,为坡道、电梯、洗手间、饮水机、火灾报警装置及其他无障碍建筑设施提出了具体要求和标准,以便残疾人能和正常人一样出入各种场所,利用各种设施和参加各种活动。

2. 交通无障碍

美国无障碍委员会与交通部及其他相关部门合作,共同制定了《美国残疾人法交通车辆无障碍细则》,提供了交通无障碍最低实施细则和标准。该细则根据不同的交通设施明确规定了最低标准。例如,对于公共汽车系统的规定包括升降辅助装置、门/台阶/门槛、内部通道/扶手/支柱、老弱病残专座标志、照明设备、售票箱、公共信息系统、公共汽车站要求、终点和路线设计等。

3. 信息通信无障碍

无障碍委员会联合各联邦机构、信息技术人员和残疾人群体,出台了很多详细的实施标准。此外,美国健康与人文服务部(Department of Health and Human Services)还制定了电子信息技术政策。

二、日本的残疾人福利

"二战"以后,随着经济的恢复发展,日本的残疾人福利事业有了新的起色,残疾人福利立法工作也随之得到完善。日本残疾人福利立法经历了一个从缺失到完善的过程,在残疾人福利立法工作的不断深入下,逐渐形成了一套完善的、有特色的福利立法体系,包括《残疾人福利法》(1949年制定)、《身体残疾人员福利法》(1949年实施,1997年修订)、《精神残疾人员福利法》(1960年实施,1988年修订)、《残疾人基本政策法》(1970年实施,1988年修订,2004年再次修订)、《残疾人教育法》、《残疾人就业促进法》(1960年颁布,2004年修订)、《残疾人职业训练法》、《特殊儿童抚养补贴法》、《残疾人福利协会法律》、《精神卫生法》等十几部具体领域的法律。

日本的残疾人社会福利包括以下内容。

(一)残疾人生活保障

为了确保因无法控制的因素而生活在贫困中的人们的最低生活标准,日本政府对残疾人经济困难者以家庭为单位提供日常生活福利帮助。项目的实施必须通过由需要协助的人员或其法定监护人或居住在与其相同地址的亲属提交申请。经济困难者扶助项目由福利办公室管理,由有资格证书的社会工作者负责,提供的生活保障分为8类:①提供食品、衣服及其他日常生活必需品;②提供义务教育课程需要的课本;③提供住所;④提供医疗检查及药品;⑤提供生育帮助;⑥提供工作所需的资金与设备方面的协助;⑦提供丧葬费用;⑧提供长期看护方面的协助。

为了帮助残疾人在社会中自立,日本政府通过购买其产品的方式向残疾人提供经济上的帮助。同时,不同类型、不同残疾程度的残疾人可以获得不同类型与水平的津贴和补助:特殊残疾人员可以获得一笔政府津贴;精神及身体残疾人员可以通过一套扶持与互助系统领取一项特殊补助;在家中养育身体或精神残疾的儿童的法定监护人可以得到一笔特别儿童养育津贴。

（二）残疾人医疗康复

日本残疾人医疗康复福利的相关法律有《体残人士福利法》《智障人士福利法》《精神康复和精神障碍人士保护法》。为了保障残疾人更好地融入社会，国家和地方公共团体在医疗救助、心理指导及就业培训等方面制定相应的措施，使残疾人更快地适应社会，独立生活。残疾人员可以享受的公共福利服务项目包括：咨询与指导、特殊康复与医疗服务、残疾人辅助设备和器械的更换与维修以及在康复设施里接受治疗等。对于情况特别严重的残疾人，服务项目还可以包括购买澡盆、便壶、特别设计的床、文字处理机以及雇家政服务人员、请医务人员登门体检等。残疾人用品种类齐全，能够照顾到不同类别的残疾人的不同需求。例如，针对视力残疾人有导盲犬、盲杖、盲人手表、有声读物等，听力残疾人则有导听犬、助听器等，除此之外还配备传真机、手语翻译、轮椅、假肢等，不仅费用极低，而且能够有效保障残疾人的正常工作与生活。

为保障残疾人康复，日本政府提出生活扶助的概念，其中最典型的就是推出"代替身心障碍者的手脚，协助其完成生活必需的行为"的服务，通过该服务，各种程度的残疾人都能获得最需要的辅助，从正常的饮食起居到外出工作全方位得到帮助，实现"正常化"目标，即打破残疾的限制，像健全人一样融入日常生活和工作中，最终通过该服务培养残疾人健全的人格和独立自主的能力。[①]

（三）残疾人就业

为了保证残疾人的就业权利，确保残疾人像健全人一样平等地参与到工作中，日本政府确立了残疾人优先就业的政策，即在一些普通岗位上优先安排残疾人就业。为了保证残疾人胜任相应的工作，使他们更好地融入工作中，日本各地相继建立了残疾人就业促进机构。这些机构负责对残疾人进行就业培训，帮助他们提高工作技能，以获得更好的就业机会。

1. 建立残疾人职业综合中心、地方残疾人职业中心、社区残疾人职业中心的体系化的残疾人就业网络

1970年建立的心身残疾人职业中心是公共职业介绍所的专门辅助机构，开展从职业咨询、职业评价、职业指导到就职后的跟踪服务等工作。1987年，成立了社区残疾人职业中心，安排专职残疾人职业咨询员在中心工作。1991年，成立了残疾人职业综合中心。

2. 举办庇护性工厂

日本法律规定："为了使在一般单位中就业较为困难的重度残疾人也能够自食其力，建立庇护性工厂对其进行帮助。在庇护性工厂中，重度残疾人能够获得相应的工作机会，保障他们的基本生活需求。"庇护性工厂使许多重度残疾人重新获得就业机会，使他们重新融入正常生活中，还为其提供相应的康复训练，因此是重度残疾人就业的重要保障。

3. 鼓励各单位按一定比例雇佣残疾人

不同的单位性质雇佣残疾人的比例不同：一般民间企业雇佣残疾人的比例为1.8%，

---

① 相自成.中国残疾人保护法律问题史论[M].北京：中国法制出版社，2003：58-60.

各有关教育机构为2%,中央和地方公共团体中的管理、事务部门为2.1%,特殊法人企业为2.1%。政府对超过比例安排残疾人就业的单位和企业实行奖励,没有达到比例的单位和企业则要作出相应解释并要在限期内达到比例。

(四)残疾人教育

为了最大限度地使残疾儿童融入学校,培养残疾儿童的自理能力,1947年,日本在《学校教育法》中将盲校、聋校及养护学校纳入义务教育范围,同时规定各省市有设置盲校、聋校及养护学校的义务。1973年起实施《身心残疾人志愿全面就学制度》,并于1979年实施《全国特殊儿童全员就学》(包括重度残障者和多重残障者)的义务教育制度。日本残疾儿童不分类别及程度都有权接受12年义务教育。自学前教育起,设置障碍儿童教育中心,并与养护学校的幼稚部共同实施残障儿童幼稚教育,同时为儿童家长提供教育培训。日本中央政府还编列预算补助地方政府普设启智、启能、病弱等特殊学校、特殊班及职业学校。为了培养师资,在师范大学普遍开设特殊教育课程,并与特殊教育综合研究所共同开设长期和短期研习班。1979年起,多重残障及重度残障儿童开始在特殊学校、特殊班或在家中接受教育。同年开始实施教育巡回指导制度,政府给予定额经费补助。[1]

日本实行免费教育,政府为学校提供全部教育经费。在相应的教育政策中规定,国家建立公立学校为残疾儿童提供教育机会,且免除残疾儿童的学费,由中央政府和地方政府负担。除此之外,学生的住宿费、交通费、饭费及其他杂费全部由政府承担,保证每一个学生都能接受应接受的教育。

(五)无障碍环境

日本为残疾人、老年人增设的无障碍设施非常普及。在一些公共设施中,尤其是在商店,要按商业建筑面积大小实现不同等级的无障碍设计,建筑面积超过1 500平方米的大中型商业建筑要为残疾人、老年人提供专用停车场、厕所、电梯等设施。所有交通路口全部坡化,主要路段人行横道口都装有盲人过街音响指示器,公用设施内轮椅可以通达所有地方,所有地铁站都装有升降机,并带有盲文按钮,每列地铁列车都有专门车厢设有轮椅席位,盲道从地面一直铺到地铁站台。

第三节 我国残疾人福利的发展与现状

一、我国残疾人福利的发展历程

中华人民共和国成立后,政府陆续举办了一些盲、聋哑学校及社会福利企业,20世纪60年代还成立了全国盲、聋哑人协会,初步解决了一部分残疾人的入学、就业和生活问题,残疾人无人过问的局面得到了彻底改变。改革开放后,随着经济水平的提高,社会福利事业得到极大发展。1982年通过的《中华人民共和国宪法》第3款规定:"国家和社会

---

[1] 陈银娥,潘胜文.社会福利[M].北京:中国人民大学出版社,2004:189.

帮助安排盲、聋、哑和其他有残疾的公民的劳动、生活和教育。"彻底废除了"不劳动者不得食"的分配原则,第一次确定了残疾人获得物质帮助的权利。1984年成立的中国残疾人福利基金会是为残疾人服务的团体。1988年成立的中国残疾人联合会是政府批准的全国性残疾人事业团体,既不同于政府机构,又不同于一般的群众团体,融代表功能、服务功能和社会化管理功能于一身,既代表残疾人利益,又为其服务,还承担政府委托的任务,推行社会化管理、发展残疾人事业。1987年和2006年我国进行了两次大规模的全国残疾人抽样调查,为进一步发展残疾人事业提供了依据。

1990年颁布的《残疾人保障法》是我国第一部残疾人专项法,标志着我国残疾人事业发展的新起点。在重点加强民生建设的大背景下,在政府政策主导和服务体系建设的推进下,残疾人福利发展成为我国社会建设和福利体系推进的重要内容,各界学者开始广泛参与残疾人福利模式的研究,我国残疾人福利模式初见端倪。经过几十年的发展,我国残疾人就业和生活问题得到很好的解决,残疾人康复工作初见成效。例如,据中国残联统计公布,1990—1995年,全国完成白内障复明手术98.05万人,小儿麻痹矫治手术33.6万人,聋儿语训5.14万人,低视力残疾人配用助视器2万人。残疾人的文体活动十分活跃,全社会对残疾人事业的关心和帮助大大增加。

"九五"期间,我国残疾人福利基金会为残疾人事业提供了总计6 866.59万元的资助,为全面超额完成残疾人事业"九五"计划纲要提供了有力支持。我国残疾人福利基金会共接受海内外社会各界的捐款折合人民币1 795.21万元,支出人民币1 213.66万元,用于残疾人教育、就业和综合服务设施建设等领域,其中一半以上的资金投入了中西部贫困地区。① 2000年,残疾人状况明显改善,430多万残疾人得到不同程度的康复,残疾儿童少年义务教育入学率进一步提高,残疾人就业率由70%提高到80%,829万农村贫困残疾人得到扶持解决温饱,269万城乡特困残疾人基本生活得到保障。

2007年国务院颁布了《残疾人就业条例》,紧接着实施了"残疾人'十三五'规划纲要""贫困残疾人脱贫攻坚行动计划"。2008年新修改了《残疾人保障法》,明确提出残疾人享有社会保障的权利,提出残疾人应独立、自主地参与社会生活;提出了"维护残疾人的合法权益,发展残疾人事业,保障残疾人平等地充分参与社会生活,共享社会物质文化成果"的目标。这是我国残疾人发展史上的重大进步,为我国残疾人社会救济向残疾人社会福利保障思想的转变奠定了基础。在1988年《关于做好城市无障碍社会建设的通知》的基础上,国务院在2012年通过了《无障碍环境建设条例》,开始加强残疾人无障碍设施建设。

2010年3月,国务院办公厅转发中国残联等16部委《关于加快推进残疾人社会保障体系和服务体系建设的指导意见》,明确提出到2015年建立起残疾人"两个体系"的基本框架,标志着我国残疾人福利制度框架基本形成。2015年1月,国务院印发了《关于加快推进残疾人小康进程的意见》,明确提出没有残疾人的小康,就不是真正意义上的全面小康。完善残疾人社会福利体系,加快推进残疾人小康进程,是全面深化改革、全面推进依法治国的重要举措,是全面建成小康社会、实现共同富裕、促进残疾人平等参与共享、促进社会公平正义的必然要求。同年9月25日,国务院发布了《关于全面建立困难残疾人生

---

① 人民日报海外版,2001-07-04:4.

活补贴和重度残疾人护理补贴制度的意见》,第一次在国家层面建立了残疾人专项福利制度,预计将使 2 000 万人次的困难和重度残疾人受益,有效改善约 5 000 多万残疾家庭的生活质量,意味着我国残疾人福利正由保障基本生活层面向提升生活水平的福利模式转变。残疾人群体的物质基础和福利供给虽然得到了很大改善和提高,但我国残疾人群体基数大、残疾人困难情况复杂多变、残疾人物质福利供给政策的执行缺乏效力的现状导致我国目前很多残疾人群体仍然难以获得住房安全保障、基本医疗、康复服务等物质基础福利。针对这一现状,2016 年年底中国残联、国务院扶贫办等 26 个部门和单位共同制定了《贫困残疾人脱贫攻坚行动计划》。

二、我国残疾人福利的现状与缺陷

(一) 残疾人福利理念有所发展但仍有偏差

2006 年《残疾人权利公约》在联合国大会通过后,我国逐步确立了"残疾人自身损伤与各种障碍相互作用可能阻碍残疾人在与他人平等的基础上充分和切实地参与社会"的观点,在制度构建的理念基础上尝试了转变。2008 年按照《残疾人权利公约》重新修订了《中华人民共和国残疾人保障法》,提出了"维护残疾人的合法权益,发展残疾人事业,保障残疾人平等地充分参与社会生活,共享社会物质文化成果"的目标。但是我国目前在残疾人福利制度的构建理念及政策执行中仍然存在一些问题,出现了福利理念的偏差。我国残疾人群体基数大、贫困数量多、贫困原因复杂多样及无障碍等社会基础环境建设的历史欠缺等现状,造成我国制度型的福利模式流于形式平等而难以向事实平等结果贴靠的局面。我国现有的残疾人福利模式遵循的理念倾向仍是传统残疾人观念,在福利模式政策建构中,重视物质福利供给而忽视保障所有残疾人平等地享有社会权利;在残疾人福利模式的运行中,实施者在具体执行中缺少对维护残疾人权利内涵的诠释,忽略了福利的供给是残疾人群体应该享有的权利,而是以法律规定的帮扶、救助为推行宗旨,将所提供的福利方式看成是同情、怜悯,很容易出现态度、行为上非主观不经意的歧视,而且存在行动力弱、效率低下等问题。

(二) 残疾人福利立法体系不健全

我国残疾人社会保障的许多工作仍然依靠行政手段与道德力量进行,法制体系尚不健全。我国虽制定了《中华人民共和国残疾人保障法》,初步奠定了我国残疾人社会保障事业的法制基础,但这是一部有关残疾人保障的综合性法律,其中只是规定了有关残疾人保障的综合性、原则性条款,并未涉及具体的福利方面,权威性和有效性尚未充分显示,残疾人保障工作的随机性仍不可避免。现实生活中,随着我国社会及经济的快速发展,公民权利意识逐步增强,越来越多的社会公民(尤其是残疾人)主动参与残疾人政策的制定,并逐步开始运用法律和诉讼的方式维护自身的权利。社会的进步和发展使残疾人不再是一个笼统的概念,而是有了更细的分类,涉及的范围也越来越广泛,对社会福利方面的具体要求也越来越复杂。残疾人福利保障是一项重要的福利事业,仅仅依靠行政法规不足以满足日益复杂的残疾人福利需求。

（三）残疾人就业保障存在问题

（1）残疾人劳动就业结构单一。特别是某些类别的残疾人更是局限于一两个行业，如盲人所从事的职业主要局限于盲人保健按摩。劳动力市场所容纳的劳动力有限，极大地限制了残疾人的就业面，不利于广大残疾人在更为广泛的领域展示自己的才干。

（2）残疾人劳动就业率低。尽管残疾人就业率达90%左右，但应该看到，该数据是排除了尚不具备上岗就业条件的一部分人后得出的。如何真正让有一定工作能力的残疾人上岗就业，仍然有大量的工作要做。

（3）急需开发残疾劳动力资源。目前社会对残疾人劳动力资源的重要性认识不足，同时，残疾人劳动力资源的有效开发与利用仍是一个需要解决的问题。许多残疾人没有掌握现代高新技术，在劳动力市场缺乏竞争力，使残疾人劳动价值得不到提升。

（四）残疾人社会保障水平较低

残疾人的生活水平低于社会平均水平，部分有劳动能力的残疾人未能参与劳动就业。据调查，70%的残疾人需要国家、集体的救济或亲属的供养。残疾人群体多在福利企业就业，收入菲薄，大部分人靠国家救济或家人抚养；精神病患者群体因工作不稳定，收入不高，或工作无收入。此外，残疾人受教育的机会少、程度低，文盲和半文盲占多数。残疾人由于经济困难，加之生理缺损、心理障碍和社会偏见、歧视等原因，残疾人恋爱、结婚阻力很大，困难很多，往往不能组织家庭，以致失去了家庭组织自我保护社会功能的维护。随着我国经济、社会及残疾人事业的发展，当残疾人基本生活需要得到满足之后，他们对保障个人全面充分发展权利的要求日益迫切。他们要求同健全人一样具有从生理到精神再到自我实现的多方面、多层次的需求，而目前的残疾人社会保障制度尚无法满足这种更高层次的要求。我国的无障碍设施建设虽然取得了一定的成绩，如在城市道路中，为方便盲人行走修建了盲道，为方便乘轮椅残疾人修建了缘石坡道；在建筑物方面，大型公共建筑中修建了许多方便乘轮椅残疾人和老年人从室外进入室内的坡道，以及方便使用的无障碍设施（楼梯、电梯、电话、洗手间、扶手、轮椅位、客房等）。但总的来看，设计规范没有得到较好执行，同残疾人的需求及发达国家和地区的情况相比，我国的无障碍设施建设还较为落后，有较大差距。

三、我国残疾人福利的未来发展路径

残疾人具有经济利益上的贫困性、生活质量上的低层次性和承受力上的脆弱性，是我国体制转轨时期社会分层结构中处于最低层次的一个特殊社会群体。支持、关心和帮助体制转轨时期的残疾人，使他们尽快摆脱生活困境，提高生活水平和生活质量，增强物质和精神上的承受能力，从而成为社会生活中的社会强者，既是国家义不容辞的责任，也是每个群体、个人应尽的义务。

（一）坚持"共享"的价值理念

要进一步发展我国残疾人福利事业，必须转变目前我国法律、法规和政策规定的制定理念中传统的"同情""救济""帮助弱者"等观念,这是从制度设置到政策落实的本质要求。价值理念的转变不能单纯依靠制度层面的设想,而是要在具体的政策倾斜中逐渐落实和贯彻。"平等""共享"是符合时代发展要求和残疾人切实需要的价值观念,深入贯彻这一观念就要在政策实施上给予适当的资源倾斜。例如,加强无障碍社区、城市建设的决断力和行动力,强力推动无障碍资源的实现,让社会大众和残疾人群体切身感受到每个个体都平等参与社会生活中;为残疾人群体设立独立的福利供给体系,物质上不再以最低贫困线为标准统一划分,而是根据残疾人群体参与社会生活的实际代价设置合理的"专属"门槛并提供丰富的就业形式。在精神上为他们提供多样的娱乐活动和电视、盲文书籍等精神补给,提升他们的参与度和自信心。[①]

(二)加快残疾人福利立法进程

保障残疾人福利的前提和基础是建立完善的权益保护法律体系。残疾人福利保障并不是外界的恩赐或施舍,而是立法体系中应该明确的法律上的保护。目前我国只有一部《中华人民共和国残疾人保障法》来保障残疾人的合法权益,除此之外再没有专门的法律、法规来规定残疾人权益保障的相关事宜,仅仅是在宪法及一些法律、行政法规中零散地有些关于残疾人权益保障的规定。随着经济的发展、残疾人问题的突出,对于残疾人的保护不能仅仅依靠《中华人民共和国残疾人保障法》和一些不成体系的条款。虽然宪法和《中华人民共和国残疾人保障法》中较为全面地给出了残疾人福利保障相关规定,但过于笼统,现实中不具备可操作的条件,其中一些条款也不具备实施的可能性,实用性不大。我国正在加速立法和配套法律、法规的制定,为残疾人参与社会生活提供明确的法律依据,使残疾人能够平等地享受各项权利,从而更好地融入社会生活中。针对我国现有残疾人福利立法不完备、不统一的问题,国务院于1994年8月23日颁布实施了《中华人民共和国残疾人教育条例》、2007年5月1日起施行了《残疾人就业条例》、2012年8月1日起施行了《无障碍环境建设条例》。但政府还应尽快制定《残疾人康复条例》《残疾人社会保障条例》等实施细则。针对城乡残疾人福利保障的不平等问题,国家在制定有关残疾人福利的法律时应加大对农村残疾人福利问题的关注,提出更多保障农村残疾人福利的措施,使城乡残疾人能够得到平等对待。

(三)加强残疾人的参与

目前我国有关残疾人保障的法律多是身体健全的人参与制定和修改的,他们作为健全人并不能真正了解残疾人的需求,因而无法站在残疾人的角度制定满足残疾人所有需求的完善的法律。由于残疾人长期无法参与有关其自身权益保护的法规的制定,他们可能就会被排除在主流社会之外,长此以往,他们可能被社会所遗忘和淘汰。一旦残疾人群体的权益得不到保障,就可能导致他们对社会的不满,这种不满的情绪可能导致社会的安全隐患。因此,在制定有关残疾人福利法规的过程中应尽可能地加强残疾人参与共享社会生活的权利,与残疾人创造出的财富相比,更重要的是他们参与社会劳动的过程,成为

---

① 孙祺媛.我国残疾人福利模式研究——基于新残疾人观视角[D].长春:吉林大学,2019.

正在实行的社会福利政策的受益人。要加强残疾人的参与,就必须从本质上保障其具有各项法律规定的公民权利,在工作单位以残疾工作者的权益代表的形式参与共享,在组织机构以当地残疾居民咨询委员会的形式参与共享。例如,增加残疾人工作就业的权利,保证残疾人能够和健全人一样自由选择适合自己的工作种类,让残疾人能够以适合自己的工作方式参与工作。再如,政府在建设无障碍环境时,应该充分调研,了解不同残疾人的不同需求,在充分调研的基础上制定建设方案。政府还应保障残疾人参与政治生活,为残疾人参与政治生活提供条件,使国家每一项政策的制定和实施都有残疾人的参与。加强残疾人的参与,使他们能够从自身需求出发,充分反映自身的权益,从而制定能够真正保障残疾人社会福利权益的法律、法规。

(四)明确国家责任[①]

国家和政府是残疾人社会福利权利的主要义务承担者,政府是残疾人福利工作顺利进行的保障者。《残疾人保障法》中就有对国家责任的规定,主要体现在规定国家要采取辅助方法和扶持措施,为残疾人士提供特殊支持,以减少或消除残疾影响和外界障碍。《残疾人保障法》还规定:国务院和省、自治区、直辖市人民政府的职责是采取组织措施,协调有关部门做好残疾人事业的工作;各级人民政府按照各自的职责,做好残疾人的工作。《残疾人保障法》的具体规定虽然明确了国家和政府的法律责任,但是并没有具体规定政府和部门的职责,特别是没有具体化到规定负责用以确保残疾人福利的成本、提供残疾人福利服务的实施机构和人员配备,以及其他具体的法律问题。这就导致在具体实施过程中很难切实保障残疾人福利。因此,必须明确国家和政府在残疾人福利立法中的作用,政府应积极履行法律规定的各项具体义务。作为残疾人社会福利保障的主要义务承担者,各级政府应该遵从国家法律规定,认真贯彻国家的各项法律规定,为全社会的残疾人福利保障事业作出表率。同时,应加强政府的监督职能。在残疾人福利的保障过程中,国家和政府需承担起责任,整个社会也有相应的义务,社会各企业、事业单位、社会团体和个人都有为残疾人提供福利的义务。义务的履行必须有对应的措施来保障,除了社会道德约束及司法救济外,政府必须对实际实施情况进行监督。这不仅是政府的义务,也应体现在法律条文中。

【扩展阅读】

中国残疾人福利基金会

中国残疾人福利基金会(以下简称基金会)成立于1984年3月15日。基金会的宗旨是弘扬人道,奉献爱心,全心全意为残疾人服务。理念是"集善",即集合人道爱心,善待天下生命。工作目标是努力建设成为公开、透明、高效率和高公信力的世界一流基金会。

基金会自成立以来,高举人道主义旗帜,大力倡导扶残助困的良好社会风尚,积极筹集资金,努力改善残疾人康复、教育、就业等方面状况。基金会先后培育了集善嘉年华、启

---

① 房雅萍.我国残疾人福利立法研究[D].北京:北京理工大学,2016.

明行动、助听行动、助行行动、助学行动、助困行动、中国信息无障碍论坛等一系列有社会影响力的公益项目,形成了"集善工程"这一公益项目品牌。

根据中央关于实施精准扶贫、齐心协力打赢脱贫攻坚战的战略部署,在相关部委的支持下,基金会组织实施了"集善扶贫健康行"大型公益活动,将基金会的康复医疗公益项目纳入"集善扶贫健康行"公益活动中,对全国的白内障、青光眼、自闭症和脑瘫等儿童患者实施医疗康复救助,同时实施互联网就业项目,动员全社会力量搭建残疾人扶贫工作的平台。既为贫困残疾人"输血",又为残疾人"造血",使残疾人尽快摆脱贫困,达到温饱线,与全国人民一起奔小康。

案例讨论

2017年6月,贾方亮即将从重庆师范大学特殊教育信息与资源专业毕业。离校的日子一天天临近,工作还没着落。"投出去的14份简历都没回音。"贾方亮觉得没企业肯联络他,一方面是因为自己缺乏相关工作经验,但更重要的原因是他的聋人身份,"招聘方觉得沟通不方便,虽然我'告诉'对方可以通过文字或者手语交流,他们还是嫌麻烦。"

贾方亮所在的专业有一个聋哑学生班,共有19名学生,目前只有4名学生找到了工作。他的同学刘秋燕在投放简历频频遭到拒绝后,准备把精力重点放在残联举办的定向招聘会上。"我也去过几次定向招聘会,大多是技术含量低的操作工岗位。力所能及的工作不让我干,这就是赤裸裸的歧视。"经历大半年的求职奔波,周婷婷有些失望。她2岁时被烧伤,被鉴定为肢体三级残疾。周婷婷学的是应用电子技术专业,在学校的双选会上应聘了"文员、档案管理"类岗位,差不多投了六七十份简历。"这些工作我都能胜任,但招聘方怕影响公司整体形象,也担心我的身体健康问题。"周婷婷叹口气,"说是让我等通知,其实一直没等到通知。"后来,一家酒店财务经理同情她的经历,给她提供了一份收银员的工作,才干了几天,酒店老总知道她是残疾人后,立马把她辞退了。也有企业为了完成残疾人就业指标,提出给周婷婷一笔费用,挂靠她的残疾证,周婷婷拒绝了。

一位长期关注残疾大学生的辅导员告诉记者,残疾学生就业面临不少难题:定向招聘中技术含量低的岗位多,专业对口岗位少;有些招聘单位到招聘会"走过场";还有些招聘单位直接拒绝残疾毕业生。"残疾毕业生基本通过定向招聘、熟人介绍等实现就业,通过普通招聘就业的极少。"这位辅导员说,残疾毕业生工作不稳定,待遇比较低,比如去特殊教育学校工作的学生,很多都没有编制,仅仅是代课老师而已。

资料来源:残疾毕业生,就业谁来帮?[N]人民日报,2017-06-16.

讨论问题

如何扩大残疾人就业途径?

第十章

教育福利

【学习目标】

通过学习本章,了解教育在国家发展中的重要性,掌握教育福利的含义和内容,了解我国教育福利的发展、面临的困境及未来的发展路径。

第一节 教育福利概述

一、教育福利的含义

教育福利是与国家的教育政策紧密关联的一种福利制度,是国家和社会通过社会化的教育投资与福利性的设施,满足全社会成员受教育的愿望和需求,从而促使其素质不断得到提高的一种社会福利。从一个国家或地区发展的角度出发,往往是劳动者的素质越高的国家或地区就越发达,而较高的素质是通过教育实现的。因此,教育福利的程度关系一个国家的经济发展和社会进步。

二、教育福利的内容

(一)国民基础义务教育

国民基础义务教育是教育福利的主要内容。国民基础义务教育一直是国家办的事业,这部分教育经费在任何国家都是由政府保证的。义务教育是免费的教育,国家有义务为学龄儿童提供接受教育的条件,保障每一位儿童拥有平等的受教育的权利和机会。为了保障国民不分民族、不分性别,都有接受义务教育的权利,国家采取了一系列政策措施。

(1)对特殊困难家庭的子女和孤儿、无收养家庭的弃儿等,国家有关政策规定公立学校通过一定审核程序给予减免学杂费和代为支付书本费。由社会福利机构集中收养的孤儿、弃儿,其教育费用由社会福利机构直接向学校支付。

(2)教育机构在中等及以上学校设立助学金和贷学金,资助生活困难家庭的子女。助学金是无偿提供的,生活困难家庭的子女可向学校申请获得,用来解决在学期间学习、生活上的基本开支。贷学金是一种无息或低息的有偿资金,学生可申请贷款,满足在学阶段学习、生活上的资金需要,学业完成、参加工作并取得收入后一次性偿还或分次偿还,或由用人单位偿还。

（二）社会捐助

社会团体、社会热心人士捐助及慈善机构设立的教育基金或直接为学校出资构成教育福利的补充。前者一般以单位或个人名义设立基金，也有集社会捐资组成的基金（如中国青少年发展基金会牵头开展的全国性的救助失学儿童的"希望工程"），用以资助困难学生和奖励成绩特别优异的学生。后者如各类私立学校、教会学校和企业单位办的学校等。社会保障机构也有直接办学的，如特殊教育学校、为失业人员提供职业培训的学校等。

（三）其他福利

例如，大专院校的助学金、奖学金、贷学金，以及职业培训津贴、度假优惠购票等。

第二节　我国教育福利的发展与现状

一、我国教育福利的发展历程[①]

我国的教育福利主要体现在国家对教育的政策倾向和投资福利经费上。

（一）初步发展阶段（1949—1966 年）

中华人民共和国成立之初，新成立的教育部确立了"以老解放区新教育经验为基础，吸收旧教育有用经验，借助苏联经验，建设新民主主义教育"的教育改革基本方针。1954年9月全国人大一届一次会议上通过的《中华人民共和国宪法》规定："中华人民共和国公民有受教育的权利。国家设立并且逐步扩大各种学校和其他文化教育事业，以保证公民享受这种权利"，正式以法律的形式确定了教育为每个公民服务的性质。毛泽东在1957年2月提出了"我们的教育方针，应该使受教育者在德育、智育、体育几方面都得到发展，成为有社会主义觉悟的有文化的劳动者"。在这种方针指导下，教育发展取得了前所未有的成绩。高等教育、职业教育和干部教育得到了积极的发展和调整，基础教育受到特别关注，培养了新一代的知识分子和教师。到 1965 年年底，全国共扫除文盲 1.03 亿人，年均扫盲 604.3 万人；小学共 168.2 万所，在校生达 1 016 万人，学龄儿童入学率达 85% 左右，比 1946 年增长 3.9 倍；普通中学（含初、高中）共 1.8 万所，在校生达 0.14 亿人，小学毕业生的 47% 可升入中学，比 1946 年增长 6.9 倍；全国大中小学和幼儿园教职工人数达 555 万人，较 1949 年增长 5 倍。这一时期，教育被提到了非常重要的地位，但是由于过分强调教育的政治功能和"一刀切"，同时在实际中全面向苏联学习，在一定程度上制约了我国的教育按照自身规律发展。

---

① 程方平.新中国教育 50 年发展概况[J].中国经济年鉴，2000.

(二)停滞发展时期(1966—1976年)

在此期间,中国的教育成为"文革"10年浩劫的重灾区。无论是"文革"初期的"停课闹革命",还是60年代末开始的"复课闹革命",都对教育管理机构造成了毁灭性的打击,各级各类学校陷于极度的混乱和瘫痪状态,广大教师和知识分子受到惨无人道的迫害与摧残,青少年丧失了接受正常的科学文化教育的权利与机会,国民素质的水平急速滑坡,国家经济建设几乎到了崩溃的边缘。

1970年以后,周恩来提出了提高高等教育质量的要求。1971年高中教育开始恢复。

总体来讲,"文革"期间,小学的学校数从1965年的168.19万所减少到1976年的114.43万所,学生人数也一直在1 160万上下波动。虽然普通中学校的数量有所增加,但学校的办学条件、教育质量、教师水平、学习风气等均降至历史的最低点。当时的普及教育只是被视为政治任务和政治需要,而且统计数字中的虚假浮夸现象也十分严重。在高等教育方面,由于搬迁并撤等做法,全国共减少普通高校106所,1975年仅为387所,降至1955年以来的最低点。高校停止全面招生6年之久,高考制度也被彻底废除。而且从1970年开始招收工农兵学员后,高校的政治化倾向使其教学、科研功能几乎完全丧失,造成各行各业后继乏人、青黄不接的严重后果。

(三)调整发展阶段(1977年到20世纪90年代)

进入20世纪80年代,我国的教育进行了大幅度的调整,尤其是1985年教育体制改革以来,我国的教育福利得到了大踏步的发展,主要表现在以下几个方面。

首先,重视义务教育的发展。1986年4月12日第六届全国人民代表大会第四次会议通过了《中华人民共和国义务教育法》,明确了国家实行九年制义务教育;国家、社会、学校和家庭依法保障适龄儿童、少年接受义务教育的权利;地方各级人民政府必须创造条件,使适龄儿童、少年入学接受义务教育。1995年3月第八届全国人民代表大会第三次会议通过的《中华人民共和国教育法》,再次确定了"公民不分民族、种族、性别、职业、财产状况、宗教信仰等,依法享有平等的受教育机会。国家保障教育事业优先发展。各级人民政府采取各种措施保障适龄儿童、少年就学并完成规定年限的义务教育。国家扶持边远贫困地区发展教育事业。国家扶持和发展残疾人教育事业"。有关法律的颁布和实施有效地保障了义务教育的开展。同时,党和国家展开了大规模的扫盲运动,并将扫盲与扫盲后的成人实用文化技术教育及各种开发项目,如星火计划、丰收计划、燎原计划,以及希望工程、春蕾计划等紧密结合起来。1998年,全国小学学龄儿童入学率达到98.93%,初中阶段毛入学率达到87.3%。我国青壮年文盲率由1978年的18.5%下降到1998年的5.5%以下。

其次,进行教育体制改革,改变单一办学模式,拓宽教育福利的来源渠道。由于长期以来教育管理体制的过分集权化及由各地各部委管理形成的条块分割,教育计划体制的弊端日趋明显,阻碍了教育的发展。1985年中共中央出台了《关于教育体制改革的决定》,明确了基础教育的责任,调整了中等教育的结构,将职业技术教育提到了重要的位置,同时扩大高校的办学自主权,加强高校同生产、科研和社会其他各方面的联系。1986

年,国务院发布了《征收教育费附加的暂行规定》。在《义务教育法》中也提出了改变由政府包揽一切的投资办学的模式,鼓励在自愿的基础上单位、集体和个人捐资助学。在义务教育方面,社会捐助办学最主要的代表是"希望工程"和"春蕾计划"。截至2000年年底,希望工程已累计接受捐款19.39亿元,援建希望小学8 355所,资助失学儿童229.6万名,奖励希望之星4 344名,培训希望小学教师2 300余名;在春蕾计划中105万女童得到资助重返校园。

再次,从20世纪80年代初开始,我国出现了自发形态的民办教育机构,到1992年邓小平南方谈话之后,民办教育在整个教育系统中初步确立了地位。1993年又颁发了《中国教育改革和发展纲要》,确定了"改变政府包揽办学的格局,逐步建立以政府办学为主体,社会各界共同办学的体制"的指导思想。据1995年统计,全国的民办高校已达1 209所,其中包括新增的800余所,有力地补充了我国教育事业福利经费的严重不足,并从管理、评价、集资方式、办学形式、教育教学改革等方面为教育事业不断发展提供了经验。

最后,加强教师的培训。自1978年开始恢复中断多年的教师培训工作后,1980年统筹安排了全国的重点高校接受进修教师的工作,同年,教育部还发布了《关于进一步加强中小学在职教师培训工作的意见》。

(四)改革发展阶段(20世纪90年代至今)

到了20世纪90年代,面向21世纪的中国教育改革与发展方向得到进一步明确,教育的战略地位得以确立,确立了科教兴国的发展战略和基本国策。

随着1993年《教师法》颁布,1995年《教育法》颁布,以及《教师资格认定的过渡办法》和《教师聘任办法》《教师考核规定》《教职工编制管理规程》《教师申诉办法》《教师职务条例》《关于解决民办教师问题的通知》等的陆续颁布,社会对教师的要求越来越高,教师队伍的现代化建设受到了教育界和全社会的关注。

在政策的引导下,我国的教育福利发展迅速,对教育的福利型投资和津贴有了大幅度的增长。随着教育体制改革的不断深入和公众受教育程度期望值的大幅度提高,教育福利的投入模式也发生了较大的变化,多渠道的教育福利投入格局加速了教育投入的增长。在保证教育福利投入较快增长的同时,各级政府采取多项政策加强对贫困地区义务教育的投入。1995年我国启动了"国家贫困地区义务教育工程",中央财政共安排39亿元专款,支持贫困地区普及义务教育。加上各级政府用于工程的专项投入,工程规划全部投入将达116亿元,集中投向852个贫困县。这是我国有史以来规模最大、中央专项投资最多的全国性教育扶贫工程。教育福利的大幅提高为教育事业的较快发展提供了基础,办学条件得到改善,全国普通中小学的校舍面积2000年比1991年增长了49%,危房率从1991年的平均2.76%下降到0.99%。

1998年1月,国务院批转了教育部提出的《面向21世纪教育振兴行动计划》。这是在继1985年《中共中央关于教育体制改革的决定》、1993年《中国教育改革和发展纲要》之后,提出的又一个更加全面系统的中国教育改革与发展的纲领性文件。1999年6月,中共中央、国务院召开了改革开放以来的第三次全国教育工作会议,动员全党和全国人民,以提高民族素质和创新能力为重点,深化教育改革,全面推进素质教育,振兴教育事业,实施科教兴国战略,为实现党的十五大确定的社会主义现代化建设宏伟目标而奋斗。

在教育部提出的《面向21世纪教育振兴行动计划》中,"全面推行教育的改革与发展,提高全民族的素质和创新能力"的目标被具体化为12个方面的工作,包括:①实施"跨世纪素质教育工程",提高国民素质;②实施"跨世纪园丁工程",大力提高教师队伍的素质;③实施"高层次创造性人才工程",加强高等学校科研工作,积极参与国家创新体系建设;④继续并加快进行"211工程"建设,大力提高高等学校的知识创新能力;⑤创建若干所具有世界先进水平的一流大学和一批一流学科;⑥实施"现代远程教育工程",形成开放式教育网络,构建终身学习体系;⑦实施"高校高新技术产业化工程",带动国家高新技术产业的发展,为培育新的经济增长点做贡献;⑧贯彻《高等教育法》,积极稳步发展高等教育,加快高等教育改革步伐,提高教育质量和办学效益;⑨积极发展职业教育和成人教育,培养大批高素质劳动者和初中级人才,尤其要加大教育为农业和农村工作服务的力度;⑩深化办学体制改革,调动各方面发展教育事业的积极性;⑪依法保证教育福利经费的"三个增长",切实增加教育的有效投入;⑫高举邓小平理论的伟大旗帜,加强高等学校党的建设和政治思想工作,把高等学校建设成为社会主义精神文明建设的重要基地。

二、我国教育福利的发展成就[①]

改革开放之前,我国实行"免费加助学金"的福利教育模式,与西方许多所谓"福利国家"在表面上具有某些共同性,由此社会保障制度避免福利化的观点在理论界和政策制定者中产生深刻影响。基于这一逻辑假设,在建立和发展社会主义市场经济的过程中,我国政府一方面片面追求经济增长速度,另一方面则在包括教育福利在内的社会福利领域逐步退隐。"教育不是免费午餐"成为改革时代的流行语。直至20世纪末期,随着社会公平引发的社会矛盾日益暴露,政府逐渐认识到公共服务对于社会良性发展的重大意义,"责任政府""服务型政府"等概念逐渐为人们所认同,并引领政府职能转变的努力方向,教育福利政策坚持公平正义的价值取向和趋势更加清晰。

(一)教育福利理念从消极走向积极

传统社会福利是以公民权利为理论基础,福利政策常常被看作消极的再分配功能,是阻碍经济发展效率的因素。近年来,各国政府与社会政策研究者开始重新检视社会福利和社会政策的作用。新福利主义理论认为,经济全球化、劳动力的流动性、家庭生活的复杂化及社会结构的变化迫切要求改变旧有的社会福利制度,增加教育福利的支出,因为只有用于人力资本的投资才能增加个人参与经济机会的可行性。

教育福利具有人力资本投资功能,通过提高受教育者的知识和技能,增强其社会生存和发展能力,可以减弱对一般性社会福利的依赖。教育福利政策不是简单的社会再分配方案,而是变被动恩惠式福利为主动进取式福利,变事后补偿性福利为事前预防性福利,是"授人以渔"而非"授人以鱼",这也有助于增强整体社会福利政策的可持续性,并推动教

---

① 吴至翔,刘海湘.我国教育福利政策的功能与价值分析[J].福建省社会主义学院学报,2009(1):86-89.

育福利政策的关注重点从扶助弱势群体的"选择型"福利逐步拓展到提供公共教育服务的"普惠型"福利。我国实施免费义务教育政策的渐进路径很好地阐释了这一趋势：由少数贫困地区到中西部农村地区，再到全国农村地区，直至2008年在城市全面铺开，最终实现全国义务教育阶段学生共享免费教育福利。

（二）教育福利目标从济贫走向发展

传统的教育福利政策关注的往往只是少数贫困特殊群体，以致人们似乎形成这样一种思维定式：教育福利仅与救济经济贫困学生相关。随着工业化、城市化和全球化进程的加快，人们逐步认识到贫困不只是物质和经济的匮乏，更是一种"能力的剥夺"，"社会排斥"的概念由此开始纳入对贫困的阐释中。教育福利政策更多地关注通过教育路径促进社会的整合与可持续发展。教育福利的供给对象开始逐渐覆盖贫困群体之外的其他社会群体，如女性群体、有残障者、流动人口及其子女、少数民族群体，以及其他在接受教育方面处于劣势的群体。从这方面说，教育服务的性质已经具备更多的公共特征，即从基于救济的目标向发展的目标逐步延伸。

教育福利本身即是社会公益事业的重要组成部分，促进教育公平进而推动社会公平的实现是教育福利政策的题中应有之义。不论其身份、地位、家庭出身、财产背景如何，尽量满足所有社会成员在接受教育方面的现实要求，是建设和谐社会的内在要求。为此，一方面要营造积极的公平教育环境，实现教育权利面前人人平等；另一方面要采取必要的优惠政策和特别保护措施，以弥合现实中存在于不同群体间的教育不平等鸿沟。事实上，通过必要的帮扶措施，帮助教育弱势群体及个人走出困境，并使其有效地参与社会公共生活，共享社会经济文化发展成果，正是暗合了"社会利益最大化"的全面发展的价值选择。

（三）教育福利方式从单一走向多元

早期的西方国家，教育福利政策的决策主体和行为主体都是政府，尤其在"福利国家"流行时期，政府的角色得到空前强化。国家高度介入教育福利领域，以公共权力干预市场分配不公，使社会成员特别是弱势群体成员的受教育权利得到充分保障。与此同时，教育服务质量欠佳、效率低下、官僚主义严重、政府负担过重等问题也沉疴日深，"教育市场化"呼声鹊起，"福利多元主义"日渐占据主流观点，强调教育福利服务可由公共部门、营利性组织、非营利组织、家庭与社区共同负担。

随着我国经济体制改革的深入，计划经济时期由政府包办的教育福利体系迅速解体。但与西方国家不同的是，我国政府在教育福利多元化的过程中存在严重的角色缺位：一是忽视了政府的主导作用，"一退了之"；二是忽视了对教育福利的社会组织体系的培育；三是教育收费制度和准入制度政出多门，缺乏科学统一的规范；四是个人及其家庭负担教育成本比例普遍超出其承受能力范围。但无论如何，我国政府推进教育福利多元化的大方向是清晰的，由"福利国家"逐步演变成"福利社会"是促进教育福利事业发展的有效路径。在新的制度框架下，政府的教育福利角色从过去的直接提供者变成主导者，但政府依然是教育福利政策中最重要的角色，包括政策决策的主导者、福利服务的规范者和购买者、物品管理与仲裁者等。

【扩展阅读】

义务教育

义务教育起源于德国。宗教领袖马丁·路德是最早提出义务教育概念的人。改革胜利后,为使人们都有学习《圣经》的能力,路德颁布了义务教育法。1619年,德国魏玛公国公布的学校法令规定:父母应送其6~12岁的子女入学,这是最早的义务教育。1763—1819年,德国基本完善了义务教育法规。

工业革命后,义务教育发挥着使人们掌握工业知识的任务,义务教育的时间也由最早的3~6个月发展到6年,直至9年,才符合当时的科学发展水平和高度,才可以掌握当时工业制造的基本操作。

义务教育阶段实行"两免一补"义务的含义包括父母与家庭有使学龄儿童就学的义务,国家有设校兴学以使国民享受教育的义务,以及全社会有排除阻碍学龄儿童身心健全发展的种种不良影响的义务。16世纪欧洲宗教改革运动中,新教国家为推行宗教教育,提倡广设教育。英、法、美等资本主义国家大多在19世纪70年代后实行义务教育。

根据联合国教育、科学及文化组织的有关统计资料,到20世纪70年代末80年代初,已有近60个国家实施义务教育法。各国实施义务教育的年限大体是由该国的经济发展水平和文化教育程度决定的。中华人民共和国成立后,初期起临时宪法作用的《中国人民政治协商会议共同纲领》及以后正式颁行的宪法中,都明确规定公民有受教育的权利和义务。1985年5月27日《中共中央关于教育体制改革的决定》指出,义务教育,即依法律规定适龄儿童和青少年都必须接受,国家、社会、家庭必须予以保证的国民教育,为现代生产发展和现代生活所必需,是现代文明的标志之一。

案例讨论

央广网北京2017年9月5日消息(记者沈静文,见习记者万存灵) 据中国之声《新闻晚高峰》报道,新学期伊始,"现代私塾"再次成为报端热词。在浙江杭州,11岁男孩小朱因为"搬了一暑假的砖"而令舆论哗然。到9月1日,小朱没有像其他孩子一样回学校上学,而是退学,准备在家接受"新教育"。作出和小朱父母相同选择者,如今已不是个例。

教育部9月5日表示,接受私塾教育与我国《义务教育法》相悖,对逾期不改的家长,将由司法部门依法发放相关司法文书。针对四川凉山格斗孤儿事件,教育部也表示,对适龄儿童、少年未能完成义务教育事件,"发现一起,纠正一起"。

9月,6岁零4个月的跳跳并没有和小伙伴一样背起书包走进小学课堂。他的"课堂",是其父母创办的"浩然书院"。

跳跳爸爸张红亮说,儿子的幼儿园、学前班等都是在家里由爱人和自己教授。从《三字经》《百家姓》《弟子规》到《大学》《中庸》《论语》等,夫妻俩希望通过传统私塾式教育的熏陶,引导儿子爱上中国传统文化。"现在着重的这种教育是知识培训、技能培训、才艺、学历的培训。老师讲的,学出来之后会发现这一生没什么用处。这个学习,只是问卷似的学习,就是应付考试用的。这就失去了教育的初衷。"

第三方机构数据显示,截至2016年2月,全国已有约6 000人实践了"在家上学",全国约 50 000 名家长有意尝试这一教育模式。

  对接受"私塾""读经班"等社会培训机构教育的学生，教育部基础教育司司长吕玉刚表示高度关注。义务教育是国家统一实施的、适龄儿童少年都必须接受的教育。如果家长不送孩子到学校去上学，这是和《义务教育法》相抵触的。适龄儿童入学接受义务教育，既是权利也是义务，具有强制性。一些家长不送孩子上学，在家里或者送到"私塾"、国学班等地方去学习，这些机构很难按照国家规定的课程标准要求开齐、开足、开好国家规定的相关课程，很难保障适龄儿童完成义务教育。这对孩子一生的成长是很不利的。

  吕玉刚坦言，如果家长想让孩子接受如国学等方面的特殊教育，可以在业余时间进入一些机构学习。但这类学习只能是学校教育的补充，不能替代正规的学校教育。对于没有按照《义务教育法》的规定送适龄儿童到学校接受义务教育的家长，根据《国务院办公厅关于进一步加强控辍保学提高义务教育巩固水平的通知》，司法部门或将依法发放相关司法文书。学校要摸清情况，及时和家长保持联系，在学籍信息系统进行标识，并进行劝返。劝返不回来的，要向当地乡镇政府、县级教育行政部门书面报告；当地的乡镇人民政府或者县级人民政府的教育行政部门对适龄儿童的父母或者其他法定监护人，没有送孩子去上学的，应当给予批评、教育，责令限期改正；对逾期不改的，没有送孩子上学的家长，由司法部门依法发放相关的司法文书，敦促其保障辍学的学生尽快复学；情节严重或者构成犯罪的，要依法追究法律责任。

  同样围绕适龄儿童接受义务教育的问题，四川凉山格斗孤儿事件一个多月来受到广泛关注。教育部基础教育司副巡视员王岱介绍，教育部、民政部会同四川省教育厅、公安厅、民政部门进行调研，目前整改正在进行中。通过调研，俱乐部里未成年人有 45 名，其中孤儿有 1 名，16 周岁以下的义务教育适龄儿童有 37 名，分别来自凉山和阿坝地区。

  王岱表示，教育部门将依法对招收适龄儿童、少年进行文艺、体育等专业训练的社会机构加强管理。机构应首先保证适龄儿童、少年完成义务教育，或在训练的同时接受符合国家规定的义务教育。一些体校和文艺机构如果对孩子进行义务教育，应当有县级教育行政部门的批准。对适龄儿童、少年未能完成义务教育的事件，教育部门将发现一起，纠正一起。"组织贫困家庭的孩子和孤儿从事这项工作，存在社会道德问题，容易引起其他一些机构的效仿。另外，要对这些孩子提供帮助。这些孩子回去以后，凉山州包括其他一些地区的教育行政部门跟民政部门都对这些孩子上学进行了妥善的安置。对确实喜欢格斗的孩子，专门安排他们进入一些特长学校学习。这些学校有专门的格斗兴趣小组或者相关体育训练。"

  资料来源：教育部：对适龄儿童未能完成义务教育事件"发现一起纠正一起"[EB/OL].[2017-09-05]. http://www.heihe.gov.cn/info/1396/107237.htm.

讨论问题

如何理解义务教育的责任主体？

第十一章

住房福利

【学习目标】

通过学习本章,掌握住房福利的含义和内容,了解住房福利的特殊性,了解美国与新加坡的住房福利的内容和特点,掌握我国住房福利的发展,了解我国保障性住房政策的现状。

目前全世界有10亿多人处在不同程度的住房紧缺和居住条件极为恶劣的环境中,即使在高度发达的美国也有上百万人无家可归,发展中国家的城市则有30%的居民居住在简陋、破旧的房屋中。1996年6月在伊斯坦布尔召开了联合国第二次人类居住区委员会大会,会议通过了《伊斯坦布尔宣言》和《人居工程》两个主要文件,这是对此后20年(到2015年)世界各国和国际社会发展"人居"的指导性文件。会议得出结论:预计到20世纪末,全世界将有一半人口生活在城市;到2025年,全世界将有2/3的人口居住在城市。农村人口迅速向城市迁移,就存在人居水平下降的潜在危险,这是人类发展进程中面临的新的挑战。在这样的时刻研究"人居"问题,已经不能再局限于解决居民住房问题,而应该扩大到解决人类住区大环境的各项条件与各个问题,因为它关系到"在世界上建设健康、安全、公正和可持续发展的城市、乡村和农村"的重大问题。为此,会议提出了两大目标:"人人享有适当的住房"和"在迅速城市化进程中的人类住区的可持续发展"。为了实现这两个目标,各国都要对文件中提出的要求作出承诺。

随着我国社会主义市场经济体制的逐步建立,在改革住房实物分配的旧体制,实现住房商品化、社会化的过程中,必须同步建立发展社会保障住房,使住房供应结构和供应方式能够适应不同收入水平居民的住房支付能力,保障广大中低收入居民的基本住房需求。发展经济适用住房和廉租住房,建立以经济适用住房为主的多层次的住房供应体系,完善住房供应渠道,对不同收入家庭实行不同的住房供应政策,既是进一步深化城镇住房制度改革的重要方面,也是建立与我国社会主义市场经济体制相适应的社会福利制度的重要组成部分。

第一节 住房福利概述

一、住房福利的含义

住房福利主要是指面对城市中低收入群体,解决住房问题,提高住房生活质量的福利。关于住房是否属于社会福利的内容,有三种不同的观点:第一种观点认为住房只具有纯粹的商品性而不具有福利性,它与其他消费品一样,社会成员要支付货币去购买,住房属于个人所有;第二种观点认为住房可以通过社会福利的形式,由国家和社会在工资分配之外进行分配;第三种观点具有折中性,认为住房具有商品性,同时也具有福利性。

工业化和城市化过程中,一个不可回避的严重问题是,大量的中低收入者的支付能力与具有适宜的住房标准的住房价格之间存在差距乃至巨大的鸿沟。这也是各国政府干预住房市场的主要原因。因此,世界各国政府几乎都在不同程度上为中低收入阶层解决住房问题提供帮助。例如,为中低收入阶层制订专门的住房发展计划,或者把中低收入阶层的住房问题作为与社会发展目标相联系的更为广泛的住房发展战略的目标,通过对住房供应和住房需求的补助及对住房生产的直接干预,来满足中低收入阶层不断增长的住房需求。各种关注中低收入阶层住房问题的社会和政治意义是通过"安居"实现"乐业",缓解和减少社会不稳定因素,在全社会逐渐富裕时,把人人享有住房作为一种社会权利。由此,城市中低收入阶层的住房问题是政府住房福利政策的主体。此外,公务员、退伍军人、老年人、单身母亲、残疾人等社会群体及其家庭并非一定贫穷,但其住房在特定社会经济发展阶段也往往为政府所关注。

二、住房福利的内容

(一)住房财政补贴

政府以多种形式提供住房补贴,可以直接支付也可以转移支付,具体包括:①需求方面的补贴,含收入和房租补贴;②供给方面的补贴,即通过土地成本、建设成本及对建筑企业的税收优惠等形式实行补贴;③住房金融方面的补贴,包括利率、税收、增值与折旧的特殊处理等。

(二)兴建经济房屋

国家作出政策性规定,要求住房建设必须划出一定数量的住房以低于市场的价格出售给低收入家庭,或者政府直接兴建经济房屋(也称廉价房屋或福利房屋)定向出售给低收入家庭。住房福利的核心是给中低收入居民家庭提供经济适用住房和廉租住房,解决中低收入居民的住房问题,同时调控房地产市场、调节收入分配。在做法上,包括立法、设立法定机构、控制价格等。实践证明,市场是提高资源配置效率、推进经济增长的主要途径,但市场不是万能的,市场不能完全解决社会公平问题,不能完全适应复杂的社会需求结构的要求,尤其是不能完全解决人民群众的基本需求问题,因此政府的干预是必不可少的。

(三)住房金融政策

住房金融政策也是政府介入住房领域的一个重要手段。常见的住房金融政策如下。

1. 私营机构住房抵押贷款

该模式以美国为代表。经办房地产金融业务的机构中私营金融机构占主体地位,大多数美国人能通过私人金融机构的住房抵押贷款来解决住房问题。美国对住房购买人减税的做法是将住房购买人的贷款利息从其年收入中扣除，从而冲减年收入的纳税基数。这实质上降低了住房投资人的贷款利息，差额由政府承担。

2. 公私机构互为补充的购建房贷款

该模式以日本为代表。日本既有地方政府通过自主建房、收购租赁民间住宅而向低收入人群提供的廉价租赁住宅——公营住宅，又有政府建立住宅金融公库，作为政府向居民自建或购买住房提供长期、稳定、低息贷款的机构，其利息比市场利息低1~2个百分点。日本政府还与地方公共团体成立住宅供给公社，分别建造面向中等收入者出售和面向低收入者出租的住房，其租金水平严格按收入线确定，平均为市场租金的55%。

3. 政府直接控制的基金制度

新加坡自1965年独立以来推行中央公积金制度，规定雇员可以用公积金购房。购房的款项包括首期付款和从银行得到的贷款，都可以用公积金储蓄偿还，但不可用公积金支付房租。我国最初是上海市于1991年建立公积金制度，随后在全国范围内推行。

第二节　发达国家的住房福利[①]

发达国家的住房政策及其实施已经充分说明了居民住房保障在促进经济发展、维护社会安全方面起着重要的作用。出于"以人为本"的理念和市场经济的客观要求，发达国家均把"为每一个居民提供住房和改善人们的居住环境"作为基本国策。尽管发达国家的住房社会保障体系同其失业、养老、医疗等其他福利制度一样，成为人们长期争论的话题，但从其住房短缺问题的基本解决和人们住房条件普遍提高可以看到该体系总体上是成功的。欧美国家发展住房的过程说明，住房问题不仅涉及人的生存权和居住权，也是保障社会安定和人类文明及社会发展的核心问题。因此，各国政府都必须关注公众的居住问题，不能将住房全部商品化并推向市场，建立与完善住房社会保障体系是不可回避的。

一、美国的住房保障体系

（一）通过立法保障住房措施落实

美国在住房保障方面最具特色的就是通过立法保障来落实各项措施。美国政府为了解决中低收入居民住房和贫民窟问题，先后通过了《住房法》《城市重建法》《国民住宅法》《住房与城市发展法》等，对住房保障作了相应的规定。一是扩大房屋抵押贷款保险。除少数富人家庭外，购房者很少能一次付清房款，通常按房价的25%支付现款，其余部分以房屋作为抵押向银行和放款协会寻求贷款。二是提供较低租金公房。《住房法》规定：政府必须为低收入者提供较低租金住房，其租金一般不到私有住房租金的一半。三是提供低息贷款建房。《国民住宅法》规定，政府提供低利息贷款，鼓励私人投资于低收入家庭公寓住宅，建成后的住房优惠提供给因城市重建或政府公共计划而丧失住所的家庭。四是

---

① 于鹏洲.住房社会保障管理体系发展研究[D].天津：天津大学，2007.

提供房租补贴。家庭收入为居住地的中等收入80%以下者均可申请此项补贴。五是帮助低收入家庭获得房屋所有权。六是禁止住房中的种族和宗教歧视。

（二）住房自有化程度高

美国住房自有化水平的提高,得益于美国居民住房消费观念的变化。美国家庭消费中用于住房租金的比例呈现上升趋势,绝大多数人逐步从租房转向买房。自有住房占总住房面积的比例,1940年为44%,1970年为63%,现已超过90%。据统计,20世纪80年代初,美国平均一户拥有的住房就已超过一套,住房自有化水平及居住水平均居世界前列。

（三）发达的房地产金融

美国房地产金融非常发达,金融机构积极参与住房建设。美国私人金融机构和政府金融机构都经营房地产贷款,特别是个人住房抵押贷款。私人金融机构中的商业银行,房地产抵押贷款证券化趋势突出；私人金融机构中的非银行储蓄机构,如储蓄放款协会、互助储蓄银行、信贷协会等也经营房屋抵押贷款。美国政府有专门的信贷机构,如联邦住宅放款银行委员会、联邦住房抵押贷款公司、联邦住宅管理委员会等,主要职能是为放款协会提供贷款二级市场,为买房提供抵押贷款保险与资金。

二、新加坡的住房保障体系

新加坡是一个市场经济国家,但住房的建设与分配并不完全通过市场来实现。在住房保障制度方面,政府干预和介入的政策很有特色。

（一）实行公积金保障制度

公积金制度是新加坡于1955年建立的一项强制储蓄制度,公积金由雇主和雇员共同缴纳,以解决雇员退休生活保障问题。1968年,新加坡政府为了解决中低收入家庭的住房问题,允许动用部分公积金存款作为首期付款,不足之数由每月缴纳的公积金分期支付。这项规定使低收入者既能购房又不影响生活,从而极大地促进了低收入者购房的积极性。该项规定最初只针对最低收入家庭,1975年后政府才对中等收入家庭放开了限制。新加坡有90%以上的居民住进了新建的居民楼,人均居住面积超过21平方米。公积金制度成为新加坡国民储蓄的主要组成部分,新加坡也成为东南亚地区解决住房问题的典范。

（二）分级提供公有住宅补贴

严格按家庭收入情况来确定享受住房保障水平,住房短缺时期只有月收入不超过800新元的家庭才有资格租住公用住宅。政府对购房补贴也采用分级的办法。例如,二室一套的,政府补贴1/3;三室一套的,政府只补贴5%;四室一套的,政府不仅没有补贴,而且按成本价加5%的利润;五室一套的,政府按成本价加15%的利润。由于房价上涨,出售公有住宅所赚得的利润必须向房屋开发局缴纳一部分。

(三) 公共住宅的合理配售政策

自 1968 年新加坡大力推行公共住宅出售政策以来,购房者日益增多,搞好公房配售,让购房者觉得合理公平,成为房屋开发局的重要课题。起初,政府采用登记配售,以登记的先后顺序出售,后来改为定购制度,每季度公布一次建房计划,定购并申请房屋的人进行抽签,中签后经过购房审查交付定金,之后随即签订购房合同,并交付首付款。一般等两年多就可以住上新房。这种办法缩小了各地区、各类型住房的供求差距。

第三节 我国住房福利的发展和现状

一、我国住房福利制度的改革和发展

在市场化改革大潮下,城镇单位所有制的福利性实物分配式住房制度走到尽头。我国政府确定了住房商品化的思路:①"提租补贴",建立住房基金,促进居民个人买房、建房的模式;②以优惠价出售旧公房,建立住房基金,促进提租,发展个人建房模式;③从新增量的住房制度改革入手,通过推行新建公房、向个人出售和新房新租,带动现存量的住房制度改革;④小步提租,无补贴思路;⑤"以息抵租"模式,根据住房的价值和使用状况由住户向产权单位缴纳抵押金,用抵押金的利息冲抵房租;⑥"小补提租,双向负担,新建住房资金统筹"的思路;⑦现有住房的"小步渐进"式改革与新增住房的"大步就位"式改革相结合的思路,对旧、新住房分别对待。在实践中,试行城市公有住房补贴出售给个人的办法。1982 年,在常州、四平、郑州、沙市 4 个城市进行新建的公有住房补贴出售试点,即"由国家、企业补贴 2/3,个人拿 1/3"。这种方式后又在北京、天津、上海及 23 个省、自治区的 80 多个城市试点。

总体来说,我国城镇住房福利改革大致经历了以下三个阶段。

(一) 经济体制改革的配套阶段(1980—1994 年)

1980 年,在严重的城市住房短缺背景下,我国政府启动了城市住房改革。最初的住房改革举措是结合财政制度改革,将住房投资的决策权逐渐下放到地方政府、国营单位和城市集体企业。到 1988 年,国家预算内资金在住房投资中所占比例从改革开始时的 90% 下降到 16%,国营单位自有资金的比例上升到 52%,非国有投资开始占到 20%。政府和国营单位下属的住房建设企业也通过企业改革成为经济上独立的房地产开发企业。在此期间,大批的新住房建设和旧住房改造项目得以上马,缓解了由于长期缺乏投资而造成的严重住房短缺局面。与此同时,小规模土地与住房改革试验在深圳、烟台等城市展开。1988 年,在这些城市试验的基础上,新的《土地法》允许私人正式拥有土地使用权并可以通过市场进行转让。1994 年,国务院下发《关于深化城镇住房制度改革的决定》(国发〔1994〕43 号),强调了结合职工工资改革来筹集住房建设资金的重要性,并提出了四方面的举措:第一,发展由城市政府管理的住房公积金;第二,租金改革(实际是提高住房租金);第三,将现有公房按成本价出售给职工;第四,加速"安居工程"建设。

（二）市场化住房改革阶段（1994—1998年）

1998年,在时任总理朱镕基关于应该停止福利分房、实行住房分配商品化的讲话之后,国务院发布了《关于进一步深化住房制度改革及加快住房建设的通知》(23号文件),明确了停止自1949年以来的福利住房分配制度,正式提出了新的以住房市场为基础的城市住房政策框架。市场化住房政策主要包括三方面:为高收入者提供的市场化住房("商品住房");为中等收入者提供的"经济适用房";为低收入家庭提供的"廉租房"。

（三）住房金融体制改革阶段（1998年至今）

在住房政策和制度改革之外,住房改革的另一个重要任务是建立为住房开发与建设提供稳定的资金来源的市场融资机制。通过商业银行和专业住房储蓄银行提供的住房信贷,以及来源于个人强制储蓄的住房公积金,我国初步建立起自己的住房金融体制。1997年,中国人民银行决定在233个城市开展试点,为家庭提供个人住房消费贷款。但最初的个人住房消费贷款条款及贷款定额规则很苛刻(如将贷款期限定为20年以下,而分期付款的首付款定为30%等)。同时,由于住房分配仍存在"双轨"制,只要消费者可以在工作单位享受低租金或非常廉价的住房,他们就没有动用个人存款购买商品房的积极性。这些因素在一定程度上限制了个人住房消费贷款的发展。1998年,东南亚金融危机波及我国,为了刺激国内消费和投资,中央政府在住房金融政策方面采取了较大的改革举措。在1998年国务院发布第23号文件的同时,中国人民银行降低了利率,放宽了货币政策,并将其抵押贷款权限由试点城市推广到全国。1999年,中国人民银行发布《个人住房消费信贷指南》,将抵押期由20年延长为30年,将首期付款由30%降到20%,并进一步削减了个人家庭贷款的利率。

二、我国住房福利的基本框架和成就

我国传统的住房福利的基本特征是以单位为主解决职工住房问题,实质上是一种单位保障制度。这种保障制度社会总成本高、社会覆盖面小、抗风险能力低,造成单位间的苦乐不均,使职工的保障水平维系于整个企业的经营状况,不能分散企业经营状况改变所带来的职工住房保障风险,相当一部分职工的住房问题得不到解决。为了解决这个问题,帮助城镇居民中的中低收入、低收入和最低收入居民家庭取得与预期支付能力相适应的住房,我国进行了城镇住房的商品改革和企业的货币化分房改革,基本上形成了适合我国国情的住房福利的基本框架:以住房公积金制度作为主要的政策性住房奖金来源,以经济适用住房为主要的住房供应渠道,建立多元化的保障方式和分层次的保障制度。

（一）以住房公积金制度为主建立我国政策性住房资金供应的主渠道

在多数市场经济国家和地区,政策性住房资金供给是通过政府提供低息贷款或贴息的方式实现的,而我国则是以住房公积金制度为基础建立起来的。最初是上海市于1991年建立公积金制度,随后在全国范围内推行。1996年国务院住房制度改革领导小组根据各地公积金管理的实际状况制定了《关于加强住房公积金管理的意见》,规范和指导各地的住房公积金制度改革。1999年国务院颁布施行《住房公积金管理条例》，提出"房委会决策、中心运作、银行专户、财政监督"的原则，要求各地住房公积金纳入规范化管理，2002年，国务院对条例进行了修改，进一步完善住房公积金管理办法。

《国务院关于深化城镇住房制度改革的决定》中明确规定，住房公积金由在职职工个人及其所在单位，按职工个人工资和职工工资总额的一定比例逐月缴纳，归个人所有，存入个人公积金账户，用于购、建、大修住房，职工离、退休时，本息余额一次结清，退还职工本人。目前单位和个人住房公积金的缴费率分别掌握在5%，已超过这个比例的可以不变。外商投资企业及其中方职工的住房公积金缴费率，由各省、自治区、直辖市人民政府确定。住房公积金制度的推行，在很大程度上解决了我国财政对住房保障资金供给能力不足的问题，为面向中低收入家庭、不以营利为原则的经济适用住房建设提供了低成本的融通资金。各地住房公积金暂行低利率政策，也为个人建房、购房政策性抵押贷款制度的建立提供了稳定的低成本资金来源。这就解决了财政对建设社会保障住房的长期、低息贷款问题和对政策性抵押贷款贴息的压力问题，从而在财力有限的情况下初步建立了我国的住房保障资金供给渠道。

（二）以经济适用住房建设为主建立多层次的供应体系

1988年1月，国务院颁布《关于在全国城镇分批推行住房改革实施方案》，确立住房改革的目标是按照社会主义有计划的商品经济的要求，实现住房商品化。1991年6月，国务院发布《关于继续积极稳妥地进行城镇住房制度改革的通知》，提出住房改革的根本目的是缓解居民的住房困难，不断改善居住条件，引导住房消费，逐步实现住房商品化，发展房地产业。1994年，国务院颁布《关于深化城镇住房制度改革的决定》，指出要建立与社会主义市场经济体制相适应的新的城镇住房制度，实现住房商品化、社会化。同时，首次提出建立以中低收入家庭为对象的、具有社会保障性质的经济适用住房供应体系。同年，建设部、财政部等部门联合颁布《城镇经济适用住房建设管理办法》，对经济适用住房作了一个大体的定义："由相关部门向中低收入家庭的住房困难户提供按照国家住房建设标准而建设的价格低于市场价的普通住房"。该项措施后来被称为"经济适用房制度"。

经济适用住房随着国家安居工程的实施而不断完善。在1995年2月的《国家安居工程实施方案》中，确立了要解决国有大中型企业职工和大中城市居民的住房困难，原则是与住房制度改革相结合，资金由国家信贷资金和住房公积金等房改资金解决。同时，明确国家安居工程建设用地一律按行政划拨方式由城市政府提供；市政设施建设配套费和部分小区级非营业性配套共建费由城市政府承担；给予税费减免。国家安居工程住房原则上只售不租，以成本价直接出售给城市中低收入家庭，优先向住房困难家庭出售。从国家安居工程政策框架的基本内容看，国家安居工程的运作方式是按照建立住房福利供应体系的思路确定的。经济适用住房建设是建立多层次的住房供应体系的重点，也是发展我国社会保障住房的重点。我国于1998年将安居工程的配套政策推广到经济适用住房，财税与银行等相关部门出台并实施了相关的税费减免和信贷优惠配套政策。2003年6月，中国人民银行根据当时经济过热的情况发布《关于进一步加强房地产信贷的通知》，对房地产开发贷款、个人住房贷款作出了严格的规定。同年8月，国务院颁布了《关于促进房地产市场持续健康发展的通知》。2004年4月,《经济适用住房管理办法》由建设部、国家发改委等部门颁布施行,对新形势下经济适用房政策加以规范,指导各地经济适用住房管理。

(三) 面对多种困境的新突破

随着住房改革的进一步发展,城市弱势群体仍然面临住房难的问题,为此,江苏淮安、上海、香港等地根据自己的地方特色,推出了"半市场、半保障"的住房保障方式。

1. 淮安的共有产权住房模式

2007年,江苏淮安在全国首推共有产权住房。2009—2014年,上海、黄石、成都等地相继出台各自版本的共有产权房新政。共有产权住房保障模式的主要内容是,由保障对象和政府依据各自的出资比例,拥有相应比例的产权。实际操作中,淮安市确定保障对象和政府分别持有 7∶3 和 5∶5 两种产权比例结构,即一种是个人占 70% 产权,政府占 30%;另一种双方各占 50%。共有产权住房的最大好处是可以梯次降低保障对象的支付门槛,有助于实现住房保障体系从廉租住房到经济适用住房、从经济适用住房到限价商品住房、从限价商品住房到普通商品住房的"无缝"对接。原来的经济适用住房退出机制,即原购房人退出时,把政府给予的优惠返还政府。而淮安共有产权住房的退出机制为:个人可以购买政府产权部分形成完全产权,也可以直接通过市场转让,按比例与政府分成收益。

2. 上海市的廉租住房实物配租新模式

在大城市,特别是一线城市,住房供求矛盾突出,因此选择政府建造实物廉租住房(供给面保障政策)的方式是合适的。但是,实际政策执行过程中,政府主要面临两方面的困难:一是前期建设资金投入多,财政压力相当大;二是如何满足保障对象对居住地点的差异化需求。为此,上海市进行了有益的尝试和探索。廉租住房实物配租新模式的主要内容是,市住房保障机构提供廉租住房房源,交由第三方独立机构负责管理,限定配租面积,按市场价格的 80% 收取租金,承租家庭按其月收入的 50% 缴纳租金,不足部分由政府补贴,直接支付给出租人。在配租方法上,采取增租和套租两种方式,增租住房是配租家庭原住房仍保留自住使用,同时承租住房保障机构新提供的实物配租住房;套租住房是配租家庭原住房交由住房保障机构按市场价格代理出租后,才可承租住房保障机构新提供的实物配租住房。

3. 香港的置安心资助房屋计划

香港是典型的人多地少地区之一,居民住房条件历来不算太好。在私人房产市场上,超过 100 平方米的住宅就称得上豪宅了;在公屋方面,一般情况下,四口之家只能申请到 30 多平方米的一套公屋,七八口之家才可以申请到 60 平方米以上的 3 室公屋单元。由于严重的土地稀缺问题,香港政府不断创新和尝试各种有效的住房保障办法。2010 年 10 月,香港政府与香港房屋协会推出协助中低收入家庭首次置业的"先租后买"计划,即"置安心房屋计划",由政府提供土地,房协负责具体推行,兴建中小型住宅单位,住宅单位以签订租约时的市场租金租给合格人士,租约最长为 5 年,租金不变。其间,租户可以随时通知房协解除租约。租户可以在规定时限内,以市场价格购买他们承租的住房单位或计划下的其他住房,亦可以选择购买私人市场上的住房,以获取等同于租户租住期间所缴纳的租金总额的一半作为置业资助,用于缴付部分首付款项。如果租户在规定时限内没有购买计划下的或私人市场上的住房单位,那么他不会获得任何置业资助。在时限方面,计划实施的第一年年初,签订租赁合约,项目入伙;第一年至第二年,计划下的住房只租不售,租户可以终止合约,但是不会获得置业资助;第三年至第五年,租户可以选择购买住房,并获得置业资助;第五年年底,租约届满,租户必须搬出住房,但在其后两年内第一次置业可以获得相应的置业资助。

【扩展阅读】

《关于公共租赁住房和廉租住房并轨运行的通知》

据住房城乡建设部网站消息,住房城乡建设部、财政部、国家发展改革委日前联合下发关于公共租赁住房和廉租住房并轨运行的通知。通知明确,从2014年起,各地廉租住房建设计划调整并入公共租赁住房年度建设计划。2014年以前年度已列入廉租住房年度建设计划的在建项目可继续建设,建成后统一纳入公共租赁住房管理。各地公共租赁住房和廉租住房并轨运行后统称为公共租赁住房。

一、调整公共租赁住房年度建设计划

从2014年起,各地廉租住房(含购改租等方式筹集,下同)建设计划调整并入公共租赁住房年度建设计划。2014年以前年度已列入廉租住房年度建设计划的在建项目可继续建设,建成后统一纳入公共租赁住房管理。

二、整合公共租赁住房政府资金渠道

廉租住房并入公共租赁住房后,地方政府原用于廉租住房建设的资金来源渠道,调整用于公共租赁住房(含2014年以前在建廉租住房)建设。原用于租赁补贴的资金,继续用于补贴在市场租赁住房的低收入住房保障对象。

从2014年起,中央补助公共租赁住房建设资金以及租赁补贴资金继续由财政部安排,国家发展改革委原安排的中央用于新建廉租住房补助投资调整为公共租赁住房配套基础设施建设补助投资,并向西藏及青海、甘肃、四川、云南四省藏区,新疆维吾尔自治区及新疆建设兵团所辖的南疆三地州等财力困难地区倾斜。

三、进一步完善公共租赁住房租金定价机制

各地要结合本地区经济发展水平、财政承受能力、住房市场租金水平、建设与运营成本、保障对象支付能力等因素,进一步完善公共租赁住房的租金定价机制,动态调整租金。

公共租赁住房租金原则上按照适当低于同地段、同类型住房市场租金水平确定。政府投资建设并运营管理的公共租赁住房,各地可根据保障对象的支付能力实行差别化租金,对符合条件的保障对象采取租金减免。社会投资建设并运营管理的公共租赁住房,各地可按规定对符合条件的低收入住房保障对象予以适当补贴。

各地可根据保障对象支付能力的变化,动态调整租金减免或补贴额度,直至按照市场价格收取租金。

四、健全公共租赁住房分配管理制度

各地要进一步完善公共租赁住房的申请受理渠道、审核准入程序,提高效率,方便群众。各地可以在综合考虑保障对象的住房困难程度、收入水平、申请顺序、保障需求及房源等情况的基础上,合理确定轮候排序规则,统一轮候配租。已建成并分配入住的廉租住房统一纳入公共租赁住房管理,其租金水平仍按原有租金标准执行;已建成未入住的廉租住房以及在建的廉租住房项目建成后,要优先解决原廉租住房保障对象的住房困难,剩余房源统一按公共租赁住房分配。

五、加强组织领导,有序推进并轨运行工作

公共租赁住房和廉租住房并轨运行是完善住房保障制度体系,提高保障性住房资源配置效率的有效措施,是改善住房保障公共服务的重要途径,是维护社会公平正义的具体举措。各地要进一步加强领导,精心组织,完善住房保障机构,充实人员,落实经费,理顺体制机制,扎实有序地推进并轨运行工作。各地可根据本通知,结合实际情况,制定具体实施办法。

案例讨论

2004—2018年,阳泉市累计开工建设各类保障性安居工程住房13.3万套,完成投资约254.5亿元,累计竣工和基本建成各类保障性安居工程住房11.2万套。经过多年的棚改、保障房建设,全市约25万人实现出棚入楼,通过公共租赁住房实物配租及租赁补贴,约2万人享受到政府住房保障政策。

从零星到连片,从破题到攻坚,从棚户到楼房,从忧居到优居,这些变化记录了我市推进棚改工作的历程。近年来,我市高度重视棚户区改造工作,出台了《关于加快推进全市棚户区改造的实施方案》,制定政府购买棚改服务管理办法,按照国家有关规定,合理制定拆迁安置补偿办法,统筹安排工程建设进度,将棚户区改造和消化空置商品房结合起来,推进棚改货币化安置,加强工程项目管理,取得显著成效。随着棚改工作的推进,城市面貌日新月异,百姓住房也今非昔比。

"以前租人房子住,总感觉抬不起头。现在住上了新家,还在新家里过了第一个春节,我太高兴了!"2018年春节,52岁的困难户王剑勇及家人特别高兴,因为他们终于结束了10年的租房生活,搬入了政府为他们新建的廉租房。

虽然50多平方米的空间显得有点拥挤,但是干干净净的房间、擦得倍儿亮的地板砖、窗前高挂的红灯笼、客厅茶几上摆放整齐的水果拼盘,都透着一股节日的喜庆氛围。王剑勇脸上掩饰不住满足与喜悦。

2017年11月4日开始,城区住房城乡建设局陆续为160个困难家庭发放了廉租房钥匙。王剑勇在拿到钥匙的第3天,就和家人住进了南外环义北小区的新家。

社会福利与社会救助

家是新的,可家具全都是旧的。"条件不允许啊!将就住吧。"王剑勇说。几年前,他和妻子双双下了岗。为了让一双儿女继续读书,妻子找了份保洁工作,他则做过自行车修理、电器维修、装修、保安等多份工作。两人月收入不到2 000元。

2008年,王剑勇得知可以申请廉租房,便向社区提出了申请。2011年,虽然没有领到廉租房钥匙,但王剑勇一家获得了每年4 000余元的补贴。2017年10月下旬,王剑勇接到了朝阳街社区的电话,得知申请上了廉租房,他半天没缓过神来。"搬家,马上搬家",这是王剑勇当时的想法。

"盼啊,盼星星,盼月亮,总算是盼到啦!租房10年,搬家就搬了7次。"王剑勇说,住在别人家里,总感觉心里不踏实。今天房租要涨了,他得寻个便宜的住处。明天房东要收回房子了,他还得腾房子。没有房子的感觉实在不好受。

对于廉租房的期待,王剑勇有着说不出的感受。"10年了,这是我们一家最期待的事情,我们全家打心底里感谢党和政府。有了房子,我们对今后的生活更充满了信心。"王剑勇说,虽然等待有些让人难受,但是心里的的确确是温暖的,这个有了自己房子的年,过得比往年都快乐。

在我市,像王剑勇一样享受国家廉租房政策的居民还有很多。2005年以来,我市不断加大保障性住房建设的力度和投入,使全市的保障性住房建设逐步走上快车道。这些保障性住房的建设,提高了城乡居民的居住质量,改善了城乡居民的生活环境。

多年来,我市棚户区改造以城市出形象、居民得实惠为出发点,结合开展保障性住房建设,统筹解决被改造区居民的安置补偿、就业、社会保障、户籍管理、经济体制和社区管理改革等问题。根据《国务院关于进一步做好城镇棚户区和城乡危房改造及配套基础设施建设有关工作的意见》,我市编制了《关于加快推进全市棚户区改造的实施方案》,依法合规推进棚改。市县(区)各级政府为主体,各职能部门密切配合,切实做好土地征收、补偿安置等前期工作。

随着棚户区改造工作的不断推进,一个个棚户区被崭新的社区所取代,越来越多的居民喜迁新居,过上了安全便捷的新生活。

资料来源:"阳泉光辉业绩故事"廉租房圆了安居梦[N].阳泉日报,2019-06-28. http://www.yq.gov.cn/ywdt/jryq/201906/t20190628_891195.shtml.

讨论问题

什么是廉租房?廉租房的制度意义有哪些?

第十二章 职业福利

【学习目标】

通过学习本章,掌握职业福利的含义、内容、功能和特征等基本知识,认识我国职业福利的基本现状,掌握职业福利的管理,了解职业福利与薪酬系统、社会福利的区别及我国职业福利的演变过程,能够对实践中的企业的职业福利具体情况作出清楚的判断和全面的分析。

职业福利本质上属于职工激励机制的范畴,是职工薪酬制度的重要补充。因此,从本源意义出发,职业福利是用人单位或机构招揽人才和激励员工,并借此赢得竞争的一种重要手段,是用人单位或机构的人力资源管理的重要组成部分。

第一节 职业福利概述

职业福利越来越具有社会化和全民化的特征。在我国社会主义市场经济体制下,职业福利本身就是社会福利的一个重要组成部分。在社会保障中政府责任适度化正在逐渐成为国际发展潮流的情况下,发展中国家因社会保障制度的不健全更加需要用人单位与社会团体共同努力[①],因此,在阐述社会福利时,职业福利是不能忽略的一部分。

一、职业福利的含义

职业福利,又称机构福利、员工福利,一般是指以单位或社会团体为责任主体,专门面向内部员工的一种福利待遇,是单位在工资之外为职工提供的其他现金给付或福利性服务。职业福利主要以经济效率为目标,旨在鼓励和刺激生产、工作的积极性,适用于微观领域的用人单位或机构的人力资源管理,因此,职业福利在本质上属于职工激励机制范畴,是职工薪酬制度的重要补充。

职业福利有广义和狭义之分。广义的职业福利是指员工普遍享有的由用人单位提供的所有福利性的待遇,具体包括除工资收入以外的所有货币、实物、服务和机会等。根据福利项目是否由国家强制建立或是否有政府干预,可将广义的职业福利分为三个层次:一

---

① 郑功成.社会保障学——理念、制度、实践与思辨[M].北京:商务印书馆,2000:24.

是强制型福利项目,即国家强制规定用人单位必须参加的保险,如用人单位必须依法为员工缴纳养老保险、医疗保险、失业保险、工伤保险和生育保险等社会保险费用;二是引导型福利项目,即国家并没有强制建立,但出台相关政策引导和支持用人单位建立的相关福利项目,如补充养老保险(企业年金、职业年金)、补充医疗保险等;三是自设型福利项目,即用人单位自行设立的、完全脱离政府干预的福利项目,如旅游度假方案、教育津贴等,笼统地说,就是除强制福利项目和引导福利项目以外的其他所有福利项目。

狭义的职业福利专指用人单位拥有一定自主决定权的福利项目,即除了强制参加的法定社会保险以外的福利项目。具体来说,包括两部分:一是引导型福利项目;二是自设型福利项目。相较于广义的职业福利,狭义的职业福利更具个性化和激励功能,种类更多,更加灵活。为了避免重复,本书采用狭义的职业福利概念,在下文中,如不特别说明,均是指狭义的职业福利概念。

二、职业福利的功能

在"以人为本"思想成为当今人力资源管理主流思想的背景下,关注职业福利以改善职业福利和提升职业福利对用人单位而言更加基础和必要。理论界对职业福利的讨论逐渐增加,用人单位对职业福利的物质和精神投入越来越大。职业福利之所以重要,主要是因为其具有下列功能。[①]

(一)增强员工心理满足感、激发员工工作积极性

20世纪30年代,行为学派有别于传统的科学管理,开始强调人性管理,认为员工的心理因素会影响组织的效率。通过完善职业福利体系、提升职业福利水平可以带给员工心理上的满足感,增强组织的凝聚力,激发员工的工作积极性,从而在整体上提高组织效率。

(二)有助于用人单位吸引、留住人才

伴随着人们的福利需求日益多样、需求层次越来越高,科学合理的职业福利设计不仅能激发员工的潜能,提高员工的工作积极性,更是招贤纳士、留住人才的重要手段。人们求职时,优厚的福利已被作为一个重要的选项;同时,福利待遇也是影响员工离职意愿,最终影响员工离职决策的重要因素。

(三)提高用人单位成本运营效能

不同于工资所需缴纳的个人所得税税率是递增的,职业福利的成本优势是职业福利在相当比率内都是免税的;职业福利的另一个成本优势是许多集体福利具有成本优势,如寿险、健康保险等集体福利的费用比单个员工自己获取要低一些;职业福利具有留人功能,能间接降低员工离职率,节约新员工招聘、选拔、委派和岗前培训等费用,进而降低用

---

① 陈良瑾.社会救助与社会福利[M].北京:中国劳动社会保障出版社,2009:290.

人单位的运营成本;用人单位通过职业福利计划向员工传达了关爱,有助于缓解劳资关系,可以避免或降低由于劳资关系紧张而产生的摩擦成本。可见,只要设计合理,职业福利不仅不是用人单位的负担,而且可以提高用人单位成本的运营效能。

(四)传递用人单位的文化和价值观

现代用人单位越来越重视员工对单位文化和价值观的认同,用人单位积极的、得到员工普遍认同的文化氛围,将对用人单位的运营效率产生十分重要的影响。而福利恰恰是体现用人单位的管理特色,传递用人单位对员工的关怀,创造一个大家庭式的工作氛围和组织环境的重要手段。之前的经验也一再证明,成功的用人单位无一不重视单位文化的塑造,无一不强调以员工为中心展开企业管理,也无一不向员工提供形式多样、富有吸引力的福利计划。

三、职业福利的特征

与其他社会福利项目相比,职业福利具有下列特征。

(一)职业福利具有多层次性

职业福利不仅有物质层面,还有精神层面和心理层面;不仅有维持生存层面的,还有满足人发展方面的;不仅有安全需要层面的,还有实现自我价值的。例如,既有免费午餐、班车、提供未成年子女入托机会等,也给员工提供法律咨询、心理诊疗咨询等。因此,职业福利具有多层次性。

(二)职业福利强调业缘性

只有在本行业、本单位就业的员工才能享受本单位所提供的职业福利,有些职业福利项目,员工家属也可享受。职业福利的直接目的,在于保证员工维持一定的生活水平和提高生活质量。单位提供职业福利的出发点,在于造就员工的向心力、凝聚力、职业归属感和群体意识,吸引和留住高质量的劳动力服务于本单位,为用人单位创造效益,提高本单位的社会声望,增强竞争力。

(三)职业福利具有普遍性与差异性相结合的原则

有些职业福利项目面向全体员工,有些职业福利项目仅仅面向部分员工,只有需要某种项目激励的那部分员工才能享受,这就导致同一单位内部员工之间在享受职业福利的项目或水平上存在差异。

(四)职业福利具有功利性

单位设立职业福利的出发点是通过满足员工生活保障、生活服务、成长机会、娱乐休闲等方面的需求,提高员工的生活水平和生活质量,增强员工的向心力和凝聚力,造就员工的归属感和群体意识,吸引和留住高质量的劳动力竭诚为本行业、本单位服务,提高单位的整体工作绩效和社会声望,树立单位的形象,增强单位的竞争力等。

四、职业福利的分类

职业福利按照不同的划分标准有不同的分类。按福利的存在形式,可分为经济性福利、工时性福利、服务性福利等;按享受员工的数量可分为集体性福利和个体性福利;按满足员工的不同需求层次可分为保障性福利、机会性福利和价值实现性福利等。

(一) 根据福利项目满足的需求层级划分

员工福利规划的一个重要依据就是员工对福利的需求,这是规划福利项目的出发点,也是规划福利项目要达到的根本目的。因此,根据福利项目满足的需求层级不同,将职业福利划分如下。[①]

1. 生存性福利

生存性福利是指维持员工自身生存的最基本生理需求的福利项目,以满足员工衣、食、住、行方面最基本的生存条件。具体福利项目包括为员工提供服装、宿舍、食堂和必要的设施,以及为员工提供经济补助和津贴,间接帮助员工维持生存需求。例如,员工生活困难补助是单位对员工因负担本人及其家属生活费有实际困难,不能维持当地最低生活水平或因员工发生特殊经济、生活困难时所给予的定期或者临时性质的补助制度。再如,住房津贴是为缓解员工住房困难而发放的补助。

2. 安全保障性福利

安全保障性福利是指保障员工自身安全,增强员工防御失业、疾病、工伤、养老等社会风险能力的福利项目。具体福利项目包括住房公积金、企业年金和补充医疗保险等,如为员工提供健康检查等特别服务等。

3. 社会交往性福利

满足员工内心的交往需求、对友谊的渴望、有归属感的福利属于社会交往性福利。一般用人单位提供的集体交往性福利和工时性福利能够满足员工社会交往的需求。集体交往性福利包括集体旅行、文娱活动、体育锻炼等,为员工提供与其他人接触和交往的机会。工时性福利包括带薪休假、休息日、节假日等,为员工提供参与社会交往的时间。例如,为活跃和丰富员工文化娱乐生活而建立文化室、俱乐部、职工图书馆、歌舞厅、电影院等文化设施。

4. 体现尊重的福利

尊重是指一个人希望有地位、有威信,受到他人的尊重、信赖和高度评价。一般来讲,服务性福利、个性化福利和荣誉性福利更直接地体现对员工的尊重。服务性福利包括为员工提供心理咨询服务、家政服务、接送子女上学服务、选购大件物品的服务,开办子弟学校、劳动服务公司等。个性化福利是满足个别员工的特殊需求的福利项目,如对有汽车需求的员工提供购车补贴,对希望有别墅的员工提供帮助,对有度假需求的员工安排旅行行程等。荣誉性福利是指用人单位根据员工的优秀表现给其颁发证书或授予特定的称号,

---

① 陈良瑾.社会救助与社会福利[M].北京:中国劳动社会保障出版社,2009:294.

如"先进工作者"荣誉证书等,以表明对员工工作业绩的肯定,让员工感觉得到肯定和认可、受到尊重。在管理方式上下功夫,管理的过程也是一种福利,能带给员工心理上的满足感和受到尊重的感觉,如用人单位与员工的充分沟通、管理过程中员工的主动参与。

5. 自我实现性福利

自我实现性福利是指能帮助员工实现个人的理想抱负、最大限度地发挥个人潜能、实现自身价值的福利项目,具体包括机会福利和文化福利等。机会福利是指用人单位为员工提供的各种培训、脱产学习和职务晋升机会。文化福利是指用人单位的核心价值观、宗旨、目标战略和管理理念等。员工对单位文化、价值观的认同,会增强其对用人单位的忠诚度,形成心理契约,从而努力工作,在用人单位实现个人价值。

(二)根据职业福利的提供方式划分

从世界大多数国家实施职业福利的情况看,根据职业福利的提供方式的不同,职业福利包括下列内容。

1. 福利津贴

津贴一般以现金形式提供,是员工工资收入以外的收入,是用人单位根据国家有关法律法规规定,直接发放给员工个人的现金补助。福利津贴涉及衣、食、住、行、乐等多个方面,可以多种形式存在,以多种名目出现。例如,带薪年休假,即员工在单位工作满一定年限即可享受的一种福利;探亲假补助,即员工根据政策规定享受探亲假,用人单位除照常支付员工工资外,还要承担员工探亲期间往返路费和住宿费中超过本人标准工资30%以上的部分;上下班交通津贴,主要适用于大中城市家庭所在地距工作地点2公里以上的各单位员工;生活困难补助,即单位对员工因负担本人及其家属生活费有实际困难,不能维持当地最低生活水平或因员工发生特殊的经济、生活困难时所给予的定期或者临时性质的补助制度;住房津贴,即为缓解员工住房困难而发放的津贴等。

2. 福利设施

福利设施是指单位为满足员工的物质和文化生活需要,为员工提供生活上的方便,为解除员工生活上的后顾之忧和特殊困难所举办的各种设施的总称。福利设施包括以下四类:①直接为减轻员工的生活负担和为其家务劳动提供便利条件的各种设施,如员工食堂、员工宿舍、托儿所、幼儿园、浴室、理发室、休息室等生活福利设施;②为活跃和丰富员工文化娱乐生活而建立的各种设施,如文化室、俱乐部、员工图书馆、歌舞厅、电影院等文化设施;③为增进员工身体健康而开办的防病治病设施,如医务室、疗养院、健身房、游泳池、运动场等康乐设施;④为帮助员工解决子女入学、就业举办的事业,如子弟学校、劳动服务公司等业务服务项目。

3. 福利服务

职业福利提供的服务相当广泛,既包括与上述设施相关的各项服务,还包括接送上下班、提供健康检查等特别服务。

五、职业福利与社会福利、工资的区别

(一) 职业福利与社会福利的区别

随着职业福利的快速发展,职业福利与社会福利的联系越来越密切,从劳动者个人的角度看,在一定程度上,职业福利对社会福利是具有一定替代性的,可以起到补充社会福利的作用,但是二者仍然存在明显的区别。

1. 性质不同

社会福利属于社会政策范畴,由国家通过相关的法律制度规范,由公共机构或社会团体举办,是政府主导的公共事务;而职业福利却属于用人单位的人力资源管理范畴,是用人单位的内部事务。

2. 目标不同

社会福利的最终目标是保障社会成员的基本生活并不断改善、提高其生活质量,而用人单位提供的职业福利的最终目标则是参与市场竞争并实现利润最大化。因此,社会福利的评价指标主要是公众的满意度和社会效益,职业福利的评价指标则是用人单位内部员工的满意度和用人单位的经济效益(福利成本的多少和工作效率提高的幅度)。

3. 调节机制不同

社会福利的发展必须借助政府干预和公共资源的分配,并服从社会需要;职业福利则只能遵守市场规则,是用人单位对其内部资源的一种调配,其投入产出必须遵循成本核算原则,并服从市场竞争规律。

4. 系统性能不同

社会福利是一个开放、稳定的系统,面向所有有需要的社会成员;而职业福利则是一个自我封闭的系统,只面向该用人单位的员工,是否继续保持与发展下去取决于该用人单位的效益状况和利益需要,并非表现为稳定状态。

5. 内容不同

社会福利通过采用提供社会服务的方式来满足社会成员对福利的需求,也包括一定的现金津贴等;职业福利则包括休假、疗养、免费工作餐、旅游等多种方式。因此,社会福利重在满足大众化的需求,职业福利则可以考虑用人单位内部员工的个别需求。

6. 实施方式不同

社会福利主要采取社会化手段,通过广泛的社会公共组织具体实施,服务越是社会化,社会福利越是能够得到全面发展;职业福利主要由各单位按内部激励政策采取个性化手段来实施,当然,为提高福利设施的使用效益、节约成本,单位在举办某些福利项目时也可利用社会福利的有关便利条件。

总的来说,职业福利有其优势,主要包括:①职业福利具有很大的灵活性,员工可以根据自己的偏好进行选择;②职业福利的目标和任务都非常明确,即配合机构最大限度地提高员工的劳动生产率,并为机构未来的发展争取和准备人力资源,因而其风险和收益也很明确;③职业福利不受国界的限制,而要适应经济全球化的趋势。尽管如此,由于职业福利只解决局部问题,其提供者往往只注重本部门的利益而忽视了公共利益,因此,职业福

利远远不能取代社会福利,只能是社会福利的补充。

(二)职业福利与工资的区别①

工资,又称薪酬、薪水,是指员工由于工作而获得的经济性报酬(financial rewards)。员工由于为单位工作而获得的所有有价值的东西都可以称为报酬。职业福利与工资都是员工报酬的一部分,职业福利与工资的获得都是以具有员工身份和参加用人单位生产劳动为前提的,都是对员工贡献的回报,是对其劳动的一种补偿。二者的区别主要表现在如下几个方面。

1. 分配机制不同

虽然都是对员工所做贡献的回报,但职业福利与工资系统的分配机制是不同的。工资系统的分配严格按照按劳分配的原则,与员工自身的工作努力程度和工作能力高低有很大关系,因此,不同员工之间的工资水平往往也存在较大差别。职业福利的分配遵循的是普遍性原则。随着自助式福利、菜单式福利的出现,职业福利在不同员工之间的分配差别越来越明显,但这种差别只是表现形式的差别、存在载体的差别,在实质的"量"上差别并不大。

2. 存在的必要性不同

工资是补偿员工劳动的法定系统。每个参加就业的劳动者,其必要劳动都应该得到及时、合理的补偿,这是劳动者的一项合法权益。侵害了劳动者的这一正当权益,用人单位就是违法,就要承担法律责任。工资是用人单位必须支付给员工的一项报酬,而用人单位对职业福利的设定则有完全的自主权。用人单位可以根据本单位的经济效益、发展阶段等自身情况决定是否给予职业福利,以及给予多少福利等,因此,职业福利并不是必须设立的一项报酬系统。在人才竞争日益激烈、竞争手段日益人性化、知识化和多变化的今天,任何可能影响用人单位引才、用才、留才的因素都应得到用人单位足够的重视,完全不考虑员工的任何福利需求只是极其个别和暂时的现象。

3. 激励效果不同

虽然二者对员工都具有激励作用,但由于职业福利与工资系统存在的价值不同,因此激励效果也不同。如前所述,工资系统是用人单位对员工必要劳动的补偿,遵循的是多劳多得、少劳少得的原则;而职业福利的主要目的是增强组织的凝聚力,让员工感受到组织的温暖,其分配遵循的是普遍性原则。因此,相对而言,工资管理的激励性更强,也更加明显。

第二节 职业福利规划与管理

随着经济的发展,用人单位对职业福利的物质和精神投入会越来越大,这些都说明职业福利的重要性已逐渐被认识到。然而,主观的愿望并不能必然转化为客观的现实,没有

---

① 陈良瑾.社会救助与社会福利[M].北京:中国劳动社会保障出版社,2009:293.

科学的规划与管理,单纯地增加物质上的投入很难取得预期的效果。由于职业福利受益对象的个性差异、福利种类项目的复杂多样、福利成本的刚性特征、福利效果的难以评估和无从考察、福利管理缺乏制度规范所带来的随意性等原因,用人单位即使"不惜重金"仍难以搞好职业福利、取得良好的实施效果。用人单位在考虑改善职业福利、提升职业福利水平时,在加大职业福利投入的基础上,还必须足够重视职业福利的规划与管理。只有在这两方面下足功夫,才有可能使职业福利发挥实效、体现应有的价值,实现用人单位激励员工进而更好地使用和留住员工的初衷与根本目的。[1]

一、职业福利规划的原则[2]

福利规划是对职业福利未来的发展进行规范和计划,指导职业福利的具体实践活动。科学合理的规划是职业福利管理活动成功的"一半"。科学性、合理性蕴涵着可行性、可操作性、有效性、竞争性和动态性等特征。要想实现这些目标,制定福利规划时应遵循以下原则。

(一)激励性原则

激励性原则是指规划的福利方案能够切实激发与调动员工的工作积极性、主动性和创造性。根据激励理论,有效的激励一定要遵循人类的心理及生理活动的规律。不断设置与组织目标相一致的新的诱因,是有效激励的基本原则。复杂性假设认为,因历史和现实多种因素的影响,人的个性心理、思维方式和行为表现等呈现多重性和复杂性,因此,人不只是单纯的经济人,也不可能是完全的社会人或纯粹的自我实现人,而是因时、因地、因各种情况不同,采取适当反应的复杂人。人的需要具有多重性、周期性、层次性和无限性等特点,因此,激励的方法应具有权变性,应根据特定的对象、环境、条件和目标,有针对性地设置诱因和目标。职业福利能够激励员工,但这种激励并不是天然获得的,而是通过合理的设计实现的。

(二)效益相关原则

这里的效益包括经济效益和文化精神效益。为了促进员工的发展,提高人才竞争力,规划职业福利时需要大量的实际投入,但如果超过用人单位的发展水平和所在阶段,反而有损用人单位的竞争力。规划必须与用人单位的经济效益相关。这意味着要结合用人单位的经济实力、未来经济效益的预测来规划职业福利的未来发展。必须遵守的一项重要原则是员工能够分享用人单位的成功,职业福利水平应根据用人单位的发展而发展。相对于经济效益,用人单位还有文化效益和精神效益,如用人单位因参与社会公益事业,社会形象大大提升会给用人单位带来精神效益,单位文化的强化和价值观的提升就是用人单位获得的精神、文化效益。目前,文化福利是一项新生的福利形式,对高学历、高职称的高素质员工具有很强的激励作用,因此,精神文化效益也应该在职业福利上有所体现。

---

[1] 仇雨临.员工福利管理[M].上海:复旦大学出版社,2003:165.
[2] 杨方方.员工发展计划中的福利规划[J].经济管理,2004(9):41-42.

(三) 统筹原则

统筹原则是指职业福利的规划应遵循全面性、系统性、开放性和动态性原则,从长远、多角度考虑,深入分析、整体考虑、全盘规划,将福利规划纳入用人单位的整体发展规划中,甚至放在整个国家经济和社会发展的大系统中考虑,既要考虑用人单位的目标战略、市场环境(如劳动力供求状况),又要考虑竞争对手提供的福利情况,还要结合用人单位的现有福利水平和管理状况,着重考虑员工的个性特征。

(四) 个性化原则

个性化有两层含义。一层是指从整个用人单位来讲,相对于竞争对手要具有外部竞争力,外部竞争力的获得不能仅凭借福利成本的高支出,应该是有个性的、符合用人单位员工特点的、针对用人单位员工需求的,而不是人云亦云"一窝蜂"似的模仿。用人单位应该通过需求调查、员工特性分析等,整体把握员工的共性特质和普遍需求。另一层是指用人单位在规划内部的福利方案或计划时,考虑员工个体之间的巨大差异,通过深入调查,掌握员工的特别需求。满足员工的个性化需求是职业福利较高层次的目标。

(五) 福利效益最大化原则

职业福利带给用人单位的效益是多方面的。在短期内可以提高劳动生产力、激发员工的工作积极性;在长期内可以建立员工和用人单位的心理契约,降低员工流动率。职业福利通过提高员工的忠诚度、组织的凝聚力,降低了人才流动率,增加用人单位成本运营效能,可以给用人单位带来经济效益;通过不断向员工传递和强化用人单位的文化与价值观也会给用人单位带来文化和精神的效用。作为以追求利润最大化为根本目标的经济组织,用有限的资源实现最大的收益是用人单位的内在要求,也是用人单位在管理上达到的最高目标,因此,职业福利效益最大化是用人单位进行职业福利规划时应该遵守的重要原则。实现福利效益最大化,也就是在职业福利支出成本与福利效益所得之间找到最佳结合点,如在职业福利项目设计上,不求大而全应追求精确,不要华而不实要切实有用等都是促进福利效益最大化的重要原则。[①]

二、职业福利规划的方法[②]

20世纪六七十年代,美国企业文化与组织心理学领域的开创者和奠基人艾德佳·沙因(Edgar H. Schein)提出了复杂人假设:人是很复杂的,不仅人与人之间在能力和需求方面存在差异,而且每个人在不同的年龄、不同的时间、不同的地点和不同的场合也有不同的表现。每个人的需要及需要的层次都不尽相同。随着年龄的增长、知识的增长、地位的改变,以及人与人之间关系的变化,人的需要和潜力都会发生变化。现实中没有一套适用于任何时代、任何组织和个人的普遍有效的激励方法。因此,现实中也没有一套职业福

---

① 陈良瑾.社会救助与社会福利[M].北京:中国劳动社会保障出版社,2009:296.
② 杨方方.员工发展计划中的福利规划[J].经济管理,2004(9):42-43.

利方案可以适合所有的企业或贯穿企业初创、成长和成熟的各个阶段,但可以找到适用于所有职业福利的科学的规划方法。

(一)渐进式规划方法

科学规划职业福利,需要的不仅仅是考虑员工的需求,而且必须遵循员工需求变化的一般规律。根据马斯洛需求理论,人的需求是按照从低到高、从物质到精神的顺序逐级上升的,与此相匹配、相适应的福利项目也应该是从满足低层次的需求逐渐到满足高层次的需求的路径来设计。需求层次论的应用价值在于管理者可以根据五种基本需求对员工的多种需求加以归类和确认,然后针对未满足的或正在追求的需求提供诱因,进行激励,同时注重更高层次需求的激励作用。在具体规划中需要注意以下几点。

1. 合法性是基础,激励性是关键

职业福利的重要特征是具有激励性,福利性是职业福利追求的效果。但职业福利首先应该是合法的,合法性是激励性的前提和基础,激励性是合法性的价值和目标。只考虑职业福利的合法性,不顾职业福利的激励性,会影响用人单位的竞争力;而片面地追求激励性,忽视甚至不考虑合法性,不仅会严重影响用人单位的社会形象,更为严重的是会使用人单位陷入法律纠纷。因此,激励性是关键,但要以合法性为基础。

2. 员工需求优先,兼顾用人单位经营者偏好

毫无疑问,用人单位的领导者在用人单位发展过程中扮演着重要的决策者角色,其管理方式、经营理念对用人单位文化、单位定位和单位发展过程都有深刻的影响。因此,在职业福利的设置上有很多用人单位的相关经营者和决策者是依照个人的主观偏好,按照自己认为能激励员工的项目想当然地设置,而忽视甚至无视员工对福利项目的客观需要。这样一来,职业福利的激励性就会大打折扣,付出很大成本却难以取得预期效果。因此,职业福利规划必须以员工自身的实际需求为根本,在满足这些需要的基础上,兼顾用人单位经营者的爱好与兴趣,对员工进行一定的引导。

3. 把握职业福利需求的共性和个性

对于员工共性的福利需求,用人单位可以通过提供集体性福利予以满足,主要是要在不同员工身上体现"同"。但是通过设置一些与员工绩效相关联的有针对性的福利项目,在不同员工身上体现"异",更能激发员工的工作积极性。按照事物从低到高、从不完善到完善的逻辑发展规律来看,如果过早、过分强调职业福利的激励性,忽视对职业福利基础性的、共性的需求,就难以使职业福利水平得到全面的改善和提升。因此,在规划过程中,要妥善处理职业福利需求共性和个性的关系问题。

4. 资源的动态配备

规划得再完善,如果没有配套的资源,则一切都是纸上谈兵。当然,具体的资源配备应属职业福利管理的内容,一般来讲,随着职业福利发展阶段的提升,对各项资源需求的绝对量都是逐渐增加的,但各个阶段应该各有侧重,如财务资源的投入应该持续增加,而人力资源是遵循从少到多再到少的规律,制度资源是每个阶段都应高度重视的。

(二)量入为出的规划方法

福利的刚性特征决定了福利总有无限膨胀的倾向。如果福利成本的增加速度超过用人单位经济效益的增长速度,反而会损害用人单位的竞争力。规划职业福利要根据用人单位的效益情况,采用量入为出的规划方法。量入为出的规划方法是一种具有普遍意义的规划方法,大到国家公共财政支出、小到家庭预算都要遵循量入为出的原则。顾名思义,"量入为出"就是根据用人单位的"入"即效益情况来确定职业福利的支出。而要做到量入为出,则要保持职业福利成本随着用人单位经济效益的动态变化进行不断调整,当然调整比重还与市场平均水平和竞争对手的情况有关联,如图 12-1 所示。

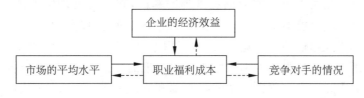

图 12-1 职业福利成本的量入为出

量入为出就是进行成本控制。根据用人单位的经济效益、市场的平均水平和竞争对手的情况来确定福利成本上限,即占用人单位人事总成本的比重,而人事总成本与用人单位的经济效益是紧密结合的,应直接找到职业福利与用人单位经济效益之间的关系。

$$C = a \cdot P$$

式中:C 代表职业福利成本;a 代表比重;P 代表用人单位的经济利润。

其中,最关键的就是确定 a 的数值,具体步骤如下:

(1) 定量分析用人单位的历史数据,找到用人单位福利成本与用人单位效益的正相关区间。

(2) 根据市场平均水平和比例及竞争对手的情况使上述区间范围缩小。

(3) 再结合用人单位的目标战略确定一个具体数值,即为福利成本上限。

在确定最高上限的基础上,通过管理提高福利效用。职业福利的管理应遵循平等性、激励性、经济性、透明性、先进性、合法性等原则。福利管理中要注意对政策法规的掌握,对于法定和引导福利采用社会化的管理方法,加强与员工的沟通,让员工主动参与,重视财务预算和评估,配备专业化的管理人才,吸收先进的管理理念并充分利用先进的技术手段。这样,既能保证数量上的量入为出,又能在质量上不打折扣。

一项事物的全面快速发展离不开科学合理的规划。之所以对员工发展计划中的福利部分进行规划,不仅是因为职业福利本身具有项目复杂、管理难度大和福利成本刚性等特征,也是基于用人单位资源永远相对稀缺性的客观现实,更是为了推动员工获得全面的发展。

三、职业福利的管理

职业福利的管理,是通过组织、指挥、监督、调节职业福利工作中的各个环节,实现既定的职业福利需要达到的目的。这是单位人力资源管理的重要一环。严格说来,职业福利的设计、执行、评估和调整等过程皆属于职业福利管理的内容,但福利管理更多属于制度层面和保障层面,从这一角度看,职业福利管理又成为职业福利实施中的一个方面。①在竞争激烈的市场中,用人单位注重福利优化及管理创新尤其重要,用人单位需要建立福利创新机制,做好福利成本控制,设身处地地为员工考虑,充分重视员工的生活状况与发展需求,进而促进用人单位的效益提升及健康发展。②

(一)创新福利管理制度

职业福利机制是用人单位职业福利管理的基础,在职业管理中的地位越来越重要。一个好的福利机制不仅能够满足用人单位员工的福利诉求,提高员工的满意度和归属感,而且有利于提高用人单位的核心竞争力,体现用人单位对于员工的人性化管理,放大用人单位的福利效用。要想加强用人单位职业福利管理的激励效应,就要结合用人单位的实际情况和员工的实际需求来制定科学的职业福利管理制度。首先,应该加强与员工之间的沟通,了解员工的实际需求。福利待遇不仅仅是社保方面的投入,也可以是员工住宿或者员工食堂等福利。其次,依靠福利管理来促进自身单位文化的建设,使员工更加信赖和喜欢用人单位,从而全身心地融入用人单位的发展中。

(二)科学控制福利管理的成本

福利成本在人工成本中的占比近年来有逐步提升的趋势,如果用人单位不采取有效的控制措施,那么巨大的支出将影响用人单位的市场竞争力。用人单位必须结合自身的经济状况,将福利成本控制在合理范围内,节约用人单位支出,避免浪费,降低管理成本,提高福利管理效率。在设计福利计划时既要考虑用人单位内部的公平性和激励性,也要考虑外部市场的竞争力。用人单位应根据自身的发展阶段及承受能力,合理确定在外部市场中的定位。在制定福利待遇时可以让员工参与进来,这也是一种有效的方法,不但能够让员工充分发挥自身的潜力,让员工有更多的工作积极性,促进用人单位和员工之间的相互信赖,还可以达到合理地控制福利管理成本的目的。

(三)优化福利待遇项目

用人单位在规划职业福利待遇项目时,可以结合用人单位的发展状况,参照同行业、同规模用人单位优秀的福利待遇项目,还可以在用人单位内部调查员工的需求信息,以优化自身的福利项目。首先,制订福利计划。用人单位要根据自身实际,在用人单位经营状况允许的前提下,通过福利需求调查,了解职业福利诉求,即切实解决员工实际问题的福利需求。其次,制定差异化的福利分配规则。从员工资历、绩效表现、对公司的贡献度等多个维度进行综合评估并与福利层级相对应,初步确定员工的福利水平和层级。再次,引导员工正确使用。引导员工根据自身的福利层级和用人单位提供的福利产品,结合自己的实际需求进行选择性使用。最后,福利反馈与持续优化。用人单位根据自身福利制度

---

① 陈银娥,潘胜文.社会福利[M].北京:中国人民大学出版社,2004:215.
② 杨睿,王燕,王欢.企业员工福利管理的问题与对策研究[J].现代国企研究,2018(8):57.

的实施状况和员工反馈,不断调整福利计划,以适应不断变化的经济发展和个人需求。①

第三节 我国职业福利的发展历程②

我国职业福利的发展道路与西方国家不同,其性质和作用也迥然不同。相当长的一段时期内,职业福利承担了大量的社会福利职能,成为国家保障的手段。改革开放以来,随着向市场经济的转型,我国职业福利的功能、作用逐步发生了变化。然而由于未能先行确定科学的发展观,职业福利的转变一直是被动的,定位始终是模糊的,在发展中出现了一些负面问题。在今后的实践中,如何对职业福利进行科学定位和必要规制,使其在符合自身属性的轨道中规范发展,是一个亟待思考的新问题。

我国职业福利自20世纪50年代开始建立以来,大体经历了两个大的发展阶段:第一个阶段是从20世纪50年代初期到80年代中期,主要是计划经济条件下的职业福利时期;第二个阶段是从20世纪80年代中期至今,即向市场经济转型过程中的职业福利改革与创新时期。受经济体制转轨的影响,我国职业福利的发展方向在这两个阶段发生了明显转变。

一、计划经济时期的职业福利发展状况

中华人民共和国成立后,为了迅速解决失业问题,尽快建立与社会主义制度相适应的福利模式,我国政府采取了统包统配的就业制度,确立了与就业关联的单位保障体制。当时的职业福利被称为职工福利,是一种由国家和职工所在单位通过举办集体福利设施、建立补贴制度、组织开展业余文化活动,以减轻职工经济负担和丰富职工文化生活的事业。1950年6月颁布的《中华人民共和国工会法》对建立职工福利制度作出了明确的规定。此后,无论企事业单位还是国家机关,都在政府指导下,为职工建立了包括社会保险、集体福利、生活补贴和文化服务等项目在内的全面的福利待遇。

这种"计划统包"的职业福利模式延续了三十余年,即使在1978—1985年的改革开放初期也没有发生动摇,直到1986年启动国有企业改革以后才有所转变。这一阶段职业福利突出的特点是,福利性收入在劳动者的报酬中所占的比例较大。这是由于计划经济时期,劳动者的工资长期处于比较低的水平,仅靠工资性收入难以保障职工及其家庭的基本生活需要,职工主要通过正式就业获得住房、教育、生活补贴等全面的福利待遇,单位包办的职工福利实际成为计划经济时代社会福利的主体。"低工资、高福利"政策在这一时期对社会发展和政治稳定起到了一定的积极作用。

二、市场经济转型时期的职业福利发展状况

20世纪80年代中期以后,经济体制改革进一步深化,尤其是国有企业劳动用工制度

---

① 康丽娥.浅谈员工福利管理优化[J].空运商务,2018(10):32-34.
② 杨艳东.60年来我国职业福利的回顾与反思[J].理论探索,2009(5):89-98.

的改革动摇了赖以支撑国家——单位保障体系的制度基础,计划经济时代的职工福利模式已无法继续存在下去;随着对外开放步伐的加快,外资企业、民营企业逐渐增多,多种经济形式的并存对统包式的单位福利制度提出挑战,原有职业福利制度存在的弊端日益凸现,也不得不走向变革的道路。这一时期可以分成两个阶段:改革调整阶段和发展创新阶段。

(一) 改革调整阶段(1986—1997年)

我国职业福利的改革率先从国有企业开始。1986年启动的国有企业劳动人事制度改革及非公企业劳动用工政策,真正拉开了职业福利改革的大幕。1986年7月12日,国务院发布《国营企业实行劳动合同制暂行规定》和《国营企业职工待业保险暂行规定》,11月10日劳动人事部颁发《关于外商投资企业用人自主权和职工工资、保险福利费用的规定》。根据这些规定,一种新的劳动用工制度——劳动合同制取代了计划经济时代的铁饭碗;合同制工人的退休养老实行社会统筹并由企业和个人分担缴纳保险费的义务,这意味着国家承认经济结构多元化条件下劳动者社会保障权益维护方式的变化;传统的寄托在单位身上的福利制度不再是终身不变的,劳动合同的终止或者企业的破产都可能使原有的福利待遇无以为继。至此,传统的单位"统包"的职工福利制度开始转向企业与个人责任分摊式的职业福利制度。

20世纪90年代中期,国有企业改革的深化和经济结构调整的推进,使传统的单位性质发生了从行政主体到经济主体的转变,这种转变给单位保障制带来两方面的冲击:一方面是国有企业的减员增效改革,造成部分职工下岗,传统的单位保障制已不能保障这部分职工的基本生活;另一方面是公有制单位为了甩掉沉重的社会包袱,纷纷削减集体福利、实施后勤社会化改革,将一部分职业福利交由社会提供。因此,在这一时期,传统职业福利的全面保障功能已经不复存在,职业福利的社会职能进一步分化。

(二) 发展创新阶段(1998年至今)

1998年,中央提出的"两个确保"方针和"三条保障线"制度,构建起新型社会保障体系的基本框架,为职业福利的进一步分化提供了制度依托,使职业福利从保障的主体地位转变为补充角色。进入21世纪以后,经济全球化的扩张使国内企业面临极大的人才竞争压力,不得不努力提高职业福利水平、创新福利管理手段,与外资企业接轨。我国职业福利开始朝着自主化、灵活化的方向发展。

总体上看,1986年以来,我国职业福利在第二个阶段的演进,主要是逐步分化其所承担的社会福利职能,增强了激励性和竞争性的功能。与第一个阶段相比,职业福利发生的变革包括:在法定福利中确立了国家、企业和个人的分担机制;在管理方式和项目设置上走向创新,企业自主性福利项目增多,不同单位在福利水平上的横向差异日趋明显。

今后一段时期内,我国的经济转型仍将持续,随着全球化的继续扩张,劳动者将面临更加不确定的生活风险。只有先明确职业福利的发展定位,才能有针对性地建立合理规制,制定解决实际问题的具体措施。基于以往的经验和教训,对职业福利地位的厘定,既不能像计划经济时期那样发生错位,违背其本质,超出其实际职责,将其异变为社会保障和国家福利的替代,也不能像转型初期那样,忽视职业福利对经济发展和社会进步所具有的特殊作用，一味地将其当作企业的"社会包袱"全部抛弃。对于职业福利的未来发展，应该将其定位为国家社会福利的重要补充，考虑如何确保其补充作用的有效发挥。国家是基本社会保障责任的主要承担者，职业福利是满足劳动者福利需求、提高社会福利水平的重要补充，与国家社会福利共同提高劳动者的福利水平。基于这样的定位考虑，在今后的发展规划中，应树立科学的发展观，建立符合职业福利性质、有利于发挥其功能和作用的必要规制，保证职业福利有一个规范、稳定的发展平台。

【扩展阅读】

企业年金

企业年金是指企业及其职工在依法参加基本养老保险的基础上，自愿建立的补充养老保险制度。

企业年金是对国家基本养老保险的重要补充，是我国正在完善的城镇职工养老保险体系（由基本养老保险、企业年金和个人储蓄性养老保险三个部分组成）的"第二支柱"。在实行现代社会保险制度的国家，企业年金已经成为一种较为普遍实行的企业补充养老金计划，又称"企业退休金计划"或"职业养老金计划"，并且成为所在国养老保险制度的重要组成部分。

职工参加企业年金方案的条件：(1)与本单位订立劳动合同并试用期满；(2)依法参加企业职工基本养老保险并履行缴费义务。

案 例 讨 论

年关将至，各大企业纷纷打起没有硝烟的"福利战争"，如何优化工会经费支出结构、严格控制工会经费开支范围和开支标准、提高工会经费使用效益、以最少的成本发挥职工福利的最大价值……这些问题着实耐人寻味。

据《上海基层工会经费收支管理实施办法》规定，基层工会拨缴经费收入是由建立工会组织的单位按全部职工工资总额2%依法向工会拨缴的经费中的留成部分。工会经费收支管理规定虽然明确了工会经费可以用于会员福利的发放，但并不是说所有的工会经费都是会用于会员福利的。

管理大师德鲁克说过："资本是不变的，能够让资本呈现出不一样的神秘力量，是知识。"知识在这里指的是企业所拥有的唯一一项和其他企业不同的资源。职工福利支出作为工会经费中的重要一环正在不断塑造和凸显着它在企业管理中的价值和魅力。

如何解读工会制度，既合规合理地发放职工福利，又让职工切实地感受到企业的关怀与人情味呢？为此，我们采访了东方团购中心的总经理陈平。从采访过程中我们逐步了解到，要想发挥职工福利的最大价值需以熟读相关规定为基础，结合人性化的福利方案设计，才能达到最优效果。

工会经费如何使用？工会经费支出≠工会福利

企业有了工会，就会产生工会费用，职工教育、文体活动、宣传活动、维护权益、业务支出、资本性支出、职工福利等都属于工会费用支出的分支。

基层工会逢年过节可以向全体会员发放节日慰问品。逢年过节的年节是指国家规定的法定节日(元旦、春节、清明节、劳动节、端午节、中秋节和国庆节)。节日慰问品是符合中国传统节日习惯的用品和职工群众必需的生活用品等,年度发放总金额不得超过基层工会当年度留成经费的50%。

工会经费合理安排 实现效益最大化

职工福利往往包含三个方面:法定福利、企业个性化福利和工会福利。工会应根据预算合理安排工会福利,明确开支标准,细化支出范围,实现效益的最大化。

近年来,从基层工会经费使用和福利发放情况来看,工会经费不仅对困难职工提供了帮助,也在职工帮扶、慰问等方面起到了一定的作用,但在预算管理、资金使用方面仍有些问题亟须解决。

基层工会组织由于预算执行不到位等原因导致年底结余资金过大,影响资金使用效益和作用的发挥。因此,编制预算是最重要的开始,根据上一年决算支出和上级工会组织拨入资金情况,结合本年度工作计划,科学、合理、全面编制本年度预算才能确保预算支出工作顺利完成。在基层工会经费使用过程中,帮扶、慰问资金支出是主要的业务支出,工会组织需细化相关管理制度,统筹兼顾,明确补助范围,确保资金使用的全面、准确、完整。

工会所能调度和运用的资源,是金额有限的工会经费,在落实职工福利中若只依靠工会经费,那么所产生的力度、效果与职工期望会产生很大的差距,这也是越来越多企业无法留住职工的原因之一。

企业福利体系张弛有度 利用互联网寻求创新突破

在过去,人仅仅是企业的生产成本,传统的企业在固定的成本下,一味追求效率的产出,这种模式在现代环境下显然已经失效。刻板的管理方法导致职工满意度降低,人才流动率偏高。

对现在的企业来说,人才是最宝贵的资源,企业福利体系的完善程度不仅影响职工的积极性与创造性,也与公司在行业内的口碑与风评密切相关。

为了留住人才,大部分企业都会不断调整职工福利方案,除了薪酬激励以外,建立一个张弛有度的企业福利体系能够增加职工对企业的黏性,提升企业竞争力。"我们研发了新的平台和系统,计划明年大力推广。"陈平说,"传统模式早晚会被淘汰,消费升级年年都说,这个现象的本质就是需求层次的提升。当人们不再为了温饱发愁,自然就有了更高的追求,福利也是一样。大家普遍不再满足于常规的产品,开始寻求内容和理念上的创新。"

据了解,东方团购中心近年来一直在强调"互联网+职工服务"模式的新概念,投入了大量的资源和人力自主研发,从技术上实现了一键轻松定制企业专属的职工福利平台,该平台以覆盖大范围多层次需求,高度的个体自主性为主要优势。从企业的角度,能减少人力物力,为企业福利管理提供有效支持;从职工的角度,自由选择想要的产品,能更大幅度地提高职工的感知度与满意度。"虽然东方团购中心已经15岁了,但紧跟时代的决心不会改变。"谈及新平台的上线和推广,陈平和他的团队表示充满信心。

把握职工"想要" 平衡福利空间与成本

每到节庆前夕,工会都会收到大量方案,从中选出最优的福利方案是工会负责人最烦恼的问题。可以看到,在目前的市场上,各类职工福利方案层出不穷,但对职工关怀这一系统化、长期性的工作始终没有清晰的认识。

陈平和他的团队表示深谙"职工想要什么"才是为企业制定策略方案的最终底气。了解所服务企业的文化背景、职工类型是提供方案前必须做的调查。只有洞悉职工的需求所在,才能帮助企业将有限的福利内容更加贴合职工的具体需求。

企业的福利针对不同职工可以更加个性化,比起奖金,弹性福利更能增加职工的凝聚力。不同职位、不同年龄层次的职工的个人需求也往往不同,普通职工也更倾向于将职工福利的发放与生活支出直接对接。例如,以阿里巴巴为例,除了薪资之外,阿里巴巴作为全球顶尖科技公司,其职工能提前享受这家公司最新的科技。因此,面对不同类型的职工群体,企业可以制定不同的个性化福利菜单,对于外来打工人员,生活日用品显得更贴心;对于"80后""90后"的年轻员工群体,个性化福利菜单的设置更加打动人心。根据企业的战略与文化灵活配置福利,可以让职工福利展现其真正的魅力。

此外,配合工会有限的预算来减轻工会的工作负担和福利成本也是相当重要的一环。"一版,两版,三版……直至工会老师通过我们的方案,"陈平说,"东方团购中心的存在就像一根杠杆,既要发挥职工福利空间的最大化,给企业提供更多更优的福利选择,也要帮助工会严格把控成本,起到平衡的作用。"

对工会组织和人力资源部门来说,职工福利是企业人力资源薪酬管理体系的重要部分。职工福利并不是企业的负担,而是发挥着投入和产出的重要作用。工会经费在职工福利方面投入的资本将转化为价值,为企业赋能。合理运用企业在职工福利方面可以发挥的空间,所得到的价值将远比刚性薪酬大得多。

资料来源:工会政策深度解读 让员工福利赋能企业[EB/OL].[2019-12-20]. 聊城新闻网,http://finance.lcxw.cn/shichang/2019-12-20/47269.html.

讨论问题
职业福利的功能有哪些?

第十三章 福利彩票

【学习目标】

通过学习本章,了解彩票及彩票资金的含义和使用模式,掌握福利彩票的含义、内容和属性等基础知识,了解我国福利彩票的性质、内涵、目的、发行方式及使用现状和存在的问题。

第一节 福利彩票的含义及彩票资金的使用

一、彩票及其作用

彩票是通过公开的抽签方式获得中奖机会的一种凭证。彩票是一种特殊的商品,本身并不具有任何使用价值,但对中奖者却具有实实在在的价值。从某种意义上说,彩票是一种集公益性、安全性、娱乐性和趣味性于一体的机会游戏。作为一种游戏,最重要的是如何制定合理的游戏规则,以吸引越来越多的人参与其中,不断地尝试运气、奉献爱心。因此,彩票的发行方式是影响彩票业发展的关键因素。

首先,彩票虽然不具有任何使用价值,但对购买者来说,它提供了一次可能的获奖机会。虽然购买一张彩票就中奖的概率很小,但谁也无法否认这种机会的存在。在幸运心理的作用下,人们对彩票潜在收益水平(单位彩票的平均收益乘以中奖概率)的预期总是大于"理性"水平,这个预期收益就是彩票为购买者提供的"消费性效用"之一。其次,彩票为公众提供了一种特殊的娱乐。人们购买彩票需要进行成本收益权衡,用最低的成本获得最高的收益要靠"运气",这实质上就是一种娱乐。不仅如此,彩票玩法简单,进入壁垒低,任何人都可以参与,是一种能够满足多数人娱乐需要的机会游戏。正如一位彩民所说:"我买彩票,不太在意中不中奖,主要是得到了一种愉悦,因为我爱玩彩票。"最后,彩票还能满足人们一些非经济性的心理需要,如慈善心理等。在收入达到一定水平,解决了温饱问题之后,人们各种非经济性的需求将逐渐增加,福利彩票可以通过让购买者资助困难阶层而得到慰藉等方式来满足这种心理需求。在一定意义上,通过购买彩票来满足这种心理需求也是一种"消费"行为。

考察彩票的社会作用可以看到,首先,彩票业为政府提供了一种可控制且成本较低的社会保障事业筹资方式,可以有效地减轻财政负担。例如,法国彩票业每年可向政府缴纳

86亿法郎的税款,瑞典20世纪80年代通过彩票业增加国库收入12亿多克朗,香港21年来"六合彩"累计集聚福利款项24亿港元。与政府的其他筹资方式相比,发行彩票具有三个优点:一是资金来源的自愿性,购买彩票是一种自愿的市场交易行为,不像税收那样具有强制性,有人甚至将它称为"微笑纳税";二是资金来源比较充足;三是彩票所筹资金一般都专户管理,专款专用,资金使用比较安全。其次,彩票活动可以扩大就业。一方面,彩票活动本身可以创造一定的就业机会,如法国人口不足6 000万,仅彩票销售点就有5万多个,从业人员达10万。据统计,我国共有福利彩票销售场所17万多个,每年抽调临时工作人员上百万人次;另一方面,实物兑奖和福利资金的使用也可以创造就业机会。据估计,我国福利彩票近12年来仅大奖组销售方式就创造了超过585万个就业机会。最后,彩票对启动消费、扩大内需具有十分重要的意义。例如,截至2018年年底,我国福利彩票累计发行销售20 197.26亿元,福利彩票提取公益金6 000亿元。"十二五"时期累计销售超过8 628亿元,是"十一五"时期的2.5倍。

二、彩票发行方式的演变[①]

彩票的历史由来已久,欧洲16世纪已经流行,而我国在清末也已开始。在彩票几百年的发展过程中,世界各国发行了名目繁多、各种各样的彩票,但就发行方式而言,种类却并不多。

(一)国际彩票发行方式的演变

国际上最早发行的彩票可以追溯到1530年,当时意大利的佛罗伦萨创建了第一个公开发行彩票的机构,获利甚丰。1536年,英国女王伊丽莎白一世曾批准发行彩票以筹款修建港口和弥补其他公用。然而,这两个国家所采用的发行方式却截然不同。佛罗伦萨采用了一种后来被称为乐透(Lotto Games)的方式,而英国采用的是抽签式(Drawing Games),也就是现在所称的传统式。

彩票发行方式在沿着以上两条主线发展的过程中,还出现了另一种发行方式,即1923年首次在英国出现的透透型(ToTo Games)彩票。就发行方式而言,透透型彩票是一种自选数字彩票,即通过对体育比赛的结果进行预测来猜数字,因此,它又被称作体育彩票。

(二)我国彩票发行方式的回顾

我国博彩业由来已久,但彩票的发行却是近代的事。一般认为,1886年,杭州刘学询在北京会试时发行的"闱姓"是我国的"原始彩票"。其后,在民国时期,国民党政府利用传统方式发行了一些彩票。

中华人民共和国成立后,彩票随之被取消。直到1987年,为了解决我国民政事业的资金不足,才重新发行彩票——社会福利有奖募捐券。目前国内存在两种彩票:一是隶属

---

① 陈良瑾.社会救助与社会福利[M].北京:中国劳动社会保障出版社,2009:368.

于民政部的中国社会福利彩票;另一种是隶属于中华体育总会的体育彩票。需要说明的是,我国的体育彩票是指其归属而不是指发行方式,与国际上的体育彩票完全不同。

福利彩票问世初期,发行上采取了街头摊点销售、定期开奖的传统发行方式。1988年年初,推出了即开即奖的发行方式。1988年4月,开始发行一种新型的社会福利奖券——双开式奖券。1992年,我国福利彩票推出了独特的发行方式——大奖组发行方式。1993年9月,深圳市福利彩票中心首次推出了自选号码的福利彩票;但1994年6月,根据国务院、中国人民银行的有关规定,停止了这种发行方式。1995年,经中国人民银行批准,民政部决定,中募委在广东、湖南、浙江、深圳等地开始运用计算机管理发行传统式福利彩票的试点工作。1996年,中募委在广西和青岛进行了"网点销售、电视开奖"的试点工作。1997年,上海试销了具有地方特色的"上海风采"福利彩票。同年,深圳福利彩票中心在全国率先推出电话投注购买福利彩票的方式。

三、福利彩票的含义

《辞海》中对彩票的解释是"以抽签给奖的方式进行筹款或敛财所发行的凭证"。中国人民银行在《关于加强彩票市场管理的紧急通知》中的表述为"彩票是指印有号码、图形或文字,供人们填写、选择、购买,并按特定规则取得中奖权利的凭证"。法国人称"政府发行彩票是向公众推销机会和希望,而公众购买彩票则是微笑纳税"。一般来讲,彩票是印有号码或图形(文字)、由投注者自选号码、自愿购买并能够证明购买者拥有按一定规则取得中奖权利的书面凭证,是一种建立在机会均等基础上的公平竞争的娱乐性游戏。《中国福利彩票管理办法》所称福利彩票,是指以筹集社会福利资金为目的而发行的印有号码、图形或文字,供人们自愿购买并按特定规则确定购买人获取或不获取奖金的有价凭证。

福利彩票不是赌博,也不是商业有奖销售,它能缓解各国政府的财政压力,造福社会公益事业。它是以合法的形式、公平的原则,重新分配社会的闲散资金,协调社会的矛盾和关系。彩票具有特殊的地位和价值。

四、国际彩票资金使用的基本模式

彩票资金是通过发行彩票而获得的资金净收益,它是彩票销售总额减去返还给中奖者的奖金和发行成本后的全部资金。彩票资金在彩票销售总额中所占的比例,不同的国家和地区并不一样,同一国家的不同地区,有的也不相同,一般为25%~35%。

彩票资金的使用效率体现在两个层面:一是用对地方,即把有限的彩票资金用在最适当的地方,如果彩票资金投向不当,很难体现其效果,也就谈不上彩票资金的使用效率;二是正确使用,即在彩票资金投向正确的前提下,保证资金使用过程中不出现浪费。

目前,世界上有120多个国家和地区发行彩票,这些国家或地区发行彩票的共同目的都是筹集资金,但对于彩票资金的使用途径却不相同。

国际上彩票资金使用的途径可以归为如下三种模式。

(一)集中筹资,统收统支

这种模式又可称为"第一财政",是把全部彩票资金纳入国家或地方财政预算,由国家或地方财政部门统一支配使用。例如,法国和韩国等国的彩票资金全部交给相应的财政部门,融入国家或地方的财政预算。

(二)集中筹资,分项专用

这种模式又称"第二财政",与"第一财政"模式正好相反,全部彩票资金都不纳入国家或地方的财政预算,而是直接转入有关部门,用于各类具体用途,如日本、瑞士、巴西和澳大利亚等国家。但在彩票资金的具体用途和分配比例上,不同的国家和地区差异较大。有些国家和地区将所有彩票资金集中用于某一个或两个方面,如美国的弗吉尼亚州将彩票资金全部用于教育事业,瑞士和日本等国的彩票资金全部用于慈善事业。有些国家和地区则将彩票资金在多个方面酌情分配,如挪威按 3:3:3 的比例将彩票资金在文化艺术、体育和科学研究三项事业之间平均分配,芬兰则按 46.5:24.1:22.5:6.9 的比例将彩票资金分配在文化艺术、体育、科学研究和青年工作几项事业中。

(三)集中筹款,混合使用

这种模式又称为"混合财政",是上述两种模式的混合体,既将一部分彩票资金交给国家或地方财政部门,纳入国家或地方的财政预算,又将剩余部分用于其他具体用途。世界上有不少国家和地区都采用这一模式,如德国的柏林、比利时、丹麦和我国香港特别行政区等。具体又分为两种情况:一种是将大部分彩票资金上交国家或地区财政,小部分投向具体用途,如美国马萨诸塞州将 98.5% 的彩票资金上交州财政,而将 1.5% 的彩票资金用于直接支持文化艺术事业。我国香港特别行政区与之类似,将 89.6% 的彩票资金上交特区财政,而将 10.4% 的彩票资金用于公益与慈善事业。另一种则是把大部分彩票资金用于具体事业,而将不到 50% 的彩票资金上交国家或地方财政,用于统收统支,如保加利亚和丹麦等国家。

第二节 我国的福利彩票事业

一、我国福利彩票的发展

我国的现代福利彩票开始于 1987 年。1987 年 6 月 3 日,我国社会福利有奖募捐委员会在北京成立,民政部部长崔乃夫任主任,同年 7 月在天津市造币厂印制出第一批社会福利奖券。1994 年,中国社会福利奖券更名为中国福利彩票,并明确发行宗旨为"扶老、助残、救孤、济困"。

根据国家有关规定,我国福利彩票销售总额为彩票资金,由奖金、发行成本费和社会福利资金三部分组成。从 2002 年 1 月 1 日起,彩票发行资金构成比例调整为:返奖比例不得低于 50%,发行费用比例不得高于 15%,彩票公益金比例不得低于 35%。今后随彩票发行规模的扩大和品种的增加,将进一步适当调整彩票发行资金构成比例,降低发行费用,增加彩票公益金。财政部会同民政部、国家体育总局分别确定民政部门和体育部门的彩票公益金基数,基数以内的彩票公益金由民政和体育部门继续按规定的范围使用;超过基数的彩票公益金,20%由民政部门和体育部门分别分配使用,80%上交财政部,纳入全国社会保障基金,按照"收支两条线"的原则,对彩票发行收入实行专户管理,支出应符合彩票发行与销售机构的财务管理制度和彩票公益金管理制度。彩票公益金不得用于平衡预算,发行费用结余不得用于补充民政部门和体育部门的行政经费。国家审计机关要加强对彩票发行及彩票公益金筹集、分配和使用情况的审计,年度审计结果向社会公布。

发行福利彩票的目的是筹集福利资金,用于支持社会福利事业的发展。彩票资金的使用效率体现在两个层面:一是用对地方,即把有限的彩票资金用在最适当的地方,如果彩票资金投向不当,很难体现其效果,也就谈不上彩票资金的使用效率;二是正确使用,即在彩票资金投向正确的前提下,保证资金使用过程中不出现浪费。1990年年初,中募委正式颁发了《有奖募捐社会福利资金管理使用办法》,规定社会福利资金的使用范围是"主要用于资助为老年人、残疾人、孤儿服务的社会福利事业,帮助有特殊困难的人,支持社区服务和社会福利企业的发展"。在资助具体范围中,民政部界定了5个项目类别:城市福利事业、乡镇福利事业、社区服务、福利企业及其他。社会福利资金主要采取无偿资助的方式,包括无偿捐赠和贷款贴息。

二、我国福利彩票的主要发行方式

自1987年以来,中国福利彩票发行中心共发行了五大类型的彩票,即传统型、即开即奖型、双开型、电脑管理传统型、热线型。但就发行方式而言,我国福利彩票目前有传统式、即开即奖式和即开传统结合式三种发行方式。这三种方式在我国福利彩票的发行过程中都得到了一定程度的改进或创新,形成了具有我国特色的发行方式。

(一)传统式

我国福利彩票发行之初采用的是传统发行方式,但效果并不理想;后来,在发行过程中对其不断进行改进,形成了具有我国特色的传统式——电脑管理式、电话热线式和"上海风采"式。

1. 电脑管理式

电脑管理式又称"传统电脑式",这种发行方式与一般传统方式的区别在于,它利用了先进的技术设备,改变了以往的发行手段;它通过电脑联网把分布在各地的若干个销售点(仅限于某一地区,目前各地区之间尚未联网)连接起来,通过电脑出售。

这种方式的优点在于:分散销售,便于管理,而且可以常年销售;公平、准确、快速。当然,传统方式的固有优点和缺点,在这种方式中依然存在。

2. 电话热线式

电话热线式又称为"传统热线式",是一种通过电话热线销售传统福利彩票的发行方式。该方式通过电话热线把以往的票据销售改成线上销售。该方式的优点是投注方便、可靠性高、投注时间长。

3. "上海风采"式

"上海风采"式的突破点包括:开奖方式上采用了递进式开奖,更具刺激性与趣味性;销售方式上创造出发售"上海风采"套票这种新的销售方式,使购买者一次性购买,却周周有"盼头";发行题材上打破过去全国统一的惯例。作为地区性彩票,"上海风采"票面的印制充分体现了当地特色。

(二)即开即奖式——"大奖组"发行方式

"大奖组"方式是一种即开即奖发行方式,其突破点在于设奖方式和销售方式。大奖组设奖方式的独特性体现在大规模奖组、奖额落差大、灵活设奖和现金实物相结合的奖励方式。大奖组销售方式的独特性是集中销售。所谓集中销售,包括空间上的集中、时间上的集中和效果上的集中。这种集中销售方式体现在销售现场就是大场面。目前,大场面有两种基本方式:一个是点式大场面,即利用某一开阔地,销售员围成一圈,形成一个销售面;另一个是线式大场面,即封锁一条街,把这条街临时变成彩票市场,形成销售长线。该方式的最大优点是速战速决、销量惊人;其缺点在于,规模过于宏大,气氛过于激烈,潜在的危险性大,容易引发多种社会问题。

(三)即开传统结合式

即开传统结合式又称二开式,是综合了传统式和即开即奖式的优点,应用图数结合而形成的一种发行方式。这种二开式的独特性在于设奖方式和开票方式。其开票方式采取了包裹缝合的形式,内外券都难以识别和作弊。

三、我国福利彩票资金的使用现状

《中国福利彩票发行与销售管理暂行办法》规定,我国福利彩票销售总额为彩票资金,由奖金、发行成本费和社会福利资金三部分组成。其中,奖金比例不得低于50%,发行成本费用的比例不得高于20%,社会福利资金的比例不得低于彩票资金的30%。民政部遵循"扶老、助残、救孤、济困"的福彩公益金使用宗旨和彩票公益金使用有关规定,重点支持社会养老服务体系建设项目;优先支持社会福利设施建设以及残疾人、孤儿、经济困难人群等特殊困难群体受益的项目;适当支持符合规定的其他社会公益项目;补助地方资金着重向贫困地区倾斜。具体包括下列项目。[①]

(一)补助地方项目

1990年颁布的《有奖募捐社会福利资金管理使用办法》规定,社会福利资金"主要用于资助老年人、残疾人、孤儿服务的社会福利事业,帮助有特殊困难的人,支持社区服务和社会福利企业的发展"。2018年,财政部、民政部向各地下发2018年度民政部本级彩票公益金补助地方项目资金共计289 748万元,分别用于支持老年人福利类、残疾人福利类、儿童福利类和社会公益类项目。2018年民政部补助地方项目资金,除残疾孤儿手术康复"明天计划"项目资金采用项目法分配外,其余项目资金均采用因素法分配。主要因素包括:财政困难系数、工作对象人数、工作任务数量及工作绩效等。民政部将彩票公益

---

① 2018年彩票公益金第三方绩效评价、评审和审计项目情况公告.民政部网站.http://www.mca.gov.cn/article/gk/cpgyjgl/bjxmgyj/sjxm/201906/20190600018038.shtml.

金分配各地,由各地结合实际情况分配使用,具体使用情况依据有关规定由各地公告。

1. 老年人福利类项目

老年人福利类项目主要用于新建和改扩建以服务生活困难和失能失智老年人为主的城镇老年社会福利机构、城镇社区养老服务设施、农村特困人员供养服务设施、供养孤老优抚对象的光荣院、对伤病残退役军人供养终身的优抚医院、城乡社区为老服务信息网络平台等。

2. 残疾人福利类项目

残疾人福利类项目主要用于重点支持精神障碍社区康复服务发展,国家康复辅助器具产业综合创新试点,精神卫生社会福利机构、民政直属康复辅具机构及其他残疾人服务机构建设和设施设备配置等工作。通过开展残疾人福利类项目,实现下列目标:一是提高全国精神障碍社区康复服务覆盖率;二是增强残疾人福利机构和康复辅助器具服务机构服务能力,通过支持精神卫生社会福利机构、民政直属康复辅具机构建设,以及其他残疾人服务机构建设和设施设备配置,进一步满足民政对象和社会残障人士的服务需求,提高服务质量和水平;三是推动康复辅助器具产业发展,通过支持国家康复辅助器具产业综合创新试点建设,促进康复辅助器具产业在产业集聚发展、服务网络建设、政产学研用模式创新、业态融合、营造良好市场环境等领域创新发展。

3. 儿童福利类项目

这类项目主要有儿童福利服务体系建设项目和残疾孤儿手术康复"明天计划"项目两类。儿童福利服务体系建设项目主要用于支持人口在 50 万以上或孤儿较多的县新建、改建儿童福利机构或社会福利机构儿童部;加强基层儿童福利服务体系建设,为儿童之家配备相应的设施设备;根据儿童福利机构特殊教育和脑瘫康复训练示范基地康复工作开展情况对机构内涉及儿童养育、治疗、教育、康复项目予以资助;对国务院防治艾滋病工作委员会办公室确认的全国艾滋病流行重点省份予以资助。通过项目开展,改善儿童福利机构设施,完善儿童福利机构功能,提高儿童福利机构收留抚养儿童的康复训练和特殊教育水平,加强儿童福利服务体系建设。"明天计划"是为残疾孤儿提供医疗康复的彩票公益金项目。项目资金以省、自治区、直辖市及新疆生产建设兵团和部级定点医院经审核符合资助对象范围且实际发生的医疗康复费用为拨付依据,其中,部级定点医院费用直接拨付其所在省份,由相应省份协助民政部"明天计划"领导小组办公室同部级定点医院做好资金结算工作。

4. 社会公益类项目

这类项目主要有三类。一是未成年人救助保护机构功能建设及购买服务,主要用于市县未成年人救助保护机构功能建设及购买服务。重点支持农村留守儿童和困境儿童较多、救助保护任务重的地区开展临时监护照料无人监护、遭受监护侵害儿童等救助保护工作需要,以购买服务的方式对乡镇、村居未成年人保护工作进行指导、监督、培训等。通过项目开展,推动未成年救助保护机构升级转型,以未成年人保护机构为平台构建完善未成年人保护服务的体系和网络。二是殡葬基础设施设备建设更新改造。坚持以满足群众需求为导向,重点支持中西部地区殡葬基础设施设备(包括殡仪馆、公益性节地生态安葬设施、民族地区殡仪设施及相关设备)建设和改造,其中,对殡葬基础设施建设缺口大、财政困难地区给予重点资助,着力补齐中西部地区殡葬基础设施建设短板。三是社会工作和志愿服务项目。主要用于补助各地开展一批面向老年人、残疾人、儿童和困难群众的社会工作与志愿服务项目,帮助其修复和发展社会功能、建立社会关爱与支持系统、改善生活境况。通过项目开展,促进各地社会工作和志愿服务体系建设,发挥社会工作和志愿服务力量在脱贫攻坚、保障改善民生、创新社会治理中的积极作用。

(二)补贴民政部项目

1. 残疾人福利类项目

例如,由国家康复辅具研究中心负责实施的残障群体示范性配置康复辅具及手术矫正治疗(福康工程)。2018年,民政部为深度贫困地区部分具有示范性的福利机构购置康复辅具产品9 850件(套),提高福利机构无障碍设施使用水平,为残障者生活提供便利;为深度贫困地区贫困残障者购置假肢795具、矫形器450具,提高残障者的生活自理能力和生活质量,改善他们的生存状况;为深度贫困地区的肢体畸形患者实施矫治手术353例,术后康复训练患者90例,配置术后矫形器342具,提高残障者的生活自理能力和生活质量。

2. 儿童福利类项目

2018年,福利彩票资金补贴大龄孤儿学历教育项目1 530万元,主要用于资助公开选拔录取的孤儿接受北京社会管理职业学院普通专科或成人大专学历教育,促进孤儿身心更好地发展,帮助孤儿自食其力,创造社会价值。2018年共资助在校孤儿学生495人,124人已顺利毕业。通过单独招生、直接资助的方式,补贴孤残儿童高等教育助学工程项目1 080万元,资助生活在福利机构中的大龄孤残儿童和部分散居孤儿,为他们提供接受高等教育的机会。2018年"助学工程"共资助孤儿学生513人,156名孤儿学生顺利毕业。补贴涉外送养儿童寻根回访及中国文化教育项目252万元,资助涉外送养儿童来华寻根回访,通过组织其回访福利院、参加系列文化讲座、开展社会实践活动等,帮助送养儿童了解中国,加深对祖国的认同和热爱。2018年共资助了304名送养儿童来华寻根回访。

3. 老年人福利类项目

2018年,福利彩票资金补贴"夕阳红"救助服务项目1 000万元,为身患重病、抚养残障子女等困难老年人、失能半失能和高龄老年人提供救助服务、康复护理服务、"一键通"紧急救助呼叫服务等,帮助这些老年人改善生活处境,提高生活质量。

4. 社会公益类项目

2018年,福利彩票资金补贴彩票公益金第三方绩效评价、评审和审计项目209万元,用于聘请第三方机构对2017年彩票公益金民政部项目开展审计检查,以及对彩票公益金补助地方项目进行实地督查。通过项目实施,进一步强化了民政部彩票公益金项目的监督管理,提高了资金的使用效益。补贴社会福利和社会工作人才培训项目52万元,用于全国养老服务标准化培训。2018年,该项目实施现场培训2期,培训学员153人。通过项目的实施,促进了全国养老服务机构的标准化管理和人才队伍建设,提升了全国养老服务机构标准化管理人员的专业化水平。

【扩展阅读】

中国福利彩票发行中心

中国福利彩票发行中心是全国性福利彩票的总发行机构。福利彩票每年的发行额度要报经国务院批准。在发行额度内,中国福利彩票发行中心根据各地的市场需求情况,向全国各二级发行机构发行彩票。电脑彩票由二级发行机构直接组织销售;即开型彩票通过二级发行机构分发给各基层销售单位,由各基层销售单位具体组织销售。

中国福利彩票的发行宗旨是:助老、助残、救孤、救困、赈灾。

案例讨论

为贯彻落实《中共中央国务院关于打赢脱贫攻坚战的决定》精神,改善贫困革命老区生产条件,促进贫困群众脱贫增收,推动贫困革命老区精准扶贫、精准脱贫,近日,财政部下达2018年中央专项彩票公益金支持革命老区脱贫攻坚资金3.8亿元,加上2017年10月提前下发的16.2亿元,至此,2018年预算安排的中央专项彩票公益金支持革命老区脱贫攻坚资金20亿元已全部下发。

该项资金按照县均2 000万元的支持规模,用于支持革命老区贫困村村内小型生产性公益设施建设。按照《国务院办公厅关于支持贫困县开展统筹整合使用财政涉农资金试点的意见》(国办发〔2016〕22号)有关要求,纳入整合试点范围的革命老区县,可根据本地脱贫攻坚规划,统筹整合使用此项资金;未纳入整合试点范围的贫困革命老区县,继续按照"十三五"期间中央专项彩票公益金支持贫困革命老区小型生产性公益设施建设有关要求进行管理。

财政部要求,各地要按照《中央专项彩票公益金支持贫困革命老区脱贫攻坚资金管理办法》及财政部关于进一步加强预算执行管理和支持深度贫困地区脱贫攻坚的有关要求,及时分配下达资金,切实加强资金监管,强化资金绩效管理,做好资金和项目的公告公示工作。

资料来源:孙韶华.财政部提前下达2018年中央专项彩票公益金48亿多元[EB/OL].[2018-07-06]. http://jjckb.xinhuanet.com/2018-07/06/c_137305902.htm.

讨论问题

如何分析福利彩票资金的使用成效?

第十四章 基本生活救助

【学习目标】

通过学习本章,了解基本生活救助的含义、形式和类别,重点掌握最低生活保障制度的含义、发展历程和模式选择,掌握农村五保供养制度的含义和发展现状,掌握我国扶贫战略的含义、工作模式和发展成就。

第一节 基本生活救助概述

一、基本生活救助的含义

基本生活救助是指国家对生活在国家法定或当地法定的最低生活保障标准之下的社会成员给予帮助,目的是解除贫困者的生存危机,维持社会低收入群体最基本的生活条件,达到保障全体公民基本生存权利的目的。基本生活救助是社会救助制度中最主要、最基本的内容,在各国社会保障体系中具有不可替代的地位,发挥着重要的"安全网"和"拖底"的功能。

从制度安排来看,世界各国都有基本生活救助的制度安排,但在不同国家,其内容有所不同。我国的基本生活救助主要包括居民最低生活保障制度、农村五保供养制度和扶贫开发。

二、基本生活救助的形式

生活救助一般采取现金救助、实物救助和混合救助等形式。

(一)现金救助

现金救助是国家以发放现金的形式,由被救助者根据自己的实际困难安排使用,帮助社会成员解除生活困难。这种救助手段源于古代的赈灾救荒。现金救助又分为一般性救助和专项救助。一般性救助是指向救助对象提供统一的现金补助,如英国的收入补助计划、比利时和法国的最低生活保障线制度。专项补助是指根据救助对象各自不同的特点提供不同种类的现金补助,如澳大利亚、新西兰的绝大部分社会救助项目,德国和荷兰的失业补助,意大利的最低养老金等。

(二) 实物救助

实物救助是指根据实际情况和需要,由国家财政拨专款购置受助者所需基本物品或用社会捐赠的物资为救助对象提供援助的一种救助方式。实物救助的特征是不直接给被救助者发放现金,而是根据其实际情况和需要,用社会救助经费购买一般生存资料和部分生产资料,无偿发放给被救助者。救助物资包括粮食、房屋、衣被、食品、餐具、建房材料、医药、中小农具、化肥、种子、役畜等。

(三) 混合救助

混合救助是现金救助、实物救助以及服务、精神慰藉、提供机会等多种救助形式的综合。其中现金救助和实物救助作为传统的救助形式依然占据主导地位,服务救助、精神慰藉等主要针对特定人群展开。

第二节 发达国家的生活救助

一、美国的生活救助

(一) 美国的贫困线与贫困问题

美国是全球最强大、最富有的国家,但是美国的贫困率也一直偏高,主要原因是美国的扶贫标准远远高于联合国所制定的一年456美元收入的穷人标准。2015年美国国家扶贫标准为:一人之家为全年税前收入11 770美元,典型的三口之家为20 090美元,高出联合国标准20多倍。此外,由于美国计算年收入时未考虑房屋、汽车等财产,特别是联邦及地方政府给予的各类补贴,所以实际规模更高。目前美国官方将贫困线标准设定为能够提供足够营养的适当膳食开销的3倍,具体到各家各户的贫困门槛将因应家庭规模、子女数量、户主的年龄和性别,以及是否有农业住宅等作出调整,共有48个标准或门槛。[1]

(二) 美国贫困家庭救助政策

1. 贫困家庭临时救助

贫困家庭临时救助(Temporary Assistance for Needy Families,TANF)计划是一项针对特殊贫困家庭的政策,源自1935年开始实施的向各州抚养未成年子女的单亲母亲提供现金救助及服务的抚养未成年子女救助计划(ADC)。1962年,肯尼迪政府将父亲失业的家庭也纳入救助范围内,并正式更名为抚养未成年子女家庭救助计划(AFDC),将政策救助的焦点指向了家庭。1996年,克林顿总统签署《个人责任与工作协调法案》,将AFDC改为TANF项目。

---

[1] 左晓斯.发达国家乡村贫困与反贫困战略研究——以美国为例[J].福建论坛(人文社会科学版),2019(1):163-177.

贫困家庭临时救助计划(TANF)是联邦政府一次性向各州政府拨付救济金(各州也有配套资金),由各州自行设计、运作、管理项目的具体内容。TANF项目的主要内容包括:一是救助贫困的家庭,照顾好家庭的孩子;二是激励与惩罚,为儿童建立良好的家庭氛围。除了联邦政府常规拨款外,还设立激励拨款,鼓励各州积极实施贫困救助政策。联邦政府还规定,建立儿童看护帮助、儿童抚养费制度,严惩家庭暴力。TANF项目为了鼓励工作、减少福利依赖,要求只要接受贫困救助就必须参加工作,并且对接受贫困救助的单亲父母参加工作的时间也有严格规定。

2. 贫困家庭税收减免

为了解决低收入工作家庭的贫困问题,美国实施对低收入家庭劳动所得税抵免政策(Earned Income Tax Credit)。1975年,福特政府通过《减税法》,正式将EITC以法律的形式确立下来,改变了不分类别的退税抵免,针对家庭中孩子的数量、父母参与工作的状况等予以不同程度的抵免和退税,并且设置了科学的进入退出机制。依据年收入的不同,税收抵免可以分为三个层次:一是年收入越高抵免金额也越高;二是随着年收入达到一定的额度,税收抵免额保持在最高抵免额上,不再增加;三是年收入超过一定数额,税收抵免金额就会减少。

3. 医疗救助

1965年,美国制订医疗救助计划(Medicaid),针对有老年人、残疾人、未成年儿童、孕妇的低收入家庭,以非现金的方式提供住院与门诊医疗、儿童疫苗接种、家庭生育服务、家庭健康护理等,由政府直接代替受助者向医疗服务方支付费用。该计划是美国向低收入群体提供医疗服务的最主要的救助政策,其主要目的在于帮助无力支付医疗费用的低收入家庭享受医疗保健服务。

4. 补充保障收入

1935年的《社会保障法》建立了老年人救助计划、残疾人救助计划及盲人救助计划,合称"成年人的救助计划"。1972年,尼克松总统签署《社会保障法修正案》,改革三项成年人救助计划,正式建立补充保障收入计划(Supplement Security Income),即SSI计划。SSI计划是一项针对低收入的有残疾人、盲人、65岁及以上老年人家庭的救助政策,其主要目的是为年龄在65岁及以上的贫穷老人及不分年龄的贫困盲人和残疾人提供救济金,以满足他们在吃、穿和住等方面的基本生活需求。

5. 贫困家庭营养补助

贫困家庭营养补助主要包括妇女、婴儿、儿童特殊营养补充计划和补充营养援助计划。

1972年,美国实施妇女、婴儿、儿童特殊营养补充计划(Special Supplement Nutrition Program Women, Infants, and Children),由联邦政府为州政府提供资金,为有妇女、婴儿及5岁以下儿童的家庭提供补充食物、保健指导、营养教育及其他服务。

补充营养援助计划(Supplemental Nutrition Assistance Program, SNAP)源于食品券计划。食品券计划最早开始于1939年,主要是为低收入家庭提供仅可购买指定食品的券,1943年后中断,1964年约翰逊政府时期食品券计划重新开始实施。2008年,食品券计划正式改为SNAP,并逐渐成为一项重要的家庭救助政策。

(三)美国区域开发政策

20世纪30年代,美国开始实施一系列针对贫困落后地区的区域援助发展计划。1933年美国政府成立田纳西河流域管理委员会(TVA),负责田纳西河流域和密西西比河中下游流域的援助开发。1965年实施针对高失业率和经济落后地区的地区再开发法,但因效果不理想而广受诟病。同年,美国政府连续颁布两项新法令:一是取代地区再开发法的公共工程和经济开发法(EDA),以援助严重或持续高失业地区,或因关键企业倒闭引起的失业率突然上升地区,或是中等家庭收入不到全国平均水平的40%的区域;二是阿巴拉契亚区域开发法,并据此成立联邦政府和州政府合作管理机构阿巴拉契亚区域委员会(ARC),负责阿巴拉契亚山区13个州失业率高、人均收入和受教育水平偏低的广大区域的援助开发。1993年,里根政府通过《联邦受援区和受援社区法案》,解决受援地区财富分配不均问题,为受援区创造更多的就业机会,努力让受援区选择自主发展方式摆脱困境。2013年美国开始实施"希望区"项目,再次尝试解决区域贫困问题,即在全美选择20个"集中连片贫困"地区,由联邦健康与人类服务部、农业部、教育部、交通部等12个机构牵头,通过公开竞争的方式分三批按10年期限进行专项扶持,以打造美国区域反贫困的"希望区"。①

二、日本的贫困救助②

20世纪中后期的金融危机导致日本略有恢复的经济再次崩塌,从1960年起失业率持续升高,失业问题极其严重。1986年开始,日本家庭基尼系数逐渐上升,家庭收入差距不断扩大。20世纪90年代后,日本房地产泡沫破灭,经济滞胀,出现了新的贫困现象。多年来,日本针对其贫困现状,分别在农业、就业、社会保障及贫困地区开发等方面采取了多元化的减贫措施,有效地减少了贫困人口,缓解了绝对贫困状况。

(一)注重农村土地规模化经营

日本农地面积小,且呈分散化、零碎化,农业资源非常稀缺。随着大量农民涌入城市,耕地抛荒、撂荒现象严重,农业发展更加衰败,农村贫困问题不断加剧。为解决农业经济发展给日本农村带来的贫困问题,日本采取了下列措施。

1. 注重农地规模化,鼓励农户自立经营,培养新型农业经营体

为了加强农地规模化,解决农地分散、零碎的问题,日本在1961年出台《农业基本法》,规定提高农户所能拥有的最高土地面积,建立农业生产法人制度,允许农户租用购买土地;规定农协可经营农地信托事业。同时,政府通过教育培训、技术指导等,鼓励农民成为自主经营户,使其与非农业者享有均等的生活水平。随后,颁布《农促法》,鼓励农民个

---

① 左晓斯.发达国家乡村贫困与反贫困战略研究——以美国为例[J].福建论坛(人文社会科学版),2019(1):163-177.
② 王志章,郝蕾.日本反贫困的实践及其启示[J].世界农业,2019(6):78-84.

人及公司发展成为新型农业经营体,促进农地规模扩大及农业经济发展。

2. 流转农地所有权及经营权,扩大农户耕地面积

1970年的《农地法》规定不再限制土地租赁最大数目,对土地的租金问题及租赁数量进行了规定,鼓励土地流转和自主经营户及新型农业经营体租赁土地进行农业活动。20世纪90年代,为进一步推动规模化经营,日本相继制定实施《农业经营基础强化促进法》和《新农业基本法》,引导农地流转向认定农业生产者集中。认定农业生产者是指在改善农业经营效率和扩大规模方面有积极性的农业经营者,其根本目的是培养掌握现代技术的农业经营接班人,提高土地的利用效率。20世纪以来,日本进一步放宽对农地权的限制。2005年,日本政府在《农促法》的框架下,开设"特定法人出租事业",允许非农生产法人参与农地流转。2009年,再次对企业进行农地流转作出规定,对于企业通过土地租赁、参与农业等行为,实行"原则自由化"。企业只要满足一定条件,即可在国内任何地方租赁农地,参与农业生产经营。

3. 实施偏向性金融政策,保障农地市场顺畅

1980年,日本出台《农地利用增进法》,推动土地流转工作的进行。一方面,提倡以土地租佃为中心,采取奖励的方式促进土地经营权流动;另一方面,组成农用地利用改善团体,通过给予农业专业经营者和农业生产法人贷款优惠的方式,促进农地的集中连片经营和共同基础设施的建设。

(二)提高农业经济效益

日本农业发展成本高、收入低成为趋势,年轻劳动力无心务农,青壮年农民数量骤减,农民老龄化严重,农业发展受到严重影响。为此,日本实施了以下措施。

1. 提高农产品的收购价格,采用安定基金及差额补贴的方法增加对农业的补贴,完善农业保险

日本颁布《农业基本法》,提高大米的收购价格,同时带动了日本农产品价格的提高,从而增加了农民的收入。农业补贴的主要方式是差额补贴和安定基金。差额补贴是由政府直接给予补助金;安定基金由政府、社会团体和事业单位按比例共同出资组成,对不同农产品给予不同的补贴,在农产品价格下跌时,保障农民收入。为了保障农民的基本生活,日本制定了以保险合作社、农业保险组合联合会和政府为中心的农业保险制度,覆盖日本国内全部农作物和家畜,颁布并完善了《农业灾害补偿法》(1947年)、《农作物保险法》(1957年修订)、《农业共济基金法》(1952年)等一系列法律,保证农业保险制度的有序运行。2000年日本提出"粮食·农业·农村基本计划",以保障粮食安全、改善农业结构,提高农民的生活水平。

2. 注重农协的作用,大力发展精准农业,促进农民增收

日本农协是以促进农民增收为目的的非营利组织,其将日本的农民聚集起来,功能主要有落实农业政策、服务农业生产及购销、组织农民进行教育培训、为农民提供金融服务及社会服务等。大力发展以信息技术为基础的精准农业,在保护环境的同时提高农业经济效益。

（三）强力实施就业帮扶政策

1. 加强就业保障，实现老年人再就业

日本政府先后制定了《高龄者雇用安定法》《老年人就业稳定法》《雇用保险法修订案》等，干预劳动力市场，促进老年人再就业。2011年日本大龄劳动力工作参与率为68.2%，远超经济合作与发展组织的平均水平。

2. 提供事实上的财政工资补贴和就业培训

1995年，日本政府开始持续对老年人提供就业评估，以促进和提升老年人雇用率。2005年，日本大幅提高最低工资，提高国民工作收入尤其是非正式员工的待遇。同时，政府与企业合作，为妇女及老年人提供免费的培训和教育，包括职业技能培训、讲座、职业生涯规划和策略咨询服务等，提高其就业能力。

3. 实施奖励计划，提供企业雇主补助金

日本政府对允许员工工作到70岁再退休的企业及雇主实施奖励计划，提供相应的补助金，鼓励其他企业效仿其做法，留住老员工至少到70岁。

4. 提高女性的受教育水平和政治参与度，促进男女雇佣平等

2000年日本制定女性参与国家政策与方针决策计划，提高女性政治参与度。2001年，日本颁布一系列政策，通过建立国立女性教育会馆等，提高女性受教育水平，维护女性的平等受教育权。2006年修订《男女雇佣机会均等法》，消除性别不公，促进女性再就业。

（四）不断完善社会保障体系

20世纪70年代，日本基本确立了现代社会保障体系，为生活陷入困境的国民提供最低的生活保障。首先，普及公共年金。日本早在1942年就开始实施劳动者年金保险法，1961年实施捐赠制国民年金，20世纪七八十年代强制性地全面普及公共年金，对国民实行差别保障，缓解老年贫困问题。1985年引进"第3号被保险人制度"，明确工薪族妻子可以加入，以缓解女性贫困。其次，扩大救助规模，细化救助体系。日本社会救助覆盖面广，住房与教育救助帮助了很多贫困群体从根本上脱贫。日本将救助标准规范化，满足贫困人群的生活需求；将救助的程序和方法统一化、严格化，切实保证救助人员的真实性。再次，完善社会福利与社会保险制度。1980年日本修订《健康保险法》，提高家属住院给付率，减轻低收入群体医疗保险费用，降低医疗费用自付金额，扩大年金和医疗保险适用范围，保障低收入群体的基本生活。最后，政府提高儿童入学率和对贫困家庭学生的资助，各地设立"儿童扶贫会议"以减少儿童贫困。

（五）注重贫困地区优先开发

"二战"后，日本为解决贫困问题，加大对贫困地区的开发力度，结合国内经济发展的实际情况，采取有效的区域经济政策和产业政策，推动贫困地区的经济发展，解决贫困问题。主要做法包括：加大金融支持，改善基础设施建设；因地制宜，调整产业结构；制定法律引导，建立机构专职管理，促进贫困地区发展。

第三节 我国的基本生活救助

一、居民最低生活保障制度

（一）居民最低生活保障制度的含义

居民最低生活保障制度是指以政府为主体，对生活在最低生活保障线之下的社会成员，依照法定标准和一定的程序，提供满足其最低生活需要的物质帮助的社会救助制度安排。最低生活保障制度的目的是运用国家财力帮助贫困群体摆脱生活困境，使其达到最基本的生活水平。

（二）我国居民最低生活保障制度的发展历程

1. 我国城镇居民最低生活保障制度的发展历程

（1）试点阶段（1993—1995年）。1993年6月1日，上海市率先建立了城市居民最低生活保障制度，在1994年召开的第十次全国民政会议上，民政部肯定了上海的经验，提出了"对城市社会救济对象逐步实行按当地最低生活保障线标准进行救济"的改革目标，并部署在东部沿海地区进行试点。到1995年上半年，已有上海、厦门、青岛、大连、福州、广州等六个大中城市相继建立了城市居民的最低生活保障制度。在这一阶段，这项制度的创建和实施基本上是各个城市地方政府的自发行为。

（2）推广阶段（1995—1997年）。1995年5月民政部在厦门、青岛分别召开了全国城市最低生活保障工作座谈会，由上述已经建立了最低生活保障制度的城市介绍经验，并号召将这项制度推向全国。到1995年年底，建立这项制度的城市发展到12个。1996年年初召开的民政厅局长会议根据形势的发展作出决定：进一步加大推行最低生活保障制度的力度。到1997年5月底，全国已有206个城市建立了这项制度，约占全国建制市的1/3。在这一阶段，制度的创建和推行已经成为中央政府的职能部门——民政部门的有组织行为。

根据民政部救灾救济司提供的1997年3月底的统计数字，在165个建立了最低生活保障制度的城市中，有直辖市3个，占同类城市总数的75%；地级市106个，占49%；县级市56个，占13%。由于测算的方法不一，各地的救助标准差异较大。

在这一发展阶段，国务院对民政部在全国推广建立城市居民最低生活保障制度的做法给予了充分的肯定。在1997年的八届人大五次会议上，时任总理李鹏指出："现在全国有100多个城市建立了最低生活保障制度，这是保障居民基本生活需要的重要措施，也是适合我国国情的一种社会保障办法，要逐步加以完善。"《关于国民经济和社会发展"九五"计划和2010年远景目标纲要的报告》指出："逐步建立城市居民最低生活保障制度，帮助城市贫困人口解决生活困难。"

（3）普及阶段（1997—1999年）。1997年8月，国务院颁发了《国务院关于在各地建立城市居民最低生活保障制度的通知》。9月，在党的十五大召开前夕，国务院召开电视电话会议,向各省、市、自治区部署了这项工作,要求到1999年年底,全国所有的城市和县政府所在的镇都要建立这项制度。党的十五大报告再次强调,要"实行保障城镇困难居民基本生活的政策"。自此,最低生活保障制度的创立和推行成为中共中央、国务院的一项重要决策,推进的速度明显加快。

到1998年年底,我国已经有581个城市(包括4个直辖市、204个地级市、373个县级市)和1 121个县都建立了最低生活保障制度,分别占直辖市总数、地级市总数、县级市总数和县总数的100%、90%、85%和90%。

1999年11月底,在福建省泉州市召开的全国城市居民最低生活保障工作会议上,民政部副部长范宝俊宣布:截至9月底,全国668个城市和1 638个县政府所在地的建制镇全部建立了最低生活保障制度。到10月底,最低生活保障对象增加到282万人,其中,传统民政对象占21%,新增加的救助对象占79%。1999年1—10月,全国共支出最低生活保障金15亿元。就救助对象和保障资金而言,都比建立这项制度前的1992年增加了10多倍。

在中华人民共和国成立50周年前后,各地的最低生活保障标准普遍提高了30%。增加的开支80%以上出自中央财政,除北京、上海、山东、江苏、浙江、福建、广东等七省市以外,其他省、市、自治区都得到了来自中央的财政补贴,1999年7—12月就达4亿元。

(4)提高阶段(1999年至今)。1999年9月,国务院颁布了经国务院第21次常务会议通过的《城市居民最低生活保障条例》(以下简称《条例》),并于10月1日正式实施。《条例》规定:"持有非农业户口的城市居民,凡共同生活的家庭成员人均收入低于当地城市居民最低生活保障标准的,均有从当地人民政府获得基本生活物质帮助的权利。"

"对无生活来源、无劳动能力又无法定赡养人、扶养人或抚养人的城市居民,批准其按照当地城市居民最低生活保障标准全额享受。""对尚有一定收入的城市居民,批准其按照家庭人均收入低于当地城市居民最低生活保障标准的差额享受。"在法规层次上,《条例》使城市居民最低生活保障制度成为我国一项正式的法规制度。

2000年4月,时任总理朱镕基在辽宁视察时提出:要建立一个"独立于企业之外"的社会保障制度。2000年10月召开的党的十五届五中全会通过的《中共中央关于制定"十五"计划的建议》中更加全面地表述了这个思想:"要加快形成独立于企业事业单位之外、资金来源多元化、保障制度规范化、管理服务社会化的社会保障体系。"并提出:"进一步完善失业保险制度,在试点的基础上逐步把国有企业下岗职工基本生活保障纳入失业保险。加强和完善城市居民最低生活保障制度,逐步提高城市贫困人口救济补助标准。"在这一阶段,最低生活保障制度已经融入中共中央的重要决策之中。

最低生活保障真正取得突破性的进展是在2001年下半年,国务院决心解决最低生活保障制度的"资金瓶颈"问题,在年初制定的8亿元预算的基础上,下半年又新增预算15亿元,共计23亿元。省级财政也在年初9亿元预算的基础上,下半年又新增预算3亿多元,共计12亿元。加上地市和区县两级筹集的资金,2001年全年的最低生活保障支出达到42亿元。到2002年,最低生活保障制度财政预算达到105亿元,其中中央财政负担46亿元,地方财政负担59亿元。

2. 我国农村居民最低生活保障制度的发展历程

农村居民最低生活保障制度是在农村特困群众定期定量生活救助制度的基础上逐步发展和完善的一项规范化的社会救济制度,迄今为止,已经历了三个发展阶段。

(1) 初创阶段(1994年至1995年年底)。农村居民最低生活保障制度的试点起源于1994年山西省阳泉市。此后,上海市政府办公厅也在1994年转发了市农委、财政局、民政局《关于做好本市农村工作的意见》,批准进行农村居民最低生活保障制度试点。同年,第十次全国民政工作会议上,民政部决定进一步扩大农村居民最低生活保障制度试点范围,试点区域确定为山西、山东、浙江、河北、广东和河南等。1995年12月,广西武鸣县颁布了我国第一个县级农村居民最低生活保障制度的文件——《武鸣县农村最低生活保障线救济暂行办法》。

(2) 推广阶段(1996年至2001年年底)。1996年,民政部印发了《关于加快农村社会保障体系建设的意见》,并制定了《农村社会保障体系建设指导方案》,将农村最低生活保障的试点范围扩大到全国256个市县。1996年11月4日,上海市人民政府颁布了《上海市生活救助办法》。1996年12月6日,青岛市人民政府颁布了《建立农村居民最低生活保障制度指导方案》。1997年1月14日,广西壮族自治区出台了《广西壮族自治区农村社会保障制度暂行办法》。1999年7月,广东省发布了《广东省城乡居民(村民)最低生活保障制度实施办法》,提出了最低生活保障公平、平等与民主的原则。截至2001年年底,全国共有2 037个县建立了农村居民最低生活保障制度,占所有县、市总数的81%,对344万农村困难居民实施了最低生活保障,占农业总人口的0.4%,年支出保障资金9.1亿元。

(3) 全面推进和逐步完善阶段(2002年至今)。2002年,北京市颁布了《北京市农村居民最低生活保障制度实施细则》。2004年,辽宁省实施了《辽宁省农村居民最低生活保障暂行办法》。2002年年底,全国只有1 871个县(市、区)建立了农村居民最低生活保障制度,占所有县(市、区)总数的72.1%,这一比重相比2001年不升反降的原因是农村税费改革后,降低农业税税率对县乡财政收入造成了不利的影响,许多财政困难县市被迫放弃了农村居民最低生活保障制度。与此相反,2002年农村低保受保障的人数达440万人,占农业总人口的0.5%,年支出保障资金13.6亿元。2003年年底,由于中央政策的调整,只有1 206个县继续开展农村居民最低生活保障制度,仅占所有县(市、区)总数的42%,人口373万,比上年减少15%,人均标准每月85.9元,月人均补差35.4元。

2004年2月,国务院颁布的《关于促进农民增加收入若干政策意见》(中发〔2004〕1号)提出,"有条件的地方要探索建立农民最低生活保障制度"。此后,福建、北京、上海、天津、浙江、广东、江苏等七个省(直辖市)相继建立了农村居民最低生活保障制度。

2006年12月召开的中央农村工作会议和2007年中央1号文件再次明确提出:"在全国范围建立农村居民最低生活保障制度,鼓励已建立农村低保制度的地区完善制度,支持未建立制度的地区建立制度。"这标志着农村最低生活保障进入全面推进的新阶段。2007年7月,国务院发出《关于在全国建立农村最低生活保障制度的通知》,表明农村居民最低生活保障作为一项制度,将成为与城市居民最低生活保障制度并列的一道社会安全网,我国社会已经进入"全民低保"阶段。

2007年中央1号文件(《中共中央国务院关于积极发展现代农业扎实推进社会主义新农村建设的若干意见》)又明确提出,要在全国范围建立农村最低生活保障制度,并强调,鼓励已建立制度的地区完善制度,支持未建立制度的地区建立制度,中央财政对财政困难地区给予适当补助,从而给这项制度在全国的普及提供了强大的推动力。到2007年年底,全国31个省区市的所有涉农县(市、区)都出台了农村低保政策,普遍建立和实施了农村最低生活保障制度,农村享受低保人数已达3 400多万,给广大农民特别是生活困难群众带来了实实在在的好处。被保障的人数达3 566.3万人(1 608.5万户),比上年同期增长了123.9%,平均保障标准70元/人·月,全年共发放农村最低生活保障资金109.1亿元,比上年增长150.8%,人均补差38.8元/月,比上年同期提高4.3元,增长12.5%。此外,还有646万人次得到了农村临时救济。农村居民最低生活保障制度已经进入了全面推进和逐步完善阶段。

3. 城乡最低生活保障制度统筹发展

2012年9月,国务院召开全国加强和改进最低生活保障工作电视电话会议,强调最低生活保障是党和政府为保障困难群众基本生活而作出的一项基础性制度安排。各地区、各有关部门要进一步提高思想认识,以保障和改善民生为主题,以强化责任为主线,坚持保基本、可持续、重公正、求实效的方针,完善法规政策,严格规范管理,切实将所有符合低保条件的群众纳入保障范围,提高工作透明程度,增强制度执行力度,扩大群众参与深度,努力构建标准科学、对象准确、待遇公正、进出有序的低保工作格局。经过多年努力,我国最低生活保障取得历史性成就。全国城乡低保对象基本稳定在7 500万人左右,符合条件的困难群众总体实现了应保尽保。近5年,全国累计投入低保资金4 151亿元,城乡低保标准分别增长了58%和105%,实际补助水平分别提高了136%和187%。最低生活保障政策体系比较完备,低保制度与就业扶持、扶贫开发、养老保险等制度有效衔接、形成合力,为广大城乡困难群众构建了坚实的社会保障。

2013年十八届三中全会提出统筹城乡基础设施建设和社区建设,统筹城乡义务教育资源均衡配置,完善城乡均等的公共就业创业服务体系,整合城乡居民基本养老保险制度、基本医疗保险制度,推进城乡最低生活保障制度统筹发展。多地实现城乡低保标准的统一,是社会救助实现城乡统筹的具体体现,有助于打破城乡二元壁垒,保障民生底线公平,让更多困难群众享受经济发展成果。之后,各地的城乡最低生活保障制度的标准逐渐统一,到2020年年初,上海、北京、南京等多地相继调整城乡居民最低生活保障标准,并实现了城乡低保标准的"并轨"。同时,一些地区正在酝酿实现城乡低保标准的统一。在四大直辖市和27个省会城市中,上海市城乡低保标准最高,为790元/月,北京次之,为710元/月。截至2019年年底,全国保障城乡低保对象4 333.5万人,1 796万建档立卡贫困人口纳入农村低保或特困人员救助供养,稳定实现建档立卡贫困人口"两不愁"目标。

(三)我国居民最低生活保障制度的内容

1. 保障对象

常住户口的居民申请享受低保应当符合三个条件:一是家庭月人均收入低于所在城市低保标准;二是家庭财产状况符合规定要求;三是家庭生活水平不能高于所在城市低保

标准。

按照民政部2012年颁发的《最低生活保障审核审批办法(试行)》,户籍状况、家庭收入(共同生活的家庭成员的平均收入)和家庭财产是认定低保对象的三个基本要件,主要通过信息核对、入户调查(家庭经济状况调查)、邻里访问、信函索证等调查方式来核查。

(1) 户籍状况。符合城市低保资格的户籍状况为持有当地非农业户口的居民,或户口在当地城镇区域且居住满6个月、无承包土地、不参加农村集体经济收益分配的农业户口居民;符合农村低保资格的户籍状况为持有所在县、区农业户籍并长期居住的居民。

(2) 共同生活的家庭成员。主要包括户主、配偶、父母、未成年子女、已成年但不能独立生活的子女(含在校接受本科及以下学历教育的成年子女)以及其他具有法定赡养、扶养、抚养义务关系且长期共同居住的人员。监狱服刑人员、连续3年以上(含3年)脱离家庭独立生活的宗教教职人员不计入共同生活的家庭成员。其他不计入共同生活家庭成员的人员,由省级人民政府民政部门根据有关原则确定。

(3) 家庭收入。共同生活的家庭成员在规定期限内(一般为前6个月或前12个月)获得的全部现金及实物收入,需要符合当地的农村或城市低保线,不得超出。家庭收入主要包括工资性收入、家庭经营净收入、财产性收入、(国家、社会、家庭间的)转移性收入四个方面。

(4) 家庭财产。家庭成员拥有的全部动产和不动产,即房屋、现金、银行存款、有价证券、机动车辆(不含残疾人功能性补偿代步机动车辆)、船舶、大型农机具等不能超出标准。在各地具体操作中,如拥有两套(含)以上住房且人均拥有建筑面积超过当地人均住房面积及拥有别墅的,拥有或租赁商业门面、店铺的,拥有注册企业、公司等情形都会被认定为不得纳入最低生活保障的人群。

2. 待遇给付标准

低保的具体待遇标准由市级及以上各级地方政府根据本地区的实际情况自行确定。除了少数东部发达地区,一般地方参照国家每年公布的贫困标准来确定。确定待遇给付标准时应考虑以下因素:该地区社会人均生活水平;维持最低生活水平所必需的费用;经济发展水平和财政状况;该时段的物价指数等。

农村最低生活保障标准主要按照当地维持居民、村民基本生活所必需的费用确定。设区的市的最低生活保障标准由市人民政府民政部门会同财政、统计物价等部门拟定,报本级人民政府批准并公布执行;县(市)最低生活保障标准由县(市)人民政府民政部门会同财政、统计、物价等部门拟定,报本级人民政府批准并报上一级人民政府备案后公布执行。当地人民政府可以根据城乡差别,分别确定、执行不同的最低生活保障标准,同时应当根据经济、社会的发展,适时调整最低生活保障标准。

同时,实施分类施保政策,即针对"三无"人员、低保家庭中的70周岁以上老年人、儿童、重度残疾人、重病患者、单亲家庭中的未成年人、非义务教育阶段学生、哺乳期妇女等重点救助对象,在标准之上增发最低生活保障金:①对尚有一定收入的城市低保对象,依据核定的申请人家庭月人均收入与城市最低生活保障标准的差额乘以共同生活的家庭成员人数发放;对城市低保对象中的"三无"人员(无生活来源,无劳动能力,无法定赡养人、扶养人或抚养人),低保金按照当地城市居民最低生活保障标准全额发放。②对于农村低保对象,原则上按照差额确定,实行分档救助。依据低保对象家庭月人均纯收入与农村最低生活保障标准的差额,以及低保家庭困难程度和类别,可参照 300 元/人·月、360 元/人·月和 420 元/人·月三个档次就近靠档确定补助水平发放,最终具体补助标准由各县、区确定,实施"分类管理、分档救助"。

3. 审批认定程序

享受最低生活保障制度的程序一般包括以下 5 个步骤:①申请:户主或受委托代表提出书面申请;②审核:乡镇人民政府(街道办事处)进行入户调查(家庭经济状况调查);③评议与公示:乡镇人民政府(街道办事处)会同低保评议小组成员进行民主评议,并经社区(村)公示通过后报区县一级民政局审查;④抽查与审批:区县民政局会同基层低保专干抽样按不低于 30% 的比例进行入户复查,并召开联席民主评审会议审批讨论;⑤二次公示:区县民政局将审批结果集中公示,通过家庭成为受保障家庭。

二、农村五保供养制度

(一)农村五保供养制度的含义

农村五保供养制度是有中国特色的一项社会救助制度,是我国农村较为规范化的一种社会救助制度安排。五保制度是指对符合规定的农村居民,在吃、穿、住、医、葬等方面给予的生活照顾和物质帮助。

从性质上讲,五保供养制度兼具救助与福利性,是国家面向农村中缺乏或丧失劳动能力、无依无靠、没有生活来源的老、弱、孤、寡、残疾人员,由乡、村两级组织负责为其提供保吃、保穿、保住、保医、保葬(针对孤儿是保教)等五个方面的援助。五保供养由负责管理社会救助与社会福利事务的民政部门主管,由政府负责提供所需的经费和实物,乡、民族乡、镇人民政府负责组织五保供养工作的实施。

(二)农村五保供养制度的发展历程

五保供养制度是基于当时的历史背景和社会主义意识形态的需要,对传统的地方救助做的翻版,主要是针对特殊群体的救助,在特定的历史背景下起到了一定的作用。

1. 农村集体经济体制下五保制度的萌芽和形成(1956—1982 年)

五保供养制度是在农业合作化的 20 世纪 50 年代建立的。

1953 年开始,全国陆续开展合作化运动,农村走上了集体化道路,五保制度作为社会形势发展的需求,在 50 年代中期开始形成。当时,我国实行严格的城乡户籍分隔制,农村中的孤寡老人与孤儿等人群不可能像城市孤寡老人与孤儿一样得到国家的直接救助,他们的生活只能依靠乡村集体经济来保障。

1956 年 1 月,经最高国务会议通过,中央以草案的形式发布的《一九五六年到一九六七年全国农业发展纲要》(又称"农业四十条")规定,农业合作社对社内缺乏劳动能力、生活没有依靠的鳏、寡、孤、独的社员应当统一筹划,指定生产队或生产小组在生产上给予适当安排,使他们能够参加力能胜任的劳动,并在生活上给予其照顾,做到保吃、保穿、保烧(燃料)、保教(儿童和少年)、保葬,使他们生养死葬都有依靠。

1956年《高级农业生产合作社示范章程》规定,"农业合作社对于缺乏劳动能力或者完全丧失劳动能力、生活没有依靠的老、弱、孤、寡、残疾社员,在生产上和生活上给予适当的安排和照顾,保证他们的吃、穿和柴火的供应,保证年幼的受到教育和年老的死后安葬,使他们的生养死葬都有依靠。"五个方面的保障简称"五保",享受五保的农户便统称"五保户",具有中国特色的农村五保制度初步形成,并成为我国农村社会管理的一项长期制度。实行农业合作化后,农民的生、老、病、死就基本上依靠集体经济力量给予保障。五保户只不过是其中比较特殊的部分而已,他们由原来靠宗族、邻里亲朋等帮扶赡养,改由村组集体供养,群体范围有所扩大,但仍然局限于原有的熟人圈子,并未超越村庄界限。

　　在人民公社化初期,对五保老人实行集中供养,1961年因集体经济困难而被解散,五保老人回社、队分散供养。

　　1978年,把五保条件进一步修改成无法定扶养义务人、无劳动能力、无生活来源的老年人、残疾人和未成年人,形成了"三无"人员的完整概念并写进法律文件中。这一标准至今仍在使用,只是具体的评判条件各地有所不同。

2. 农村集体经济体制下五保制度的瓦解(1983—2005年)

　　农村实行分田到户的生产责任制以后,80年代初农村实行"大包干",集体经济解散,原来由村组集体供养的五保户的生活来源成了问题。中共中央先后出台《关于进一步加强和完善农业生产责任制的几个问题的通知》《全国农村工作会议纪要》《关于制止向农民乱摊派、乱收费的通知》等一系列文件,都明确规定各地必须切实保障农村五保对象的生活。

　　1985年国务院规定,乡和村供养五保户的费用,"实行收取公共事业统筹的办法解决",对五保供养所需经费以乡镇为单位进行统筹,并大力发展农村敬老院,实行集体供养,政府给予必要的支持。20世纪80年代中期掀起了一股兴建福利院的高潮,各乡各镇都建起了自己的福利院,并划拨了一定的土地给福利院作为生活用地,有条件的办起了养殖场等,以增加收入、改善经济状况。统筹款仍然由五保户所在的村组承担,只是由乡镇统一收支而已。

　　当时五保供养方式在各地可能有所不同,但大体上有集中供养和分散供养两种,具体又可以分为四种方式:一是网络供养,即以乡镇敬老院为五保服务中心,统一管理全乡镇的五保工作;二是统供分养,即以乡镇或村统一制定供养标准,统一筹集分配供养款物,五保对象在原有家中生活,村里安排服务组提供日常的生活服务;三是承包供养,由五保对象与其亲属或邻居自愿协商,签订供养协定或遗赠协定,在建立了供养关系后,供养者承担全面供养的义务;四是集中供养,由乡镇或村举办敬老院、福利院等,院内集中供养五保对象。

　　1994年,国务院发布了《农村五保供养工作条例》,民政部发布了《敬老院管理暂行办法》,正式通过法规的形式对农村五保供养进行规范,进一步明确农村五保供养工作的性质、资金来源、集体责任,对维护农村极端弱势群体的基本生活起到了良好的推动作用,并为农村五保供养工作提供了法律依据,农村五保供养工作进入新的发展阶段。

　　随着农村经济改革的深化与发展,建立在农村集体经济基础之上,主要由农村居民互助的农村五保制度亦面临新的挑战,尤其是农村实行税费改革和取消农业税后,农村五保对象供养出现困难。在新形势下,民政部、财政部、国家发展和改革委员会三部委于2004年8月23日联合发出《关于进一步做好农村五保供养工作的通知》,再次具体规定农村五保供养工作的相关政策,为在新的形势下继续做好农村五保供养工作提供依据。

3. 公共财政供养五保制度的建立（2006年至今）

2006年3月国务院修订并实施《农村五保供养工作条例》,再次明确了农村五保供养工作的相关政策,为在新的形势下继续做好农村五保供养工作提供了指导。条例将农村"三无"人员纳入公共财政的保障范围,规定农村五保供养标准不得低于当地村民的平均生活水平,并随当地村民平均生活水平的提高适时调整。

2015年,民政部出台《民政部办公厅关于在全国开展农村特困人员供养服务机构社会化改革试点工作的通知》,决定在全国开展供养机构社会化改革试点工作,要求发挥社会力量在社会救助工作中的积极作用,进一步提升农村特困人员供养服务机构建设管理服务水平,探索解决供养机构供养能力不足与床位空置现象的可行办法。此次农村特困人员供养试点机构,主要在交通条件便利、土地资源有规模、开展服务有基础、社会养老有需求的各地农村敬老院中筛选。《通知》规定,各地根据实际探索社会力量参与供养机构建设和管理工作的途径、方式、规则,研究"公建民营"和"合建合营"机构的服务内容、服务标准和收费标准,制定相关资产处理、投资管理、土地产权划分等办法,加强监督管理,为今后全面推行供养机构社会化改革提供经验。

（三）农村五保供养制度的基本内容

根据现行《农村五保供养工作条例》,农村五保制度的基本内容包括以下几个方面。

1. 五保供养的对象

五保供养的对象是农村居民中无法定扶养义务人或者虽有法定扶养义务人但扶养义务人无扶养能力的、无劳动能力的、无生活来源的老年人、残疾人和未成年人。五保对象的确定由村民本人申请或者由村民小组提名,经村民委员会审核,报乡、民族乡、镇人民政府批准,发给《五保供养证书》。五保对象具有下列情形之一的,经村民委员会审核,报乡、民族乡、镇人民政府批准,停止其五保供养,收回《五保供养证书》:有了法定扶养义务人且法定扶养义务人具有扶养能力的;重新获得生活来源的已满16周岁且具有劳动能力的。

2. 五保供养的内容

五保供养的内容包括:供给粮油和燃料;供给服装、被褥等用品和零用钱;提供符合基本条件的住房;及时治疗疾病,对生活不能自理者安排人员照料;妥善办理丧葬事宜。五保对象是未成年人的,保障其依法接受义务教育。发达地区的标准一般超出五保范围而为五保对象提供更全面的保障。

3. 五保供养的实际标准

五保供养的实际标准不应低于当地村民的平均生活水平,具体标准由县级人民政府规定。

4. 五保供养所需经费和实物来源

五保供养所需经费和实物来源列入地方政府财政预算。在列入县级财政预算后,集中供养经费可由县级财政部门根据县级民政部门提出的用款计划直接拨付农村五保供养服务机构；分散供养经费可由县级财政部门根据县级民政部门提出的用款计划，通过银行直接发放到户。

5. 五保供养的形式

对五保对象可以根据当地的经济条件，实行集中供养或者分散供养。具备条件的乡、民族乡、镇人民政府应当兴办敬老院，集中供养五保对象，五保对象入院自愿、出院自由。实行分散供养的，应当由乡、民族乡、镇人民政府或者农村集体经济组织、受委托的扶养人和五保对象三方签订五保供养协议。

三、扶贫开发

（一）我国扶贫开发战略的发展历程

我国的扶贫开发工作大体上分为五个阶段。

1. 发展农村集体经济阶段（1978—1985年）

这是农业制度的有效实施阶段。这一时期并没有明确地提出扶贫的概念，但全国的贫困人口却由1978年的2.6亿人陡降到1985年的9 600万人，贫困人口净减少63%。贫困人口由1978年占全国乡村总人口的32.9%下降到1985年的11.9%。为什么有这么好的效果？有一点已基本上得到了各方的公认，即由于农村家庭联产承包责任制的实施，农村农业生产力获得了解放，农村经济高速增长，导致了整体性脱贫成果的产生。

2. 稳定扶贫阶段（1986—1993年）

1986年，我国正式成立国家扶贫领导小组，省、地、县也相继成立了相应的扶贫机构，并设立以贴息贷款、财政发展基金和以工代赈为主的扶贫专项基金。到1997年，政府累计投入以上三项扶贫资金961亿元。但由于农业制度效用基本耗尽，这一时期脱贫的速度极缓。例如，1985年，全国的贫困人口是9 600万人，1994年，这一数字变成了7 000万人。也就是说，经过5年耗资几百亿元资金的扶贫，贫困人口只减少了一千多万，占全国乡村人口的总比例下降4.2%，远远不及第一个阶段的效果。这一阶段，我国政府出钱对贫困者实行救济，使其获得暂时的温饱。对贫困地区只注重物力扶贫，智力扶贫力度很小。事实证明，这种做法并不能调动贫苦农民内在的动力，反而助长了依赖思想。

3. "八七"扶贫攻坚计划实施阶段（1994—2000年）

这是扶贫历史上的一次战略性转移。有关部门总结了过去输血扶贫的经验教训后，提出了开发扶贫的战略方针。这个方针的出发点是解决造血功能，通过扶助贫困地区的资源开发，把资源优势转变为产品优势。中央扶贫领导小组认为，贫困户缺乏技术和管理，经济不成规模，不能很好地利用扶贫资金，所以应该依靠经济实体组织贫困户形成规模经营。基于这种理论假设，加上强调提高扶贫贷款的生产率和扶贫贷款的还贷率，扶贫贷款转向瞄准经济实体，使70%以上的扶贫资金进入了经济实体。但在如何开发扶贫问题上又出现了新的偏差。一些地方给钱、给物、立项目、搞开发，而农民却毫无市场意识。他们只问生产不讲销售，只强调开发不考虑市场，结果资源得到了开发，产品却销售不出去。尽管有这些因素，扶贫的效果还是回升了。1994—1995年，贫困人口比例下降了0.5%；1995—1996年，贫困人口比例下降幅度为1%，已经高于1986—1993年扶贫效果最好的时期。①

4. 全面建设小康社会中的扶贫开发阶段(2001—2010年)

2000年之后我国的贫困特点由区域、地区经济发展不足转变为群体性贫困,社会成员普遍贫困、社会贫富差距扩大,要求我国扶贫政策向农村贫困人口倾斜,贫困人群的医疗、教育、社会保障、居住等方面的需求成为该阶段的扶贫重点与难点。2000年年底,我国绝对贫困人口下降至3 000万人,贫困发生率不足3%,但剩余贫困人口多分布在生产生活条件恶劣的地区,这些地区的贫困人口脱贫难度大,而且脱贫后还极易返贫。2001年,《中国农村扶贫开发纲要》指出,21世纪前十年扶贫开发基本对象包括:尚未解决温饱问题的贫困人口和初步解决温饱问题的贫困人口。同年,《国家扶贫资金管理办法》对扶贫资金区域投向问题进行重新规定,允许部分资金用于部分重点县的扶贫工作,但其资金投入比例不得超过30%,投向重点县的资金比例不得超过70%。这样就保证了国家非重点县中的贫困人口也能得到扶贫政策支持,同时资金投向上的变化反映了我国扶贫工作机制正在逐步走向完善。

2002年,中国共产党第十六次全国代表大会提出全面建设小康社会的目标,该目标的提出对扶贫政策有了更高的要求。与此同时,2004年中央1号文件提出降低农业税税率、取消农业特产税,对农民进行直接补贴;2005年中央1号文件提出继续加大"两减免、三补贴",加大对农村基础设施和农村科教文卫事业投资力度;2006年提出新农村建设;2009年中央1号文件提出继续加强惠农政策。历年中央1号文件不仅为农村农业现代化发展提供了支持,也为农村扶贫工作提供了指导与帮助。

经过2000—2010年的10年扶贫开发,我国贫困人口和贫困发生率明显减少。按国家绝对贫困标准来看,我国贫困人口从2000年的3 209万人减少到了2008年的1 004万人,绝对贫困人口减少了2 205万人,平均每年减少275万人,贫困人口平均每年减少速率为15%,扶贫重点县的贫困人口从2002年的4 282万人减少到2010年的1 693万人。

5. 新的扶贫开发纲要颁布实施和"精准扶贫"阶段(2011年至今)

2011年,党中央、国务院发布《中国农村扶贫开发纲要(2011—2020年)》,这是新阶段指导我国扶贫开发工作的纲领性文件,为2020年前我国扶贫开发工作提供了战略性指导。在总结我国前期扶贫开发工作实践和成功经验的基础上,《中国农村扶贫开发纲要(2011—2020年)》作出"我国扶贫开发已经从以解决温饱为主要任务的阶段转入巩固温饱成果、加快脱贫致富、改善生态环境、提高发展能力、缩小发展差距的新阶段"的重大历史判断,确定扶贫开发工作的目标任务为:"到2020年,稳定实现扶贫对象不愁吃、不愁穿,保障其义务教育、基本医疗和住房。贫困地区农民人均纯收入增长幅度高于全国平均水平,基本公共服务主要领域指标接近全国平均水平,扭转发展差距扩大趋势"。简言之,就是"两不愁、三保障、一高于、一接近、一扭转"。

2013年11月"精准扶贫"重要思想提出,成为新时期扶贫攻坚的指导思想。

2015年11月,《中共中央国务院关于打赢脱贫攻坚战的决定》进一步明确精准扶贫的目标任务为:"到2020年,稳定实现农村贫困人口不愁吃、不愁穿,义务教育、基本医疗

---

① 宋子良.中国扶贫实践及存在问题[J].华中科技大学学报,2001(2):11-15.

和住房安全有保障。实现贫困地区农民人均可支配收入增长幅度高于全国平均水平,基本公共服务主要领域指标接近全国平均水平。确保我国现行标准下农村贫困人口实现脱贫,贫困县全部摘帽,解决区域性整体贫困。"

2016年11月,国务院印发《"十三五"脱贫攻坚规划》,确定了"十三五"时期贫困地区发展和贫困人口脱贫主要指标,从产业扶贫、易地搬迁扶贫、教育扶贫、就业、医疗和社会兜底等角度对扶贫开发工作给予指导。在此基础上,扶贫攻坚的总体目标为:"到2020年,稳定实现现行标准下农村贫困人口不愁吃、不愁穿,义务教育、基本医疗和住房安全有保障。贫困地区农民人均可支配收入比2010年翻一番以上,增长幅度高于全国平均水平,基本公共服务主要领域指标接近全国平均水平。确保我国现行标准下农村贫困人口实现脱贫,贫困县全部摘帽,解决区域性整体贫困。"

(二)我国扶贫开发工作的主要模式①

扶贫方法是扶贫主体运用一定的生产要素和资源,利用一定的方法和手段作用于扶贫客体,促进扶贫客体脱贫致富的方式、方法和措施的总称。

1. 以工代赈模式

以工代赈是指通过开展农村基础设施建设,吸收贫困劳动力参加劳动,以实物或现金形式给予其报酬,以取代直接救济的扶贫方式。以工代赈的基础设施工程主要以县乡村公路、农田水利、人畜饮水、基本农田、河流治理等小型基础设施建设为主。从20世纪80年代起开始实施的水利、交通、生产设施为重点的赈济式帮扶,到精准扶贫阶段重点实施的饮水安全工程,以工代赈扶贫方式几乎贯穿中国70年扶贫的各阶段,形成了较为成熟的模式和制度。

2. 产业扶贫模式

产业扶贫是以市场为导向,以促进贫困地区产业发展和增加贫困人口经济收入为目的,通过发展产业经济,增强贫困地区经济发展能力和水平,提高贫困人口就业水平。产业扶贫是中国扶贫的主要模式之一。改革开放以来,我国大力引进市场机制,发展乡镇企业和农产品加工业。实施精准扶贫以来,产业扶贫模式日渐成熟,相应的制度也逐渐建立。以公司+合作社+农户为基本组织运营方式,以"一乡一品""一村一品"品牌建设为抓手,以特色产业基地为依托,因地制宜大力发展特色农产品种养业和传统手工业,逐渐形成公私分利制和股份合作制并存的产业经营结构。此外,以股权收益为重点发展光伏发电产业、现代农业观光业和村级生态旅游业已成为产业扶贫的通行做法。

3. 易地搬迁扶贫模式

易地搬迁扶贫模式是指贫困农户所处地理环境恶劣,不再适宜人类生存,因而将贫困农户迁移出原有地域,通过开发利用其他地区资源,发展生产,实现脱贫致富的一种扶贫方式。易地搬迁扶贫始于20世纪80年代的"三西"地区"移民吊庄"工程。随着国家对于生态建设的逐步重视,易地搬迁与生态保护结合愈加紧密,形成了生态移民搬迁模式。生

---

① 李晓园,钟伟.中国治贫70年:历史变迁、政策特征、典型制度与发展趋势——基于各时期典型扶贫政策文本的NVivo分析[J].青海社会科学,2020(1):95-108.

态移民搬迁的对象是居住于深山、荒漠化及地方病多发区的农村建档立卡贫困人口。易地搬迁的基本原则是搬得起、留得住、能致富。基本做法是坚持搬迁与脱贫两手抓,坚持整村搬迁与分散安置相结合、安居与就业相结合、移民搬迁与生态修复相结合、搬出与融入相结合、安置与治理相结合的原则,注重搬迁对象精准识别、搬迁规划设计、安置点科学选址、房屋标准管理和质量监控、搬迁后稳定脱贫就业、投融资管理。

4. 教育扶贫模式

教育扶贫是国家通过加大教育投入,开展职业技能培训等方式,增强贫困人口内生脱贫动力和能力,防止贫困代际传递,从根本上消除贫困根源的扶贫模式。党的十八大以来,党和政府对贫困地区的教育问题愈加重视,出台了《关于实施教育扶贫工程意见的通知》,形成了包括优先发展基础教育、强化教育保障、重点发展职业教育和成人培训、贫困儿童营养健康保障、关爱行动、教育资助在内的完备体系,至此,教育精准扶贫制度基本形成。坚持基础教育、职业技能培训和贫困生物质保障三管齐下是教育扶贫制度的主要特征。

5. 对口帮扶扶贫模式

对口帮扶扶贫是指发达地区及其有关单位与贫困地区及其有关单位结成相对固定的帮扶关系,通过优势互补,在发达地区的支持和带动下,使贫困地区最终实现脱贫致富的一种扶贫方式。我国在20世纪八九十年代就开始实施定点帮扶和东西部对口协作扶贫,主要做法是党政机关、政府部门及其干部定点联系对口贫困县、贫困村、贫困户,实行一对一帮扶;东部地区行政区对口协作帮扶中西部地区行政区,开展交流结对、项目援建、产业合作和劳务合作。党的十八大以来,定点扶贫制度得到进一步强化,驻村帮扶机制和驻村工作队管理进一步完善,建立了扶贫第一书记制度。

【扩展阅读】

精 准 扶 贫

2013年11月,习近平到湖南湘西考察时首次作出了"实事求是、因地制宜、分类指导、精准扶贫"的重要指示。2014年1月,中办详细规制了精准扶贫工作模式的顶层设计,推动了"精准扶贫"思想落地。2014年3月,习近平参加两会代表团审议时强调,要实施精准扶贫,瞄准扶贫对象,进行重点施策。2015年1月,习近平总书记在新年首个调研地点云南强调坚决打好扶贫开发攻坚战,加快民族地区经济社会发展。5个月后,总书记来到与云南毗邻的贵州省,强调要科学谋划好"十三五"时期扶贫开发工作,确保贫困人口到2020年如期脱贫,并提出扶贫开发"贵在精准,重在精准,成败之举在于精准","精准扶贫"成为各界热议的关键词。

2015年10月16日,习近平在2015减贫与发展高层论坛上强调,中国扶贫攻坚工作实施精准扶贫方略,增加扶贫投入,出台优惠政策措施,坚持中国制度优势,注重六个精准,坚持分类施策,因人因地施策,因贫困原因施策,因贫困类型施策,通过扶持生产和就业发展一批,通过易地搬迁安置一批,通过生态保护脱贫一批,通过教育扶贫脱贫一批,通过低保政策兜底一批,广泛动员全社会力量参与扶贫。

案例讨论

近日,广东佛山一位 80 多岁的老人因有存款被取消低保事件引起社会广泛关注。这位老人无儿无女、无配偶、无收入,因为名下存款超过两万元被取消低保待遇。

广东省佛山市三水区居民邓某从 2003 年开始享受特困供养人员待遇,并在当地一家敬老院进行集中供养。今年 3 月,当地社工部门工作人员对邓某的家庭经济状况进行信息化复核时,发现其个人银行存款超过限额总额。经过调查核实,当时邓某名下 3 个银行账户的存款总额为 20 805 元,其中的 14 100 元为 2017 年的征地款,2 100 元为 2017 年和 2018 年的股份分红。

当地社工部门发现这一情况后于今年 5 月通知邓某的亲属,表明存款超过限额将影响享受待遇。3 个月后,由于邓某名下银行存款超过佛山市 6 个月的低保标准,当地社工部门按规定取消了她的特困供养资格。

邓某的亲属向佛山市政务平台投诉。佛山市三水区民政局答复称:三水区最低生活保障标准为每人每月 980 元。其银行卡财产超出低保标准,已不符合特困供养条件,因此取消其特困供养待遇。此事经媒体曝光后,引起社会广泛关注。广东省民政厅负责人回应称,应具体甄别老人的财产构成,如果不适合被取消,将尽快恢复其供养资格。

目前,邓某支付了敬老院托养费和其他支出后,其银行账面上费用已基本达到特困供养人员资格。而记者根据公开报道梳理发现,邓某的遭遇并非个例。自 2016 年以来,媒体报道了至少 7 起类似事件。

资料来源:低保户因有存款被取消待遇 专家:最低生活保障认定标准亟需修订[N].法制日报,2018-12-07.

讨论问题
1. 如何动态调整最低生活保障制度的标准?
2. 如何理解最低生活保障制度的应保尽保?

第十五章

灾害救助

【学习目标】

通过学习本章,了解灾害的含义和类别,掌握灾害救助的含义,了解美国和日本的灾害管理体制和法制建设,掌握我国灾害救助管理的历史发展、法制建设和发展成就。

第一节 灾害和灾害救助[①]

一、灾害与灾害救助的含义

灾害是能够给人类本身和人类赖以生存的环境造成破坏性影响的事物的总称,既包括自然灾害,也包括社会灾害。自然灾害具体分为四类:①气象类,包括旱灾、暴雨、冰雹、龙卷风、干热风、暴风雪、热带风暴、台风、霜冻、雾凇、寒潮、雷电等;②水文类,具体包括洪水、河决等;③地质类,包括地震、滑坡、泥石流、水土流失、土壤沙化、火山等;④生物类,包括病虫害、疾疫等。

灾害救助是指国家和社会为使受灾人员摆脱生存危机,在衣、食、住、医等基本生活方面给予其最低保障的抢救和援助,同时使灾区社会恢复正常生产、生活秩序的一项社会救助制度。狭义的灾害救助是指对自然灾害受灾人员的救助。广义的灾害救助既包括自然灾害的救助,也包括社会灾害的救助。本书使用的是狭义的灾害救助概念。

二、我国自然灾害的主要特点和分布

所有的自然灾害中,除了现代火山活动以外,几乎所有的自然灾害都在我国出现过。在这些主要的自然灾害类型中,地震、台风和洪水对我国的影响最大,每年都会造成大量的人员伤亡和财产损失,影响我国的经济建设及可持续发展;雪灾、沙尘暴、冰雹灾害对我国农村牧区,特别是欠发达地区的影响非常明显;干旱、农作物及森林、草原病虫害属于渐发性灾害,除造成程度不同的农业灾情外,一般没有人员伤亡;滑坡、泥石流等地质地貌灾害虽然易造成人员伤亡,但其波及空间范围较小;赤潮、海冰等自然灾害亦属于渐发性灾

[①] 柯菡.我国自然灾害管理与救助体系研究[D].武汉:武汉科技大学,2007.

害,除造成海洋养殖业灾害及影响海洋资源开发外,一般也没有人员伤亡。

由于我国独特的地理气候环境和社会经济发展状况,自然灾害呈现出下列三大特点。

1. 气象灾害频繁

我国受季风影响强烈,由于季风气候的不稳定性,导致寒暖干湿变化幅度很大。降水年内分配不均,年际变幅也大,干旱发生的频率高、范围广、强度大;暴雨、洪涝也经常发生。我国有65%以上的国土面积不同程度地受到洪水的威胁,长江、黄河、淮河等七大江河中下游地区集中了全国近一半的人口、3/4的国内生产总值,也是洪涝灾害多发地区。

2. 地震灾害多发

我国位于欧亚大陆、太平洋及印度洋三大板块交汇地带,新构造运动活跃,是欧亚地震带、喜马拉雅地震带及环太平洋地震带的重要分布区。因此,我国是世界上多地震的国家,也是蒙受地震灾害最为深重的国家之一。我国大陆约占全球陆地面积的1/4,但20世纪有1/3的陆上破坏性地震发生在我国,死亡人数约60万,占全世界同期因地震死亡人数的一半左右。20世纪全球发生8.5级以上地震3次,我国就有2次。我国许多地区,如台湾、福建、华北北部、四川、云南、甘肃、宁夏等都处于地震的多发地区;约有一半城市位于烈度7度及以上地区,其中,百万人口以上的大城市,处于7度及以上地区的达70%;北京、天津、太原、西安、兰州等均位于8度区内。

3. 地质灾害易发

我国地形条件复杂,山地和高原面积约占我国国土面积的69%。由于大部分山地和高原地质构造复杂,地形起伏大,表层岩体破碎,土层瘠薄,加上人口的增加和社会经济活动强度的加大,地质灾害频繁发生,容易发生崩塌、滑坡、泥石流等突发性地质灾害。据统计,每年因地质灾害造成1 000多人死亡,经济损失上百亿元。

第二节 发达国家的灾害救助管理体系[①]

一、美国的灾害救助管理体系

美国是一个自然灾害高发性的国家,其所遭受的灾害主要包括江河洪水、风暴潮、海啸、地震、台风与强风、膨胀土、滑坡等。

(一)美国灾害管理机制

美国灾害管理机制的基本特点是:统一管理、属地为主、分级响应、标准运行。

统一管理是指自然灾害、技术事故、恐怖袭击等各类重大突发事件发生后,一律由各级政府的应急管理部门统一调度指挥,而平时与应急准备相关的工作,如培训、宣传、演习和物资与技术保障等,也归口到政府的应急管理部门负责。

属地为主是指无论事件的规模有多大、涉及范围有多广,应急响应的指挥任务都由事

---

① 柯菡.我国自然灾害管理与救助体系研究[D].武汉:武汉科技大学,2007.

发地的政府承担,联邦与上一级政府的任务是援助和协调,一般不负责指挥。联邦应急管理机构很少介入地方的指挥系统,在"9·11"事件和"卡特里娜"飓风这样性质严重、影响广泛的重大事件应急救援活动中,也主要由纽约市政府和奥兰多市政府作为指挥核心。

分级响应强调的是应急响应的规模和强度,而不是指挥权的转移。在同一级政府的应急响应中,可以采用不同的响应级别。确定响应级别有两个原则:一是事件的严重程度;二是公众的关注程度。例如,奥运会、奥斯卡金像奖颁奖会,虽然难以确定是否发生重大破坏性事件,但由于公众关注度高,仍然要始终保持最高的预警和响应级别。

标准运行是指从应急准备一直到应急恢复的过程中,要遵循标准化的运行程序,包括物资、调度、信息共享、通信联络、术语代码、文件格式乃至救援人员服装标志等,都要采用所有人都能识别和接受的标准,以减少失误,提高效率。

(二)美国灾害管理机构及其职能

美国的主要联邦灾害管理机构为成立于1979年4月的联邦应急管理局(Federal Emergency Management Agency,FEMA),是当时的总统吉米·卡特合并数家联邦机构后形成的。在"9·11"事件之前,FEMA只是一个相对独立的小型机构,全职员工约有2 400人,在灾害发生时还会雇用7 000名临时员工。2003年3月,该局随同其他22个联邦机构一起并入2002年成立的国土安全部,成为国土安全部4个主要分支机构之一,但仍是一个可直接向总统报告、专门负责重特大灾害应急的联邦政府机构,由总统任命局长,长期员工增至5 000名。

FEMA的主要任务是领导全国做好防灾、减灾、备灾、救灾和灾后恢复工作,提供应急管理指导与支持;建立以风险管理为基础的应急管理体系,减少人民的生命和财产损失,确保国家重要基础设施免遭破坏。可以说,FEMA是美国危机应对机制中的核心机构。此外,FEMA还负责联邦突发事件警报系统、联邦大坝安全计划及其他一些联邦灾害援助计划,这些计划旨在帮助地方制订气象灾害(包括洪水、台风和龙卷风)的防备计划;负责管理自然灾害与核灾害警报系统,实施减轻重大恶性事件后果的防备计划。

(三)美国灾害管理的立法与政策

1. 自然灾害管理的立法系统

美国联邦政府的灾害管理是通过立法形式予以保障的,最为重要的有如下几类。

(1)洪水灾害立法。在九种自然灾害中,江河洪水最受政府关注,防御洪水灾害的立法有1936年的《防洪法及其补充》、1968年的《国家洪水保险法》、1973年的《洪水、灾害防御法》、1972年的《国家大坝监测法》、第11988号和第11990总统令。1936年的《防洪法及其补充》的颁布标志着由联邦投资大规模兴建大坝堤防及整治河道等防洪工程的开始。洪水保险和洪水灾害防御法则促成了政策的转变。1968年的《国家洪水保险法》的目的之一是解决因洪泛区的不断开发所带来的问题。该法通过授权建立了价值达2.5亿美元的国家洪水保险基金,规定保险赔偿费的最高限额为25亿美元,并首次使洪泛区内1/4的住户和小企业获得了洪水保险。该法规定,只有洪泛区内已有的建筑物可获得补贴,新的建筑物必须按实际保险费投保,而购买由联邦补贴的洪水保险应具备的条件是,全社区采取了适当的洪泛区管理措施。

(2) 灾害救济法。1974年的灾害救济法将联邦灾害援助、救济工作的管理权授予总统办公室,授权联邦政府对遭受灾害损失的公共和私有集团给予援助。该法还规定主要灾区需制订并实施长远恢复计划。尽管该法主要针对灾后救济,但也涉及一些减灾措施。例如,该法利用民防或其他通信系统制订一项及时有效的预警报计划,以及旨在使事先授权的救灾服务更为协调和及时的条款等。该法还鼓励州、地方和个人通过保险来补充或替代政府援助。灾害救济法还要求或授权任命一位联邦协调员在灾害风险区开展管理工作;动员联邦官员组成紧急救援小组协助联邦专门机构分发食品、给养和药品;从事援助和恢复工作;提供公平合理的灾害援助;修复交通设施;提供临时住房;增加失业救济,帮助重新安置;安抚人心及拨款、贷款以支持地方经济复兴等。

(3) 地震法。地震法于1977年颁布,该法认为地震是主要的自然灾害之一,需采取综合的防灾减灾措施加以防御。它授权拨款2.5亿美元用三年时间为地震风险区开发更先进的地震预报技术,制订更完善的建筑规范和土地利用准则。地震法的主要目标包括:提出地震风险区公共设施及高层建筑的抗震结构与抗震设计方法;设计辨识地震灾害和预报破坏性地震的程序;在土地利用决策与建设活动中开展地震风险信息的交流;开发减轻地震风险的先进方法;制订震后恢复重建计划。

(4) 海岸带管理法。以减轻沿海自然灾害为目标的海岸带管理法于1976年颁布。该法提出的海岸带管理计划中,突出强调了防洪、海岸侵蚀、土壤稳定性、气候和气象学等方面。沿海各州需呈交一份拟采取的管理计划,才能具备该法规定的获得联邦援助的资格。该法还要求各州政府在计划中采用以下土地和水资源利用管理措施:由州制订、审查和强制推行地方必须执行的各种准则与规范;指导本州土地与水资源利用的规划管理;通过行政手段评审所有发展计划、项目及土地与水资源利用管理方案的协调性,以加强对立法的贯彻执行。

2. 自然灾害管理政策与计划

美国各级政府的灾害管理政策可分为10个类型:①强制性政策,由高层权力机构制定,旨在强制基层政府开展减灾活动;②提醒政策,也称警醒政策,旨在告诫公众、团体和政府关注自然灾害造成的损失,促使州、地方和个人主动采取措施以减少损失;③恢复政策,旨在帮助个人、家庭、村镇、州县等重建家园、恢复生产;④技术开发政策,致力于发展新知识和开发新技术以支持减灾政策;⑤技术推广政策,注重向个人、各级政府及其他对象传授减灾知识,以及这些知识的长期(如灾害分析计划)和短期(如灾害警报)应用;⑥规章政策,旨在规范私营机构和政府机构的决策与行为以减轻自然灾害的损失,这类政策也许会强制推行避灾、建筑物加固、场地处理等减灾措施;⑦投资与费用分担政策,旨在确定开展各类减灾活动的集资与费用分担的控制条件,决定何时、何地、为何目的投入多少资金以及由谁负担费用等;⑧系统管理政策,旨在明确责任,确定采用的措施、制订减灾计划所应遵循的原则等;⑨系统优化政策,旨在确保其他政策的效能,使其与系统的目标一致,并具有内在协调性;⑩指导性政策,旨在指导政府执行某一政策,如基建或建筑物迁移(移民)政策等。

3. 灾害救助和恢复重建系统

在美国,发生灾害后,首先由所在州进行自我救援,联邦政府只是"当灾难的后果超出州和地方的处理能力时,提供补充性的帮助"。当州政府提出援助请求后,FEMA 在当地的事务局会评估当地损失,向总统提出建议报告,总统据此决定是否发出救援命令。命令一旦发出,政府机制将会通过 FEMA 进入紧急状态,一系列应急机制将会运转起来。

二、日本的灾害救助管理体系

日本位于地震和火山活跃的环太平洋活动带,是自然灾害发生较为频繁的国家,主要的灾害不仅包括台风,还包括地震、火山喷发、山体滑坡、海啸等地质灾害。日本的国土面积虽然仅占全球面积的 0.25%,但发生的地震次数和活火山分布占全球的比重却相当高。据不完全统计,日本平均每天有 4 次地震,6 级以上的地震每年也有 1 次,东京地区每年仅有感地震就有 40~50 次。自然灾害每年都给日本造成巨大的生命和财产损失。

(一)日本自然灾害管理机构

2001 年,日本中央政府机构重组,内阁府成为国家灾害管理的行政机构。内阁府灾害管理政策统括官负责防灾基本政策和防灾计划的制订,协调各省、厅的活动及巨大灾害的响应。此外,为了改善和加强在巨大灾害、严重事件和事故等的应急状态下危机管理的功能,设立了负责危机管理的内阁官房、副官房长官和内阁信息采集中心等职位和机构,还专门设立了"防灾担当大臣"的职位。

中央防灾会议是日本最高的防灾决策机构,主席由内阁总理大臣(首相)担任,全体大臣均为成员。成立中央防灾会议的目的是推进综合防灾措施。中央防灾会议的任务是:制订和推动实施基本防灾计划,草拟地震防灾计划;制订和推动实施大灾紧急措置计划;根据内阁总理大臣和(或)防灾担当大臣的要求,商讨有关防灾的重要事项,如防灾基本方针、防灾对策、宣布灾害紧急状态等;向内阁总理大臣和防灾担当大臣就有关防灾的重要事项提出建议。

(二)日本防灾计划及灾害应急对策

1. 防灾基本计划

在防灾层面上,防灾基本计划是中央防灾会议根据《灾害对策基本法》第 34 条制订的全国性的总计划,是国家最高层次的计划。

2. 防灾业务计划

防灾业务计划是由指定的行政机构和指定的公共单位根据防灾基本计划编制的计划。

3. 地区防灾计划

地区防灾计划是都道府县和市的防灾会议根据防灾基本计划和地方具体情况编制的计划。

1995 年阪神—淡路大地震之后,日本对防灾基本计划做了全面的修订。计划明确了中央政府、公共单位和地方政府在实施防灾对策中的责任。为了方便参照对策,计划还根据灾种阐述了灾害对策顺序,如预防、应急反应、恢复和重建对策等。

(三)日本灾害管理的立法

日本防灾法律比较齐全,从1880年开始就在防灾方面立法,不但各个灾种有法可依,而且有涵盖各个灾种的基本防灾法律,即《灾害对策基本法》。《灾害对策基本法》对各个灾种的防灾对策进行整合,避免了执行中相互脱节和相关机构互相推诿的现象。另外,按照防灾法律颁布的时间顺序,比较重要的防灾法律有《河川法》《防冲刷法》《森林法》《灾害救助法》《防洪法》《气象业务法》《海岸法》《滑坡防止法》《治山治水紧急措置法》《灾害对策基本法》《地震保险法》《活动火山特别措置法》《大规模地震对策特别措置法》《特定非常灾害灾民权益保护特别措置法》《灾民生活重新安排支援法》等几十项防灾法律。

"二战"以后,巨大的灾害及对可能发生巨大灾害的预测,推动着日本防灾法规的制定和修订,使灾害管理日益完善。1946年发生的南海地震引发了次年《灾害救助法》的颁布。1959年发生的伊势湾台风是日本灾害管理的转折点,它使日本从此走向灾害综合规划和管理的新阶段。1961年颁布的《灾害对策基本法》和1962年成立的中央防灾会议就是这个阶段的标志。1964年新潟地震以后的第二年,颁发了《地震保险法》。1976年日本地震学会发表的东海地震发生可能性的研究报告,促使《大规模地震对策特别措置法》(即地震防灾基本计划)于1978年推出。1995年发生的阪神—淡路大地震促成了一系列原有地震防灾法规的修订和新的地震防灾法规的问世。1999年发生的JCO核事故使《核灾害对策特别措置法》于同年诞生。1999年发生广岛暴雨,次年《土、砂沉积灾害地区防灾对策推进法》应运而生。

第三节 我国的灾害救助管理体系

在我国,自然灾害对于社会发展的影响十分深刻。历史上,频繁发生的各类自然灾害,不仅直接给人民群众的生活带来了深重的灾难,还极大地影响了同时期的政治、经济、社会、文化与宗教等方面。在我国古代历史上,治理洪水曾促成了中华民族统一国家的形成,而对于灾荒救助的失效也几经成为一些王朝覆亡的重要诱因。灾害救助在我国历史发展进程中具有高度的政治性。中华人民共和国成立后,国家对于自然灾害应急救助的能力有了极大提高,尤其是近年来,我国政府在自然灾害应急救助管理体系方面取得了重大的进展,基本建立了自然灾害应急救助体系。

一、我国灾害救助体系的历史演进

(一)历史上的灾害救助思想及实践[①]

我国历史悠久,关于灾害救助的思想源远流长。几千年的灾害管理实践留下了许多经典的防灾工程,都江堰、郑国渠、白渠等一批优秀的防灾减灾工程至今仍发挥着作用,充

---

① 柯菌.我国自然灾害管理与救助体系研究[D].武汉:武汉科技大学,2007.

分显示了我们祖先在灾害管理领域的卓越才能。

早在先秦时期,儒家就主张灾害救助应包括储粮备荒和抗灾等内容。古代我国的国家财富和人民生活主要依赖农业,农业在国家经济中占据举足轻重的地位,是最主要的生产部门。然而,农业受自然因素的影响较大,因此储粮备荒便显得尤为重要。《管子》第一篇《牧民》中的第一句话就是"凡有地牧民者,务在四时,守在仓廪"。从殷商西周的天命主义、禳弭救荒思想到春秋开始出现的赈济、调粟、养恤思想,直至宋明盛行的安辑、放贷、仓储思想,政府在灾害管理和救助体系方面不断完善。例如,宋代的灾害救助程序就包括:①诉灾,也称为披诉,即灾害发生后民户向官府报告灾情的行为;②检放,检查灾害的伤亡及破坏情况,再根据轻重减免租税;③抄札,即灾情发生后,官府派人登记受灾人口情况以备进行灾害赈济工作。与此同时,在灾害管理的过程中,逐步产生并形成了大量积极的灾害管理政策,如兴修水利、植林垦荒、重农贵粟、扩大积储等。在历史上,救灾的投入往往在国家财政中占有重要的份额,如唐代中央政府用于灾民救助的资金投入占中央财政的8.7%,清代前期的近两百年间,国家用于赈灾的费用占国家财政收入的10%以上。

(二)中华人民共和国成立后灾害救助的发展历程

中华人民共和国成立后,中央政府就确定了统一的救灾领导体制,成立了中央救灾委员会,统一领导、组织和协调灾害救助事务。1949年11月,针对当时我国遭受的遍及长江、淮河、汉水、海河流域16省区的特大洪水灾害,负责救灾救济的内务部提出了"不许饿死人",实行"节约救灾,生产自救,群众互助,以工代赈"的救灾方针。同年12月,政务院发出《关于生产救灾的指示》,内务部发出《关于加强生产自救劝告灾民不往外逃并分配救济粮的指示》。1950年2月,成立了以董必武为主任,包括内务部、财政部等12个有关部委的中央救灾委员会,将救灾工作的方针补充为"生产自救,节约度荒,群众互助,以工代赈,并辅之以必要的救济"。4月又在北京召开了中国人民救济代表会议,成立了中国人民救济总会。与此同时,中央颁布的《中央救灾委员会组织简则》规定了灾害管理工作的主要任务,明确日常救灾工作由内务部负责。

后来,救灾工作的方针修订为"依靠群众,依靠集体,生产自救,互助互济,辅之以国家必要的救济和扶持"。这项方针在救灾工作中一直发挥着重要的作用。

在资金投入方面,1950—1966年,中央用于救灾的投入共计55.08亿元。中央政府每年都要拿出几亿元用于救灾,特别是1960年前后,中央的救灾投入几乎每年都在4亿元以上,1964年达到11亿元。而在此期间,中央的财政收入每年只有300亿元左右。与此同时,国家针对长江、黄河、淮河、海河等水患严重的大江大河进行了有史以来最大规模的整治,取得了重要的成效。

党的十一届三中全会后,我国社会经济体制由计划经济逐步向市场经济转变,为适应农村实行家庭联产承包责任制的新变化,在1983年第八次全国民政工作会议上,确定了新的救灾工作方针:"依靠群众,依靠集体,生产自救,互助互济,辅之以国家必要救济和扶持。"

1993年1月,全国救灾救助工作座谈会上提出实行中央和地方分级负责的救灾工作管理的新体制。1994年,全国民政工作会议上进一步提出要深化救灾体制改革,逐步建立救灾工作分级负责、救灾款分级负担的救灾体制,逐年增加各级政府救灾款的投入。同时,根据灾害造成的损失大小,将灾害分为特大灾、大灾、中灾、小灾四种,分别由中央、省(自治区)、市、县各级政府负责。这种做法改变了以往大灾小灾都由中央政府包揽的局面,摆脱了地方对中央的依赖,有利于防止夸大灾情或者是对灾情隐而不报现象的发生。

2005年5月,国务院颁布《国家自然灾害救助应急预案》,明确提出:中央和地方政府应根据财力增长、物价变动、居民生活水平实际状况等因素逐步提高救灾资金补助标准,建立救灾资金自然增长机制。2008年,民政部出台《救灾捐赠管理办法》和《救灾物资回收管理暂行办法》,规范救灾物资的捐赠、利用及回收处置。

2010年6月,国务院出台《自然灾害救助条例》,进一步明确"以人为本、政府主导、分级管理、社会互助、灾民自救"的原则,进一步规范救助准备、应急救助、灾后救助、款物管理。2014年4月,国务院出台《社会救助暂行办法》,将受灾人员救助纳入社会救助的法定救助内容。

2018年3月,十三届全国人大一次会议审议通过组建应急管理部,整合国家安全生产监督管理总局的职责,国务院办公厅的应急管理职责,公安部的消防管理职责,民政部的救灾职责,国土资源部的地质灾害防治、水利部的水旱灾害防治、农业部的草原防火、国家林业局的森林防火相关职责,中国地震局的震灾应急救援职责以及国家防汛抗旱总指挥部、国家减灾委员会、国务院抗震救灾指挥部、国家森林防火指挥部的职责。

二、我国的灾害救助管理体制

1978年以后,根据新时期的需要,我国确定了新的自然灾害管理体制,其基本领导体制是:党政统一领导,部门分工负责,灾害分级管理。在这一体制中,党中央、国务院统揽全局,总体指挥,地方各级党委和政府统一领导,各有关职能部门分工负责,并充分发挥人民解放军指战员、武警官兵、公安干警和民兵预备役部队突击队的机动作用。同时,为了更为有效地发挥有关职能部门的作用,我国还形成了灾害管理的综合协调机制。进入21世纪以来,我国的灾害管理体制进一步得到健全。

(一)灾害管理领域的法律、法规体系

我国先后颁布和实施了几十部与减灾有关的法律、法规,尤其是《中华人民共和国防洪法》(1997年制定,2007年修订,2016年再次修订)、《中华人民共和国水土保持法》(1991年制定,2010年修订)、《中华人民共和国防震减灾法》(1997年制定,2008年修订)、《中华人民共和国消防法》(1998年制定,2008年修订,2019年再次修订)、《中华人民共和国气象法》(1999年通过,2009年第一次修正,2014年第二次修正,2016年第三次修正)、《中华人民共和国突发事件应对法》(2007)等法律的颁布,提升了灾害管理工作的力度,大大增强了灾害管理的法制化水平。国务院及相关部门出台的灾害救助政策法规包括:《关于建立中央级救灾物资储备制度的通知》(1998)、《民政部应对突发性自然灾害工作规程》(2010)、《中央级救灾储备物资管理办法》(2002)、《救灾捐赠管理办法》(2008)、《救灾物资回收管理暂行办法》(2008)、《地质灾害防治条例》(2008)、《军队参加抢险救灾条例》(2008)、《森林防火条例》(2008)、《草原防火条例》(2008)、《受灾人员冬春生活救助工作规

程》(2009)、《自然灾害救助条例》(2010)、《气象灾害防御条例》(2010)、《国家自然灾害救助应急预案》(2011年修订)、《国家自然灾害救助应急预案》(2016年修订)等。

(二) 灾害救助管理的领导和协调机制

我国自然灾害管理的基本领导机制是:党政统一领导,部门分工负责,灾害分级管理。在灾害管理的过程中,党中央、国务院统揽全局、总体指挥,地方各级党委和政府统一领导,各有关职能部门分工负责,强调地方灾害管理主体责任的落实,注重我国人民解放军指战员、武警官兵、公安干警和民兵预备役部队突击队作用的发挥。实行各级党委和政府统一领导的灾害管理体制,是我国多年成功的救灾经验,可以充分发挥我国的政治和组织优势,明确各级党政领导的责任,最有效地全面协调辖区内的各种救灾力量和资源,形成救灾的合力。

中华人民共和国成立以来,我国形成了以中国共产党为核心的减灾救灾领导体制,主要包括三个方面:一是严密的行政组织及党政军指挥组织体系;二是国务院各部、局及下属的纵向防灾救灾系统;三是高校及科研系统的对策咨询支持与科学管理。

(三) 灾害救助的国际合作

我国接受国际救灾援助的政策,经历了从谢绝到逐步接受,再到欢迎的不同历史阶段。

中华人民共和国成立后,鉴于当时复杂的国际形势,我国对国际援助一直保持着比较谨慎的态度。1949—1980年,我国一般不接受国际捐赠与援助,仅接受过少数的国际友人捐赠。1980年我国改变以往谢绝外援的做法,确立了接受国际救灾援助的方针:对联合国救灾署、开发署的援助可以适当争取,可以及时向其提供灾情信息(包括组织报道),情况严重的也可以提出援助的要求。1981年,我国又将此方针改为:不主动提出和要求援助;对方主动援助又不附加先决条件的,可以接受;灾情由新华社适当报道,所提供的资料以新华社公开的资料为准。至此,我国接受国际援助的工作又基本上处于停滞状态。

1987年,我国调整接受国际救灾援助的方针:有选择地积极争取国际救灾援助,如果遇到重大灾情,可以通过救灾署向国际社会提出救灾援助的要求,但次数不宜过多。对于局部灾情,如果有关国际组织和友好国家主动询问,可以表示接受救灾援助的意向。除教会组织以外,外国民间组织和国际友人、爱国华侨主动提出援助,一般可以接受。同年,我国大兴安岭发生特大火灾,得到多个国家、地区和国际组织、国际友人的援助。

1988年民政工作会议上提出"应积极推动和争取在社会福利、救灾救助等方面的国际合作和援助"。1991年,民政部发布《关于安排使用境外捐赠资金有关事宜的通知》,对境外捐赠资金的安排使用作出两项规定:一是境外捐赠资金主要用于解决灾民吃、住方面的问题;二是用于建房部分的境外捐赠资金,应与国家拨款、国内捐赠资金、农民劳务投入等自筹资金配套安排。[①]

近些年来,灾害对外合作主要集中在三个领域。一是灾后的救灾援助。每次大灾之

---

① 刘娟,何少文.社会救助政策与实务[M].广州:广东经济出版社,2015:120.

后,民政部代表我国政府接受救灾援助,及时向国际社会通报灾情,积极争取外援,开展灾民紧急救助联合行动。二是开展灾害领域国家间的双边和多边合作。例如,民政部代表我国政府在灾害管理领域与俄罗斯联邦及上海合作组织成员国间有关应对突发灾害的双边和多边救灾互助协定。三是与相关国际组织和非政府组织在灾害管理领域开展交流与合作。例如,民政部与联合国开发计划署、联合国人道主义事务协调办公室、联合国减灾战略秘书处、联合国儿童基金会、亚洲备灾中心、亚洲减灾中心、世界银行、亚洲开发银行等机构之间在信息交流、人员培训等领域开展的合作。

三、我国灾害救助管理的发展成就

(一)灾害救助制度逐步完善

我国目前已经出台了几十部法律、法规,建立了相对完善的救灾制度和相应的法律、法规。2005年,国务院发布《国家自然灾害救助应急预案》,进一步健全和完善了突发重大自然灾害应急救助体系和运行机制。中央规范了救灾资金的项目设置,明确了救灾资金的构成及用途,提高了补助标准。救灾物资储备工作也取得了较大成效,救灾装备得到改善,高新技术在救灾领域的应用不断提升。2013年国家公布《中共中央关于全面深化改革若干重大问题的决定》,再次强调防灾减灾救灾体制的建设,提出要从举国救灾向举国减灾转变,从不惜一切代价处置向全力施救、科学施救转变,从减轻灾害向减轻灾害风险转变,从地区减灾向区域联动和国际合作转变,从政府包揽向政府主导、社会协同、公众参与的新格局转变。可以看出,我国的灾害救助管理将自然灾害的发生与发展、未来的预期与评估紧密结合起来,实行常态与非常态下的应急管理。设立自然灾害应急管理预案,实施分级管理战略,启动应急响应。在灾害发生后,灾区各级政府和相关部门根据灾情,按照分级管理、各司其职、属地为主的原则,第一时间启动相关层级和相关部门预案,最大限度地减少人民群众的生命和财产损失。

(二)灾害救助款项管理日渐科学化

多年来救灾款的使用范围主要包括四个方面:一是解决灾民因受灾而无力克服的衣、食、住、行、医等临时性生活困难问题;二是紧急抢救转移和安置无家可归的灾民;三是修建灾民的临时性住房(如帐篷)及恢复重建;四是解决救灾物资的储备与风险状态下的运输调运等问题。我国建立救灾工作分级负责管理体制,将灾情分为特大灾、大灾、中灾、小灾四个等级,明确各级政府的责任。灾害管理列入各级财政预算,或是由中央政府设立救灾预备金制度,根据灾情大小、灾情发生频率调剂使用资金。各级政府立章建制,积极筹措救灾资金、拓宽资金筹集渠道、落实救灾责任制。严格遵循救灾款的发放审查程序,危急情况下的发放程序尽量从简,兼顾公平与效率,主要解决灾民的吃、住问题。财政部、国家税务局及各省税务部门,依据"轻灾少减、重灾多减、特重全免"的原则,对灾区村组办的集体企业和灾民个人在受灾期间的一些非农经营活动制定了具体的免税政策,保障其在受灾期间的经营权益。1993年,民政部提出了救灾分级管理与救灾款分级承担的新思路。1996年,民政部进一步明确,要消除空白点,县级财政要列支救灾款预算,实施中央财政与地方财政救灾款预算同步增长,制定救灾分级标准,建立科学的自然灾害评估体系与社会互助机制。《中华人民共和国刑法》还对侵犯、挪用救灾物资或救灾款项等具体事项规定了刑期期限。

(三)灾害救助方式注重救灾与扶贫相结合

1985年国务院批转的《关于扶持农村贫困户发展生产治穷致富的请示》要求,要把扶贫与救灾结合起来,救灾款在保障灾民基本生活的前提下,可用于灾民生产自救、扶持贫困户发展生产,有灾救灾,无灾扶贫。20世纪90年代开始,各地将防灾减灾工作与扶贫工作结合进行,有效防范了自然灾害,改变以往受灾后单纯救济的传统模式,形成独具特色的扶贫方式。在自然灾害频发的农村深山区、石山区与少数民族地区,中央各部委扶贫工作小组开发了多项扶贫工程,如希望工程、科技扶贫、救助贫困母亲的幸福工程等,设立了各种扶贫基金与减灾基金,取得了令世人瞩目的成就。①

(四)灾害救助管理的技术应用日益先进

2015年全国民政工作会议提出:一要提高救灾应急水平;二要做好综合减灾工作,进一步将应急管理、灾害损失评估、减灾救灾技术标准制定、救灾物资信息化管理、完善救灾应急预案与强化应急预案演练等现代化管理手段运用到救灾工作中。

国家为减缓灾害损失,制定了针对各种自然灾害的应急预案和减灾技术标准;采取应对气候变化的系列措施与应急工作流程;开展灾害救助内容与效果评估;运用GIS、空间分析和BN技术进行风险及易损性评估;制定救助物资的分配标准;完善自上而下的灾害管理体制,增强执行力和协作力;使用集成传感器网络以实现综合防灾物联化;构建高性能综合减灾服务平台以实现防灾减灾互联化;建设遥感卫星应急监测便携接收系统;建立灾害社会影响指标体系等。

【扩展阅读】

非政府组织(non-governmental organization,NGO)

非政府组织近年来已成为全球社会和政治的一个重要组成部分。

20世纪80年代以来,人们在各种场合越来越多地提及非政府组织(NGO)与非营利组织(NPO),把它们看作在公共管理领域作用日益重要的新兴组织形式。

非政府组织一般用在联合国的文件及其他许多国家的官方文件中,是指在地方、国家或国际级别上建立起来的、以促进经济发展与社会进步为目的的社会组织,多用于第三世界国家。非政府组织是不属于政府、不由国家建立的组织,通常独立于政府。非政府组织是在地方、国家或国际级别上组织起来的非营利性的、自愿的公民组织。非政府组织面向任务、由兴趣相同的人们推动,提供各种各样的服务和发挥人道主义作用,向政府反映公民关心的问题、监督政策和鼓励在社区水平上的政治参与。

---

① 林毓铭,李瑾.中国防灾减灾70年:回顾与诠释[J].社会保障研究,2019(6):37-43.

非政府组织提供多样化的公共服务,向政府反映公众需求,提出合理意见或建议,影响政府政策制定。非政府组织又称第三部门、非营利部门、利他部门,具有组织性、民间性、公益性、自治性、志愿性、非营利性、合法性、非政党性等特征以及社会服务、沟通协调、监督管理等基本功能。

非政府组织提供分析和专门知识,充当早期预警机制,帮助监督和执行国际协议。有些非政府组织是围绕人权、环境或健康等具体问题组织起来的。它们与联合国系统各办事处和机构的关系会因目标、地点和任务不同而有所差异。

"二战"后,世界各国民众参与公共事务的意识有所提高,各种非政府组织纷纷涌现。它作为一种特定的社会组织形态,本来是以克服"市场失灵"和弥补自由竞争机制缺陷为使命而产生的,但在现代社会中,却以克服"政府失灵"和修补国家的社会服务职能为契机而获得了巨大发展。进入20世纪80年代以后,非政府组织在世界范围发展很快,不论是在全球社会经济发展中,还是对全球事务的影响力,都上升到了一个新的水平。在一些场合,非政府组织已被列为与企业—市场体系和政府—国家体系并列的第三体系,即非政府组织体系。正如全球非政府组织研究的权威学者莱斯特·M.萨拉蒙教授所说:"我们置身一场全球性的社团革命之中,历史将证明这场革命对20世纪后期世界的重要性丝毫不亚于民族国家的兴起对于19世纪后期的世界的重要性。"

据1995年联合国关于全球管理的一份报告统计,有接近29 000个国际NGO。国家级的更多。据美国统计,有200万个NGO,大部分是过去30年成立的,其中有65 000个在俄罗斯。每天都有数十个NGO成立。仅肯尼亚每年就有240个新成立的NGO。

案例讨论

2019年2月16日5点50分,福州市仓山区盖山镇叶厦村一砖混结构自建民房发生倒塌,致3死14伤。事件发生后,警方立即与相关部门联合开展事故原因调查。目前,犯罪嫌疑人郑某其、郑某明(两人均系倒塌房屋房东)涉嫌过失以危险方法危害公共安全罪被警方立案调查,现已被刑事拘留。

福州市政务微博群管理办公室官方微博2月16日深夜发布通报称,当天凌晨5点50分,福州市仓山区盖山镇叶厦村一栋砖混结构自建民房发生倒塌。现场搜救工作于当晚21点45分完成,17名被困人员已经陆续被救出,其中1名重伤者当天下午经抢救无效死亡,另外2名重伤者于当晚被救出,因伤势过重死亡。警方目前已控制涉事房主。该房屋建于2003年,倒塌原因正在调查中。

据福州新闻网报道,2月17日,福建省委副书记、福州市委书记王宁主持召开全市建筑工程安全隐患排查视频会议。王宁指出,2月16日仓山区盖山镇发生村民自建房倒塌事件,造成较严重人员伤亡,令人心痛,教训惨痛,暴露出建筑工程领域特别是农民自建房还存在安全隐患,安全生产工作还有漏洞,再次敲响了警钟。王宁要求,全市各级各部门深刻反省、反思工作,认真吸取血的教训,举一反三、警钟长鸣,坚决杜绝类似事件再次发生。

福州新闻网报道指出,2月17日,福州市出台开展建筑工程安全隐患排查整治专项行动方案,决定从即日起在全市范围摸排自建民房、在建工程和市政设施安全隐患,及时发现问题、进行整治、消除隐患,保障人民群众的生命财产安全。自建民房安全隐患排查整治时间为即日起至6月底,重点整治六类对象,分别为:已建成但建设标准低、失修失养,经属地政府或者有关部门鉴定的危房;无正式审批、无设计图纸、无资质施工、无竣工验收的"四无"自建房(含厂房);擅自加层、改扩建的房屋;生产、经营、居住功能混杂的"三合一"自建民房;用于出租特别是群租牟利的自建民房;改变功能作为居住使用的厂房。

资料来源:福州仓山民房倒塌事故致3死14伤,2月17日,福州市开展建筑工程安全隐患排查整治专项行动[EB/OL].[2019-02-18]. https://www.sohu.com/a/295329771_683111.

讨论问题

案例里体现了我国怎样的灾害救助工作机制?

第十六章 慈善事业

【学习目标】

通过学习本章,了解慈善及慈善事业的含义,了解慈善组织的含义、特点及其登记与管理,了解美国慈善事业发展的特点、美国政府对慈善事业的支持和引导,掌握我国慈善事业的发展历程及影响因素。

慈善是指个人、群体或社会组织自愿向社会或受益人无偿捐助钱物或提供志愿服务的行为,是帮助人们摆脱各种困难、抵御风险及发展社会公益事业的重要途径。它关注的对象是弱势群体及脆弱的社会成员,它的行为主体是群体、组织与个人(通过各类慈善组织),它的性质属于志愿性公益事业。慈善事业满足行为主体以奉献爱心来实现自我价值的愿望,培养人的善良意识,提高人的道德水平;同时,慈善事业也能有效缩小贫富差距、缓解社会矛盾。

第一节 慈善事业概述

一、慈善

在我国古代典籍中,"慈"与"善"两个词最初是分开使用的。"慈"的含义比较丰富,就其源流来说,大致有三种:一是指母亲,二是指子女对父母的孝敬奉养,三是指父母的爱。在后世的语言运用中,"慈"的语义由原来较狭义的父母之爱扩展到全社会人与人之间的关爱,尤指人们对长者和孩童的关爱。"善"的本义是吉祥、美好,与之相对的词是"恶",后来被引申为友好、亲善、品行高尚,尤指人与人之间的友爱和互助。由上可知,从语源学的角度,慈与善虽有一定区别,但在长期的演进过程中,二者的字义渐趋相近,均包含仁慈、善良、富有同情心的意思。"恻隐之心,人皆有之""老吾老以及人之老,幼吾幼以及人之幼""有力者疾以助人,有财者勉以分人"等古训,其本质意义不外乎"推己及人"。

在英文中有多个表示慈善的词。例如,philanthropy 源于古希腊文,表示善心、博爱主义等意思;charity 表示博爱、宽容、慈善事业等意思;beneficence 表示慈善、善行、捐款等意思;benevolence 表示仁慈、善行、捐款等意思。西方的宗教更与慈善密切相关,如佛教胸怀大慈大悲,将"行善"定为信徒"对待亲友"的五事之一,稍后的伊斯兰教将慈善作为信徒的五种义务之一或五个"支柱"之一,犹太教强调"什一捐",基督教更是将慈善由义务阐述为"爱",耶稣宣扬"爱人如己"。

可见,无论是西方还是我国,无论是耶稣的"爱人如己"还是我国传统道德中的"推己及人",无论是 philanthropy 还是 charity 的词义或宗教教义,揭示的都是共同的意思,即慈善是一种美德、善行和爱心,是人类最需要,也是最应当具备的基础性道德。可见,慈善作为一个古老的概念,不能简单地被理解为上对下的恩赐、富对穷的施舍,其本质是人类慈爱之心的表现与标志。

二、慈善事业

(一)慈善事业的含义

我国知名的社会保障专家郑功成给慈善事业下的定义是建立在社会捐献基础之上的民营社会性救助事业。

其一,捐献为慈善事业的立身之本,没有捐献便没有慈善事业,而没有关爱之心亦不会有无偿捐献的动机和热情。其二,慈善事业是民营事业,虽然封建时代有过官办慈善事业,但现代社会政府对国民的保障作为其应当承担的责任与必须履行的义务,早已被各国法律制度所规范,并得以强制推行,从而不可能再将政府举办的福利保障事业称为慈善事业,只有非强制性的民营公益事业才构成现代慈善事业。其三,慈善事业是社会性事业,如果只有单个的慈善活动和个体的慈善行为,还构不成慈善事业,只有社会性的慈善行为才真正构成慈善事业的主体;尽管家庭成员之间的互助、社会成员个人之间的互助同样是值得称道的善行,但既然是一项事业,就需要有专门的组织来营运,以保证能够根据社会的需要最有效地运用慈善资源;同时需要面向所有需要帮助的社会成员,并保持其经常性、持续性、规范性和相对稳定性。其四,慈善事业是救助性事业,其直接目的是救助现实社会中的脆弱群体成员,贫民、灾民、孤老残幼等既是慈善事业的工作对象,也是慈善事业赖以存在并得到发展的社会条件,因此,在工作目的方面,它与政府举办的救灾助贫事业是相通的,从而能够得到许多国家政府的支持甚至是直接的财政援助。

慈善事业是一种社会公益性事业,是指在政府的倡导或帮助与扶持下,由民间的团体和个人自愿组织与开展活动,对社会中遇到灾难或不幸的人,不求回报地实施救助的一种高尚无私的支持和奉献行为。慈善事业是以社会成员的慈善心为道德基础,以社会成员的自愿捐献为经济基础的社会性质的事业,实质上也是一种社会财富在社会成员之间进行再分配的形式。

(二)慈善事业的活动领域

慈善事业所涉足的主要有下列领域。[①]

1. 扶贫济困

扶贫济困包括组织各种社会救助活动,扶助弱势群体,参与政府扶贫计划的实施和社会救济、抚恤工作。具体包括:①对贫困群众的救助。包括对贫民的教育救助、医疗救助

---

① 陈良瑾.社会救助与社会福利[M].北京:中国劳动社会保障出版社,2009:428-429.

和生活救助。贫困群体是由于不可抗力的外在的社会、经济和自然变动或灾害而导致生活窘迫的人群。②对弱势群体的救助。其范围、对象是一个随社会发展而变化的概念,这也是慈善事业发展的社会基础。一般是由于地理或生理原因导致在获得社会资源方面能力较弱的人群,如老人、妇女、儿童等因年龄、性别导致的弱势群体,移民、进城打工的农民工等因地域或迁移引起的弱势群体,残疾人、精神病人等由于生理原因导致能力不足的弱势群体。扶贫济困更直接地体现了人类的传统美德和人道主义互助精神,是慈善事业的传统项目。尤其在许多发展中国家,慈善事业通常就被认为是扶贫济困的事业。

2. 紧急救助

这表现为承担赈灾救助,接收、分配、调拨国内外捐助的资产,开展救灾赈济活动。当灾害或事故发生时,慈善组织更能体察灾害和事故的严重程度与物资需要。相对于政府而言,慈善组织贴近民间,具有信息优势,反应速度更快。

3. 社会福利

资助或兴办安老、助孤、帮残等社会福利性活动,推动社会福利社会化进程,为特殊群体提供物质扶助和精神抚慰。

4. 社会公益活动

社会公益活动是服务于公共目的、为公共利益奉献的涉及教育、文化、卫生、环境等多个领域的活动。慈善组织在从事社会公益活动中所提供的服务、物品具有显著的外部经济性、非竞争性和非排他性,被认为是准公共物品。

5. 其他领域

例如,在一些第三世界国家,慈善组织有时还帮助政府拖减国际金融机构债务。有时一些 NGO 也代表某一群体的利益积极反映民意,提出具体项目要求,间接参政议政。

三、慈善组织

(一)慈善组织的含义

慈善组织是慈善事业的功能载体,是从事慈善事业的非营利组织。关于慈善组织的概念,法律、法规没有明确界定,学术界对慈善组织的研究也多采用列举法。本书在非营利组织界定的基础上,参考我国现状和国际标准,认为慈善组织是具有法人资格,以实现社会公益为目标,从事慈善活动的民间非营利组织。

(二)慈善组织的特点

在美国,慈善组织是非营利组织中最有代表性的部分。非营利组织一词源于美国的国家税收法,因其涉及的范围广泛、包含的组织团体种类繁多,对其定义也颇有争议。萨拉蒙和安海尔从结构运作分析,认为这类组织具有以下特征。①组织性(formal):有制度化的运作过程、组织结构,有成文的章程、制度,有固定的工作人员等组织化特征。②民间性(private):又称非政府性,组织完全由民间组成及运作,分立于政府之外,也不隶属于政府或受其支配,但接受政府的支援。③非营利性(non-profit-distributing):非营利组织也会赚取利润作为实现自己目的的资金来源,但利润不分配给组织的拥有者、工作人员或政府部门。非营利组织不以获取利益为优先,这是不同于其他商业组织之处。④自治性(self-governor):非营利组织能够自主决策和自主活动。⑤志愿性(voluntary):成员的参加特别是资源的集中不是强制性的,而是自愿和志愿性的,组织活动中有一定比例的志愿者参加。

按照英美法系对慈善组织的传统界定,慈善组织有四个主要的目的:扶贫、发展教育、传播宗教和促进社会福利。但如今上述传统定义已经在很大程度上被美国税法方面的定义所取代,后者对慈善组织的定义是:收入无须交税,而其捐助者亦因捐款而获得税收减免的组织。在美国,慈善组织若要获得免税资格,必须满足《国内税收条令》501(C)(3)项下所规定的条件,该条款对慈善组织的界定是:为慈善、宗教、科学、公共安全实验、文学、教育、促进国家或国际间业余体育竞赛及预防虐待儿童或动物而建立或运营的法人社团、基金会,其净收入不是为了保证使私人股东或个人受益,其实质性活动不是为了进行大规模宣传或影响立法,不以公共职位候选人的名义参加或干预任何政治选举。

简言之,慈善组织必须满足以下四个方面的要求:①必须以非营利为目的,即具有501(C)(3)项下列举的一项或者多项目的;②不得为个人谋取利益,即不给控制该组织或能对该组织施加实质性影响的人提供任何不适当的利益;③不得参与竞选,即不支持或者反对任何公共职位的候选人;④不得参与实质性游说活动,即不得对立法进行实质的支持或者干预。

美国《所得税条例》对慈善组织的定义超出了扶贫、教育、宗教和一般社区福利的传统内容,又增加了推动科学发展、减轻政府负担、增进社会福利三个方面的新内容,这个定义比世界上大多数国家的定义都要宽泛。在我国,慈善组织属于社会团体的范畴。所谓社会团体,民政部门的定义是:"人们为了实现一定的宗旨,按照一定的法律,自愿结成的不以营利为目的的社会组织。"

(三)慈善组织的登记和管理

在现阶段,我国慈善组织的登记和管理都是依照国务院颁布的《社会团体登记管理条例》进行的。

非营利组织的登记是指通过既定的正式程序被注册在案或成为独立法人实体,并具有法律行为能力的政府许可。世界各国的非营利组织登记管理可分为两种主要的制度:一是预防制;二是追惩制(另一种说法是,分为部分许可和全部许可)。前者是指成立非营利组织必须先到登记管理机关进行登记,然后才能开展活动;后者则不必事先到登记管理机关登记即可开展活动,但如果在活动中违反了法律,则受到相应的处罚。

在非营利组织发达的国家,非营利组织的成立不是最重要的,更为重要的是对非营利组织日常活动的法律监督。英国的非营利组织登记管理制度非常值得借鉴。早在1960年,英国就成立了慈善委员会(The Charity Commission),共有600多名成员,专门负责慈善组织的登记,并对公益信托享有广泛的监督权。在实行监管的方法上,英国慈善法要求所有的民间公益组织在运作上要高度透明和公开,由慈善委员会监督民间组织运作上的透明与公开程度,并随时接受任何公民的举报。在英国,任何人都可以在合理的时间内,向慈善委员会提出了解任何民间组织的登记事项及其活动状况的请求。慈善委员会定期对大型民间组织进行风险评估、资产评估和财务评估,并与其他相关的政府部门密切配合进行相关调查和联合执法。对于违规操作或出现腐败行为的民间组织,慈善委员会有权撤销其托管人理事会,并限期组建新的托管人理事会。

(四) 对慈善公益组织的支持政策

对慈善公益组织给予的支持源自政府与慈善公益组织的对话或协作的关系,体现在直接资助和间接资助(减免税)两方面。①

1. 直接资助

政府直接资助慈善公益组织,实质是二者存在一定程度的委托—代理关系,通过将代理权转移的手段,促使慈善公益组织的目标和运行尽可能与政府保持一致,帮助政府实现社会治理目标。稳定的经费来源是非营利组织发展的关键。在非营利组织比较发达的美国、澳大利亚等许多国家及我国香港地区,政府是非营利组织的主要资助来源。即使是在美国这样慈善观念非常普遍的国家,来自政府资助的经费也差不多是慈善捐助的两倍。在一些国家和地区,政府专门为某个或某些社会救助或社会福利项目拨出专款,以招标的形式委托给中标的非营利性组织,政府作为出资人定期或不定期检查、考核项目实施情况。慈善公益组织在组织功能上分化后,许多国家和地区还出现了专门的募捐机构、实施机构与协调机构。政府有时也会将资金拨付专门从事募捐的团体,然后由其拨付专门的慈善公益项目执行机构,在行业自律的基础上实行监管。

2. 免税或税收优惠

虽然对于减免税政策能否有效刺激公益捐赠,不同的人持有不同意见,但是各国政府都有对公益捐助给予减免税收的规定。减税政策有利于启动原本不一定用于公益事业的私人基金,被普遍认为是比直接资助更为有效的政策。基于慈善公益组织对国家社会救助和社会福利的补充作用,对社会道德建设的积极作用,几乎所有国家都对慈善公益组织采取与商业组织不同的税收政策,即给予一定范围和程度的减免税待遇,在有些国家,慈善公益组织就被称为免税组织。

第二节 美国的慈善事业②

2013年美国的慈善捐款高达3 351.7亿美元,其中72%来自个人,15%来自基金会,5%来自企业。在美国,慈善并不仅仅是富人的专利,美国普通民众也乐善好施,广泛地加入各种各样的慈善活动中,无论是从慈善捐款的规模还是从志愿者的人数比例来看,美国都无疑是世界上首屈一指的慈善大国。

一、美国的慈善文化

美国最初是由移民开拓建立起来的国家,第一批登上新大陆的移民最初都面临各种

---

① 陈良瑾. 社会救助与社会福利[M]. 北京:中国劳动社会保障出版社,2009:428-429.
② 杨程程. 我国慈善事业发展中存在的问题及对策研究[D]. 长春:东北师范大学,2015.

考验。面对陌生的环境,单凭个人的力量很难战胜眼前的一切困难,所以必须靠彼此之间互相帮助,发挥每一个个体的自身力量,协同合作,同舟共济。这种互济精神帮助这些早期移民顽强地生存了下来,而这种传统的互助理念自那时起便深深地根植于每一个美国人的心中,逐步发展为社会主流文化的组成部分,对日后美国的慈善事业产生了重要的影响。

美国慈善事业之所以发展得比较成功,与美国公民的宗教信仰也有着密不可分的关系。在美国,有90%以上的社会成员信奉基督教,基督教所推崇的是一种超越了民族、肤色、阶层、性别、文化和国家等界限的带有浓厚的普世主义色彩的爱。这种爱是建立在平等基础上的博爱,人人生来平等,不分男女、不分贵贱都是兄弟姐妹。当这种博爱成为每个人内心的追求后,便有了互助、服务和奉献精神。受基督教"博爱"精神的影响,很多社会成员都积极主动地参与慈善事业和慈善活动。宗教对信教者起到了良好的鞭策作用,把为他人提供帮助与服务当作发自内心的愿望。对于一名虔诚的信教者来说,投身慈善活动为他人提供帮助,奉献社会,是对宗教信仰的最好诠释和升华,同时,这些富有善爱之心的行动也让施助者得到了巨大的精神满足和享受。

美国的富人们热衷于慈善事业,产生了很好的带动效应。美国著名经济时评人兰伯特说:"在美国,你可以拥有很多财产,但必须有所回馈,否则你就永远不会成为真正的大人物。在美国,人们并不景仰富人,而是景仰对社会有所回馈的富人。"许多美国富人都认为,他们并不是财富的真正拥有者,生不带来,死不带去,所以捐献自己的财富去帮助有需要的人是理所应当的。世界首富比尔·盖茨曾说"钱对于我来说的唯一意义是慈善"。2010年,他与沃伦·巴菲特发起"捐赠誓言",号召其他慈善家加入,希望他们将其至少一半的财富捐给慈善事业,目前已有越来越多的富豪加入其中。

二、美国政府对慈善事业的引导和支持

一直以来,美国政府都秉承"小政府,大社会"的原则,对于慈善这种以民间力量为主体的社会事业,政府并不以行政方式直接介入干预,始终保持慈善民间主导的管理模式;政府只是制定一系列的法律、法规来规范和引导慈善事业的健康发展。

美国政府对慈善组织进行登记注册的要求十分宽松,程序简单。一般来说,只要向所在的州政府提出申请,获得慈善组织的身份后便可完成注册。据统计,美国现有慈善组织近180万个,涉及医疗卫生、妇女和儿童权益保护、老年人服务、帮助外来少数族裔等弱势群体、消除贫困、移民就业、环境和文物保护、预防犯罪、社区改造等方面。这些慈善组织形式多样,有的规模宏大横跨全球,有的规模较小只是地方性的慈善组织。这些组织都是依靠民间力量自行建立的,政府并没有参与其中。

美国政府制定的关于慈善事业的税收优惠制度对美国慈善的发展也有良好的促进作用。第一,针对参与慈善事业的施助者制定了激励性的税收政策。企业和个人向慈善组织捐赠可以获得减税的待遇,捐了多少善款就可以从收入中扣除多少再进行纳税,这样不但可以使保留的收入更多,也有利于产生良好的示范效应。第二,美国税法中对于完全出于慈善目的开展活动的慈善组织、净收入不用于私人受惠及不参与选举的慈善组织给予免税的待遇,免除其销售税、财产税、增值税、关税等税收。第三,慈善组织获取的收入可

享受所得税的豁免资格,前提是这些收入是从与其核心的公共目标相关联的活动中获取的,如果不满足这个条件,则属于商业所得就需要纳税。第四,高累进税率征收遗产税和赠与税,限制了美国富豪把钱转移给后代,使富豪们纷纷选择把钱捐赠给慈善事业。

美国政府对慈善组织的干预较少,但并不意味着政府对其放任不管。美国政府通过多种手段对慈善组织进行监管。虽然目前美国并没有独立的关于慈善的法律,但是宪法、税法、公司法等联邦和州的法律法规中都对慈善作出了相关规定。这些法律条款一方面保障了社会公众参与慈善的权利,另一方面对慈善事业进行激励和监督。基金会一直是慈善监管的重点,同时严格控制慈善组织与商业及政府机构的界限,慈善组织不得参与竞选,与慈善性质不相关的商业收入都必须依法缴税。此外,美国国税局也对慈善组织的运作进行全方位的监督审查和评估,对涉嫌违规的慈善组织给予严厉的处罚。

三、慈善组织自身的管理与发展

美国慈善组织的发展十分成熟,慈善组织的数量多而且类型多样,涉及很多领域。社会公众可以和慈善组织广泛接触,慈善组织通过宣传慈善文化、组织慈善活动吸引广大社会成员参与其中。慈善组织通过广泛的动员,增强了社会公众的慈善意识,人们逐渐把参与慈善活动当作日常生活的一部分。慈善组织的类型繁多,不仅专注于济贫助困等传统的慈善项目,还涉及环境保护、科学教育等公益项目,这些慈善活动的广泛开展带来了极大的社会效益。

由于美国政府对于慈善组织的管理比较宽松,所以美国的慈善组织具有很强的独立性,专业化程度很高。根据功能的不同,美国的慈善组织分为社会服务组织和基金组织,也就是说资金的筹集和提供服务是分开的。基金组织主要负责慈善资金的筹集,将社会公众捐赠的这些钱筹集起来用于各类慈善事业、帮助有需要的人。社会服务组织的主要功能在于提供服务,是提供服务的志愿者和受助者之间重要的联系纽带。同时,美国慈善事业中有很多专业性强、素质高的工作人员。美国约有292所大学提供非营利组织管理课程并提供学士、硕士及博士学位。美国慈善组织内无论是从事行政管理的人员还是招募的志愿者都接受过相关内容的专业学习及培训。美国劳工统计局表示,倘若没有合理的管理,任何慈善组织都无法良好地运行。除了注重对专业人员的培养,慈善组织还制定了一些激励和优待政策来吸引更多的人才参与慈善事业,如在带薪休假、医疗保险和退休金方面比其他单位待遇更好,上班时间相对自由,常常可以远程办公,工作环境也很宽松。

美国慈善组织的另一个显著特点是公信力较高,主要表现在慈善组织赢得公众信任的能力很强。较高公信力的形成首先是因为美国慈善组织运行向来公开透明,不仅要定期向有关部门提供财务报表,而且社会公众可以从慈善组织的网站上查阅到各种信息,善款的由来、使用去向一清二楚。慈善组织内部有一套严格的程序,各类款项的申请、拨付、运营费用的预算和核销都有相关规定,必须按照程序办事,管理非常严格。除此之外,独立于慈善组织之外的第三方评估机构对慈善组织起到了良好的监督作用。这些机构会对慈善组织进行评级、排行,并将结果公之于众,公众能够及时准确地了解慈善组织的运行和发展情况。在这种监督力量的推动下,慈善组织不断努力提高自身运作的透明度。通过这只透明的玻璃口袋,社会公众看到了慈善所带来的巨大效用,进一步激发了民众参与慈善的热情。

第三节 我国慈善事业的发展历程和影响因素

一、我国慈善事业的发展历程[①]

(一) 中华人民共和国成立前慈善事业的思想基础及发展历史

慈善在我国的发展历史十分悠久,慈善思想源远流长。我国古代慈善事业的产生和发展与我国的传统文化有着密切的联系。我国传统的慈善不仅是积德行善、建桥修路、爱心捐助等社会表象,而且具有极其丰富的思想底蕴。

我国的传统慈善文化主要包括:与赈穷、恤贫联系在一起的"仁爱"思想;重在社会控制的"仁政"思想;主张社会性互助的"济贫"思想;彰"善"使命的伦理思想。我国传统道德思想下的慈善常常是与"义"密切联系在一起的私人的或民间的行善举动,如古代把施舍行为叫"义舍",慈善粮储叫"义仓",劝善集会叫"义聚",捐学助教叫"义学"等。

两汉时期我国古代慈善事业获得了一定的发展,在思想上除了受到儒家思想的影响之外,佛教的慈悲观对慈善的发展也起了一定的推动作用。在针对自然灾害的救助方面,两汉时期在制度和程序方面的规定注重对民间百姓的抚慰,尤其重视对鳏寡孤独与老幼病残的保护和救助。除了官方的慈善救助行为之外,汉代宗族内部之间还出现了具有民间慈善性质的救助行为,这种以亲缘关系为纽带的互助对民间慈善的发展起到了重要的导向作用。

宋朝在我国慈善事业发展史上是一个非常重要的时期。根据史料,我国慈善事业的真正形成始于两宋时期。北宋的建立,结束了唐末以来长期藩镇割据的局面,使社会秩序趋于稳定。但是,随着工商业的发展,城市规模扩大,人口急剧增加,相应地带来了一系列社会问题,如老弱病残和流民的安置等。出于缓和社会矛盾、巩固统治根基的需要,自北宋中期开始,恤老、慈幼、宽疾和助丧的慈善机构相继建立起来。宋朝慈善事业的兴盛具体表现在:一方面,宋朝中央政府相继设置了福田院、居养院、安济坊、慈幼局和漏泽园等慈善机构,其规模之大、设施之全、内容之广,在我国封建社会无一朝能出其右;另一方面,民间社会出现了由私人主持的具有一定规模的慈善活动,且善举频频。

清末民国时期我国慈善事业迅速发展,出现了众多民间慈善团体。国家格外重视防灾备荒工作并形成了完备的赈灾安置制度,各环节的衔接、程序的严密程度都达到了极高的水平。同时,日常的社会救助活动也日渐增多,养济院、育婴堂等养老慈幼机构在全国各地不断得到推广普及,个人慈善活动变得普遍。

到了民国时期,我国慈善事业彻底打破了传统的官办慈善模式,由于社会、政治、经济各方面的原因,最终出现了规模庞大且名目繁多的慈善团体和机构。众多民间慈善组织成为慈善事业的主体,慈善家群体大批出现。同时,民间慈善组织的发展有其深刻的社会

[①] 杨程程.我国慈善事业发展中存在的问题及对策研究[D].长春:东北师范大学,2015.

根源。一方面,由于连绵不绝的天灾人祸,社会矛盾日益凸显,慈善救济十分迫切,作为社会"调节器"的慈善组织与日俱增;另一方面,由于当时政府对贫富差距的漠视,对社会成员遭遇风险与困境所带来的社会问题的漠视,促使地方贤达名士出面推动地方慈善活动。这些独立的民间慈善团体,无论数量或慈善资源及社会影响,都大大超过官办慈善机构,成为我国近代慈善事业的主力。

例如,1920年北方五省大旱,北京民生协济会、华北救灾协会、北方工赈协会、中华慈善团、国际统一救灾总会、中国济生会等数十个民间慈善团体积极参与灾荒赈济。在近代慈善事业发展中,上海的民间慈善组织不仅数量多、规模大,而且组织功能较为完善,建立了有效的运行机制和管理体制,形成了慈善资源发掘和利用的规范性制度。在上海等地,集中了大量各种类型的慈善组织。1930年前后慈善团体就多达119个,涉及养老助丧、育婴恤孤、赈灾救贫、习艺传业、施医舍药等领域。中国红十字会等慈善组织在当时的社会救济中发挥了不可替代的作用。中国红十字会创办于1904年日俄战争期间,时称"上海万国红十字会",1911年在上海召开会议,正式定名为"中国红十字会"。上海慈善组织大都把重点放在济贫和普及初等教育上,使慈善活动从"治标"提升到"治本"的"积极救济"方面。上海的地方绅士设立了一所以医疗为重点、收容各类社会弱者的新普育堂,还专门附设了小学校,教授被收养儿童自谋生路的技艺。为了更有利于慈善事业发挥博施济众的社会功能,联合各善堂统一施行慈善事业,上海还创造了协调性质的慈善机构。1912年上海市区原有的同仁、辅元、清节、普育等慈善组织合并成为上海慈善团。这种慈善协调机构的出现,使原来分散的各慈善组织改变其各行其是的局面,开始携手合作,共同救济需要救济的人们,充分显示了慈善资源优化组合的良好效益。

这一时期,国家还颁布了《社会救济法》,对慈善活动的相关内容进行了明确的规定和限制,慈善救济的范围也从传统的救灾济贫扩大到教育救助、医疗救助等。这些变化反映了近代慈善的迅速成长,标志着我国传统慈善走向近代化。

(二)中华人民共和国成立以来我国慈善事业的发展

中华人民共和国成立初期,政府从意识形态和经济基础两个方面消除了原先存在的慈善公益事业。在意识形态方面,慈善事业被当成帝国主义和封建统治用来麻痹、笼络人心的工具,慈善事业受到了严厉的批判和抵制。在经济基础方面,国家对各种社会资源拥有绝对的控制权和配置权,对民营资本进行大规模的社会主义改造,生产资料全民所有,国家实行的社会保障模式是为全体国民提供全部的社会救助和社会福利,民间慈善组织被接管、撤销、改组,政府大包大揽承担起社会救助的任务,在客观上消除了慈善事业发展的基础。这种状况一直持续到20世纪80年代初,社会上没有真正意义的民间慈善组织,更没有人来宣传慈善事业。原有的慈善机构都成为政府的附属部门,完全由政府管理,政府拨款运营,慈善事业的性质发生了彻底的改变。

改革开放带来经济飞速发展的同时也带来了一些社会问题,如社会贫富差距加大、地区发展不平衡、社会矛盾加剧等。仅仅依靠政府和市场的调节无法有效地解决这些社会问题。十一届三中全会之后开始的"真理标准大讨论""经济建设为中心路线的确定"以及随后展开的"摸着石头过河"式的放权让利改革为我国社会组织的发展提供了可能和空间,使我国社会组织有了较大的发展,在数量上也相应有所增加。因此,慈善事业开始复苏,重新出现在人们的视野中。

20世纪80年代开始,相关法律、法规、政策制度不断扩充完善,我国先后出台了若干部有关慈善事业的法律法规,如《中华人民共和国公益事业捐赠法》《中华人民共和国红十字法》《基金会管理条例》《社会团体登记管理条例》《民办非企业单位登记管理暂行条例》等。此外,个人所得税法、企业所得税法、信托法等法律法规中也有部分条款涉及慈善事业,这些法律法规保障了慈善活动顺利、健康地进行。其中,1989年《社会团体登记管理条例》的出台确立了政府管理社会组织的"双重管理制度",对遏制一些社会组织的营利倾向与过度政治化的倾向发挥了较大作用,为维护党和政府的形象以及社会、政治的稳定大局提供了支持。该条例颁行之后,政府用两年多的时间对社会组织进行了整顿和重新登记,社会组织开始回到正常发展的轨道。

1994年中国慈善总会的成立是慈善事业发展的重要转折点。经过十多年的发展,我国慈善公益事业已经作为整个社会救助和社会福利事业的有机组成部分,发挥着越来越大的作用。不过从国际比较来看,我国的慈善事业仍然比较落后,公益组织的组织能力还比较弱,在社会上动员资金的能力、能募来的款物数量还有限,受助群体、受益的人群也很有限。此外,这一阶段我国慈善事业在很大程度上仍依赖海外捐赠,包括了许多大型基金会、海外中国企业、跨国公司和个人的捐赠。

党的十六届四中全会上提出要"健全社会保险、社会救助、社会福利和慈善事业相衔接的社会保障",这是中国共产党第一次把慈善事业写入党的重要文件中。时任总理温家宝在2005年的政府工作报告中第一次提出"支持发展慈善事业",这是我国慈善公益事业发展的又一个历史契机。2006年10月《关于构建社会主义和谐社会若干重大问题的决定》提出,慈善事业属于社会保障体系"四大支柱"之一。

2008年汶川地震后,慈善事业得到了快速的发展,民政部及其他有关部门相继颁发了《汶川地震抗震救灾捐赠款物统计办法》(民发〔2008〕102号)和《关于汶川地震抗震救灾捐赠资金使用有关问题的意见》(民发〔2008〕150号)等针对抗震救灾捐赠款物管理的通知。2009年2月,民政部颁发《民政部办公厅关于加强指导和规范管理基层慈善活动的通知》。这些通知、规定对于规范慈善捐赠款物的使用起到了较好的作用。此外,为了支持城镇社会保障体系的建立,按照财政部、国家税务总局《关于完善城镇社会保障体系试点中有关所得税政策问题的通知》,对纳入城镇社会保障体系试点地区的企业和个人,用于公益、救济性的捐赠,准予其在缴纳企业所得税和个人所得税时在税前全额扣除。

我国慈善事业发展历程中具有划时代意义的标志是2016年9月1日起开始正式实施的《中华人民共和国慈善法》,使我国的慈善事业发展有了基本法,为我国慈善事业发展法治化奠定了基石。《慈善法》明确规定了依法登记或者认定满两年的慈善组织,可以向原登记的民政部门申请公开募捐资格,相对于以前的相关规定更合理。同时也规定:内部治理结构健全、运作规范的慈善组织,民政部门应当自受理申请之日起20日内发给其公开募捐的资格证书,且只需直接向行政部门登记。除此以外,现行《慈善法》对慈善资源的来源、使用、管理和服务等都作出了严格规定,对诈捐、骗捐行为将追究责任,也突出强调了慈善组织的信息公开义务。

近年来国家和政府对慈善予以高度重视,在全国范围内掀起了发展慈善的热潮,慈善事业得到了空前的发展。从慈善事业的运营主体来看,慈善组织的管理水平不断提高,组织数量不断扩大;社会公众的慈善意识也在不断提升和加强,参与慈善捐赠的人数和社会捐赠总量有所增多,注册的青年志愿者人数快速增长;各类慈善活动广泛开展,慈善组织数量不断增多,救助的范围也逐步扩大,尤其是灾难发生时,慈善组织彰显出强大的作用和影响力,引发了全社会的关注。

二、我国慈善事业发展的影响因素

改革开放以来我国慈善事业发展很快,但是在慈善事业发展的道路上仍存在很多问题与挑战,要想厘清这些问题,促进我国慈善事业取得长足的发展,需要了解我国慈善事业发展过程中的一些制约因素。

(一)捐助者层面[①]

经济学强调,各种人的各种行为的目的只有一个,即追求自身利益的最大化,也就是人们的各种行为都符合经济学中的理性人假设。从经济学角度分析,捐助者的慈善行为也是符合理性人假设的。因此,捐助者也是追求利益最大化的理性人,其捐助行为同时也是在满足自身的消费需求。

根据美国心理学家马斯洛的需求层次理论,首先,人是有需求的动物,其需求取决于已经得到的东西,只有尚未满足的需求才能影响行为;其次,人的需求都有其轻重的层次,一旦某种需求得到了满足,另一种需求又会出现,又需满足。基于上述考虑,马斯洛将人的需求层次自下而上划分为生理、安全、归属与相爱、尊重与地位、自我实现五个层次。生理需求是人类最基本的生存需要,包括衣、食、住、行、用等方面必要的需要。安全需求主要包括生命的安全、财产的安全。这些需求包括得到保障、稳定、保护等,目的在于免于身体危险及被剥夺基本生理需要等。归属与相爱的需求是个人从事社会交往的各种需求,包括被人接纳和爱戴,友谊和情感的建立。尊重与地位的需求是个人名誉、地位,以及其他方面得到他人尊重的需求。自我实现的需求是消费者在满足下面四个层次的需求后,还想充分挖掘潜能,更大限度地提高自己的地位和成就,实现个人能够实现的一切愿望。这五个层次是逐级上升的,当低层次的需求获得相对满足之后,追求高层次的需求就成了驱动力。相对而言,低层次需求(生理、安全)仅要求从外部使人得到满足,因此低层次的需求是有限的,一旦得到满足,便不再是激发人们行为的动力,而高层次需求几乎是永无止境的,因而是低层次需求得到满足后更强大的行为动力。

捐助者的捐助行为实际上是购买用于满足精神需要的服务产品(慈善品),以获得良好声望、减少负罪感、避免社会指责及精神慰藉等。根据马斯洛的需求层次理论,慈善品所满足的应该是一种较高层次的(非基本的)需求。美国俄勒冈大学经济学系教授哈保(William T. Harbaugh)批评了"人们乐于慈善捐献是因为他们关心自己的捐助如何提高

[①] 杨倩.试析现阶段我国慈善事业的发展[D].成都:西南财经大学,2007.

了公共物品的服务水平"的观点。他认为,慈善捐款的动力主要来自捐款数额给捐款人带来的满足感和收益,这种收益分为内在收益(intrinsic benefit)和信誉收益(prestige benefit)两个部分。按照他的观点,内在收益就像教徒捐献一样,是因为捐献而获得的内心的满足。就好像有人捐助于慈善事业,所追求的不是经济利益,也不是良好的名声或减少负罪感及社会指责,而纯粹是出于对弱者的同情,不捐助则于心不安,他们所追求的是一种纯粹的精神慰藉,这是很高的道德层次。而信誉收益主要取决于别人是否知道他捐了多少。哈保指出,大量事例说明,信誉收益是捐献的重要原因。因此,慈善捐献得益的信誉部分具有交换或交易的性质,捐资人一定要能够从捐献中得到预期的信誉享受,才肯作出相应的捐献。这可以解释为什么少有匿名大笔捐赠的例子,也可以说明为什么现在以捐资人名字命名或以某种方式让人们知晓捐资人的建筑物随处可见。

我国社会历来重视上述"纯粹"善行,轻视有目的性的善行,崇尚"有心行善虽善不赏,无心为恶虽恶不罚",认为只有那些追求纯粹精神慰藉的慈善行为才会被社会赞赏,追求良好声望等有目的的慈善行为则被用"沽名钓誉"这类贬义词来描述。事实上,按照现代社会心理学的分析,即使追求的是纯粹的精神慰藉,也是为了满足捐助者的某种需要。前者与后者在道德层次上有高低之分,但在满足需要方面并无本质差别。不应对二者采取截然不同的态度。况且,前者只有极少数人才能经常做到,而慈善事业的发展需要社会公众的广泛参与,厚此薄彼,慈善事业将很难发展。因此,即使慈善行为是为了取得良好的个人声望、塑造企业良好形象,有明确的目的性,但因其有利于慈善事业的发展、有利于社会福利的增进,也应受到社会的鼓励和褒扬。

(二)慈善组织层面[①]

在制约我国慈善事业发展的众多因素中,除了制度方面的缺陷以外,慈善组织自身也存在诸多问题。慈善组织作为慈善捐赠活动的组织者、策划者,是直接影响慈善捐赠的重要因素,慈善组织自身的建设水平、慈善组织的公信力及服务能力等都直接影响慈善捐赠的水平和规模。

1. 慈善组织自身建设

我国的慈善事业起步较晚,一直以来都是由政府统筹社会上的大小事务,慈善组织自成立便对政府产生了很强的依赖,这导致慈善组织自身发展较缓慢,组织架构方面还存在下列明显的不足。

(1)规章制度建设与组织分工。首先,大部分慈善组织缺乏制度化的组织运作流程,没有制定明确的目标和任务要求。即使有些慈善组织制定了章程,但是其章程中仅有一些笼统的条款,并没有明确组织未来发展的长远目标。其次,有些慈善组织的内部机构设置极其简单,仅办公室就要负责行政、人事、财务等多方面工作,部门之间的职责、分工不明确,缺乏一整套系统的分工协作机制。

(2)经营管理理念的科学性。慈善组织在推广慈善活动时,缺乏社会资源的调动能力及管理能力,不能通过有效的方式推广慈善活动,没有充分调动广大民众的积极性,使

---

① 杨程程.我国慈善事业发展中存在的问题及对策研究[D].长春:东北师范大学,2015.

这些公益活动的社会认知度比较低。由于我国慈善组织长期以来与政府之间有千丝万缕的联系,使慈善组织缺乏独立自主性,工作方式、工作作风带有很强的行政色彩,一旦离开政府的帮助与支持,很难独立运营。

(3) 慈善组织之间的协作性。我国目前有数以万计的慈善组织,这些慈善组织的关系通常是平行的,彼此之间很少有沟通合作。只有遇到严重的自然灾害或重大事件时,慈善组织之间才有少量的交流协作。协作能力也是慈善组织需要重视的方面之一,在同一目标下,只有结合多方面的资源和力量才能把慈善事业发展得更加完善。

2. 慈善组织的公信力

公信力是慈善组织的生命之源,是其生存发展的前提。公信力对慈善组织的构建及慈善事业的发展起着至关重要的作用。慈善事业的完善和发展离不开社会公众的支持和认可,而这种认可取决于慈善组织较高的公信力,但就目前的实际情况来看,我国慈善组织由于公信力的缺失,常常遭到社会公众的质疑。我国慈善组织的公信力的现状令人担忧,主要表现在慈善组织缺乏规范的管理机制,慈善组织的运作不够透明。现阶段我国慈善组织内部管理混乱,分工不明确,善款的来去不明,使用效率低、随意性大,没有及时进行信息的公开,贪污、挪用的现象频发。特别受"郭美美事件"等丑闻影响,慈善组织在社会公众心中的形象一落千丈。面对社会公众的质疑,如果慈善组织无视公众的需求,不能及时调整,准确地公布相关信息,那么慈善组织的公信力将难以提升。监督机制的缺位,也使社会公众对慈善组织产生了怀疑。慈善组织自身管理出现问题的另一个原因是缺乏监管,由于没有成立专门的监督机构、缺乏完善的法律规定导致了挪用善款行为的发生。

慈善组织责任感、使命感的缺失也会对其公信力造成影响。慈善组织本是为了满足社会公众的需求而成立的,每一个慈善组织的成立都有其使命和服务宗旨。例如,红十字会的宗旨是"保护人的生命和健康,发扬人道主义精神,促进和平进步事业"。慈善组织的使命是其自身及成员应当承担的责任。慈善活动的组织和开展都是这种责任感和使命感的体现。然而,由于慈善组织及其成员对于责任、使命的认识不够全面,使一部分慈善组织表面上以服务公众为目标,实际却从中非法获利。正是由于这些缺乏责任感、使命感的个人及组织对慈善事业的消极影响,导致慈善组织的公信力下降,慈善事业效率低下。

3. 慈善组织的资金筹集能力和服务能力

慈善资金是保证慈善事业有效运行的关键因素,慈善资金不足是慈善组织面临的严峻挑战。从捐赠主体来看,企业仍然是我国主要的捐赠力量,占全部捐赠的58%,其次是个人捐赠,占捐赠总额的26%。而美国72%的捐赠来源于个人,企业的捐赠仅占6%。与发达国家相比,我国慈善组织在资金筹集方面仍然存在非常大的差距,原因在于公众对慈善组织缺乏信任,慈善组织缺乏独立筹集资金的能力,资金来源的渠道有限。

慈善组织的服务能力需要高素质人才的支持,而目前我国慈善组织多由政府部门的成员构成,其工作作风、工作态度不乏官僚主义色彩,普遍存在工作缺乏热情、效率低下等问题。慈善组织由于管理机制的缺失,对高级管理、专业服务、宣传推广等优秀人才缺乏吸引力。由于缺少专业化的人才及培训,很难形成能提供全方位服务的专业队伍,导致慈善活动无法积极有效开展。此外,慈善组织的年龄结构和学历结构也存在不足,组织成员平均年龄偏大,学历偏低,组织成员的思想意识相对落后,不能与时俱进,服务技能和水平难以提升。

(三)环境因素层面

1. 文化环境[①]

慈善意识是人在实践中形成的对慈善的认识、判断、了解和感知能力以及由此带来的参与积极性。人的慈善意识从根本上决定了人的慈善行为,这是影响慈善事业的最深层因素。中华民族素有积德行善、扶危济困、乐善好施、同情弱者的传统美德,儒家讲"仁者爱人",佛家讲"慈悲为怀"。可见,中华民族有着深厚的慈善道德积淀,这些因素具有推动和约束两重作用。

(1)传统文化因素。自古以来我国的慈善文化就是主张由亲及疏、由远及近的特殊主义原则。孟子主张"亲亲而仁民,仁民而爱物",即仁爱的观念是由亲及疏、由远及近地逐渐向外扩展,直至宇宙万物。这反映了中国人的捐赠文化具有特殊针对性,常发生在邻里街坊之间。

(2)宗教文化因素。宗教与慈善的关系源远流长,在西方宗教被称为慈善之母,在中国宗教对慈善事业也有着非常重要的影响。

中华人民共和国成立后,社会主流的道德取向有所改变,大公无私的无产阶级思想压倒一切。在紧张的政治环境下,人们不仅将慈善看成是虚伪的、资本主义才有的东西,将慈善与仁政相对立,更是认为发展慈善事业就是给政府抹黑。政府对宗教的一些观点、组织形式、规章制度等进行了革新,也使宗教发展基本停滞。20世纪经济改革初期,价值规律的导向又打破了原有的道德观,从大公无私的极端走向了利己主义的另一个极端,社会道德处于一个旧道德已去、新道德未立的失范阶段,亟须建立一个新的符合传统价值观和社会和谐发展的道德体系。近年来,社会主义精神文明建设和公民道德素质的培养推动着慈善事业及其政策的发展。

2. 经济环境

(1)经济发展水平。中国正处于并将长期处于社会主义初级阶段,不少企业也正处于资本的原始积累阶段,总体来说,我国的经济发展水平相对于西方慈善事业发达的国家仍有一定的差距。

(2)收入分配。慈善事业作为第三次分配,不同于更加注重公平性、旨在缩小收入差距的第一次、第二次分配。第一次分配是生产要素之间的初次分配,第二次分配是通过强制征税实现的。收入差距是慈善事业产生的前提,而慈善政策更关注调节收入差距。被视为第三次分配的慈善事业被寄予了很高的期望,政府希望通过慈善事业的调整与规范来实现调节分配,缩小收入差距的目标,从而促进慈善政策的发展。

(3)税收政策。近年来,随着我国慈善事业的不断发展和壮大,国家出台了一些法律

---

① 怀炳南.我国慈善事业发展问题研究[D].长春:吉林大学,2015.

法规来激励慈善捐赠的行为,这对我国慈善捐赠规模的扩大起到了至关重要的作用。但就目前来看我国现行的法律法规并不健全,没有达到良好的激励效果,有的甚至会挫伤企业及个人向慈善组织捐赠的热情。[①]

第一,慈善捐赠的扣除比例。2008年施行的《中华人民共和国企业所得税法》规定:"企业发生的公益性捐赠支出,在年度利润总额12%以内的部分,准予在计算应纳税所得额时扣除。"虽然这一比例相对此前规定的3%的扣除比例有大幅提高,在某种程度上缓解了企业"捐赠越多,纳税也就越多"的尴尬局面,但这一比例仍然较低。对于个人而言,根据《中华人民共和国个人所得税法》及其实施条例的有关规定,"捐赠额未超过纳税义务人申报的应纳税所得额30%的部分,可以从其应纳税所得额中扣除",但这与美国高达50%的扣除比例仍存在很大差距。

第二,非现金捐赠的减免。现行法律法规仅规定了现金捐赠的减免政策,然而对于慈善捐赠中另一种格外重要的捐赠方式——实物捐赠并没有作出相应规定。我国由于经济发展不平衡,贫富差距较大,实物捐赠也深受捐赠者的青睐。然而,由于相关规定的缺失,企业和个人向需要帮助的弱势群体捐赠生产资料、食物、水、衣物时无法通过对其价值的评估达到减免税收的目的。此外,越来越多的企业家开始捐赠股权,然而我国在这方面缺少法律规定,也阻碍了慈善捐赠的发展。

第三,个人慈善税收抵扣的程序。民众对于捐赠免税的意识薄弱,个人慈善税收抵扣程序烦琐,许多民众对于我国慈善捐赠的税收抵扣政策了解甚少,很多人参与捐赠,却不知道捐赠可以享受税收减免的待遇,这说明对于捐赠免税这一制度的宣传存在明显不足。由于人们的不了解,很大程度上削弱了减免税收对于慈善捐赠的激励程度。此外,除北京外,其他各地的个人捐款免税手续依旧比较复杂。慈善退税所需要花费的巨额的时间成本已成为我国慈善事业发展的阻力。

3. 制度环境

(1)政府定位。改革前,我国是一个高度集权的大一统社会,政府处于绝对的控制地位,一切以政府的意志为转移。改革开放后,尽管相关的认识和政策有所松动,政府积极倡导慈善事业,支持力度很大,但大部分民间捐献仍被作为政府关怀救助对象。此外,我国慈善组织的管理人员大多有"党政"背景,长期的"行政经验"导致思想僵化、工作模式陈旧,其活动目的和运作方式刻上了很深的"行政化"烙印,导致开发资源的动力明显不足。其实,慈善组织作为第三部门,应该做"市场不为,政府不能"的事情,而目前我国的慈善组织基本上还是政府部门的延伸。浓厚的政府色彩多少会挫伤人们的积极性,因为没有人会喜欢"压力捐赠"。慈善事业的具体操作过程是排斥政府干预的,因为政府的干预可能会改变慈善事业的性质,背离捐助者的意愿。政府的管理理念与政府导向仍然是限制慈善事业发展的主要因素。[②]

---

① 杨程程.我国慈善事业发展中存在的问题及对策研究[D].长春:东北师范大学,2015.
② 杨程程.我国慈善事业发展中存在的问题及对策研究[D].长春:东北师范大学,2015.

(2) 管理体制。① 我国慈善事业采取"双重管理体制"。双重管理体制是指我国的民间慈善组织需要接受登记管理机关和业务主管单位的双重管理。这种管理体制大大限制了慈善事业本身的运作管理,使一些慈善组织刚一出生就被烙上了官方的烙印;相反,一些民间慈善组织找不到"娘家",特别是一些私募的公益慈善基金找不到一个业务主管的部门,这在很大程度上限制了民间财富造福社会。此外,公益慈善事业的管理部门机制不健全、结构臃肿、渠道不畅、监管机制落后、工作效率低等问题突出。

(3) 立法建设。慈善事业的长足发展离不开法律的约束与保障,完善的法律法规体系是保证慈善事业健康长远发展的重要基础。因此,公益机构的监督机制主要是通过法律规范来确立的。法律规范是否全面、科学、严谨,直接关系包括慈善组织在内的公益机构接受监督状况的好坏。我国正在建立一整套慈善事业登记管理方面的法制化的规范体系,包括《基金会管理办法》(1988)、《中华人民共和国红十字会法》(1993年)、《社会团体登记条例》(1998年)、《民办非企业单位登记管理暂行条例》(1998年)、《中华人民共和国公益事业捐赠法》(1999年)、《基金会管理条例》(2004年)、《中华人民共和国个人所得税法》(2005年)、《中华人民共和国企业所得税法》(2007年)、《中华人民共和国慈善法》(2016年)等。这些法规的颁布表明,我国政府正试图通过合法的手段规范和促进慈善事业的发展。然而,这些法规中还存在许多有待完善的问题,主要表现在:第一,法律法规的约束力相对较弱,并不能维护慈善事业的良好发展,在处理违法行为时大多都是行政性处罚,无法起到很好的惩戒作用;第二,慈善事业缺乏全面的法律监管,虽然一部分法律法规规定各机关和部门对慈善组织进行监督和管理,但是管理办法、监督方式及处罚措施都不够详细。表面上慈善组织要受民政部门、财政部门和审计部门等的多重监督,但法律并没有对这些监督部门进行明确的分工,彼此界限混乱不清,以至于这些监督都流于形式,并没有起到很好的监管效果。

【扩展阅读】

中国红十字会

中国红十字会是中华人民共和国统一的红十字组织,是从事人道主义工作的社会救助团体,是国际红十字运动的成员。

中国红十字会成立于1904年,建会以后从事救助难民、救护伤兵和赈济灾民活动,为减轻遭受战乱和自然灾害侵袭的民众的痛苦而积极工作,并参加国际人道主义救援活动。中华人民共和国成立后,中国红十字会于1950年进行了协商改组,周恩来总理亲自主持并修改了《中国红十字会章程》。1952年,中国红十字会恢复了在国际红十字运动中的合法席位。

中国红十字会作为中华人民共和国统一的红十字组织和国际红十字运动的重要成员,遵守宪法和法律,遵循国际红十字运动基本原则,依照中国参加的日内瓦公约及其附

---

① 怀炳南.我国慈善事业发展问题研究[D].长春:吉林大学,2015.

加议定书,履行法定职责,发挥其在人道领域的政府助手作用。

2020年1月官网信息显示,中国红十字会设有6个部门、9个直属单位。

案例讨论

湖北红十字会接连出错,到底咋回事?

2020年1月31日 23:31:11　　来源:凤凰网综合

近日,湖北省红十字会接连陷入舆论漩涡,引发诸多网友讨论,多家媒体对慈善捐赠角色进行了详细的报道及评论。针对一些广受关切的问题,湖北省和武汉市方面也在今晚进行了回应。我们梳理了相关的关键报道,试图呈现事件的完整样貌。

捐赠回单被疑造假后,物资分配再遭质疑

来源:荔枝新闻

29日晚,湖北省红十字会的一张善款退还单被网友质疑造假,引发网络热议。30日上午,湖北省红十字会回应表示,因工作失误写错字,并非造假,稍后会公示正确回单。

对此,有网友在图片上圈出了开户行"中国银行北京幸福之行",指出"之行"说法不对,质疑图片存在PS痕迹。还有网友指出,写错银行名后,收款方无法正常收到款项,湖北省红十字会不应该犯这种"低级错误"。大量网友表示关心善款去向。

29日晚,湖北省红十字会删掉了微博。30日上午,其再发微博表示,昨天因工作失误把回单的"支行"写成了"之行",现在已经跟财务和银行沟通。稍后会公示正确回单及思源工程扶贫基金会的捐款。

1月30日12点55分,湖北省红十字会官网公布了17项捐赠物资的使用情况。其中显示,主打不孕不育诊疗的武汉仁爱医院收到了1.6万个N95捐赠口罩。而武汉市61家发热门诊之一的协和医院仅收到3 000个口罩。有网友质疑,湖北省红十字会对捐赠物资分配不合理。

消息披露后,一时间"口罩捐给了'莆田系'"的指责刷屏。

湖北省红十字会回应物资使用情况质疑,却错写日期

来源:环球网

2020年1月29日和1月30日,湖北省红十字会分别在"博爱荆楚"微信公众号和门户网站上公布了第一批次防控新型冠状肺炎捐赠物资使用情况。

有网友对《物资使用情况公布表(一)》中第14条记录"N95口罩36 000个"的接收和使用提出疑问。对此,我们高度重视,对有关信息进行了复核,发现确因工作失误导致公开的信息不准确。现将捐赠的"N95口罩36 000个"更正为"KN95口罩36 000个",其流向"武汉仁爱医院1.6万、武汉天佑医院1.6万"更正为"武汉仁爱医院1.8万个、武汉天佑医院1.8万个"。

有关情况说明如下:2020年1月26日,一家爱心企业向湖北省红十字会捐赠3.6万个KN95口罩。经向卫生健康部门了解,该型号产品不能用于新冠肺炎治疗定点医院一线医护人员防护,但可用于普通防护。当时,武汉科技大学附属天佑医院、武汉仁爱医院向省红十字会发来紧急求助信息,申请紧急救助,提出也参与了新冠肺炎防治工作,在本医院也有很多发热群众候诊就医,急需防护用品。经沟通,本着人道救急的客观需求和当时的物资现状,捐赠给武汉科技大学附属天佑医院1.8万个口罩、武汉仁爱医院1.8万个口罩。

在此向广大捐赠人和社会公众进行更正说明,我们对因工作失误导致捐赠信息发布不准确表示歉意。我们将在今后的工作中加强公开捐赠信息的审核,欢迎社会各界对省红十字会工作进行监督。

在这条更正说明发出后不久,许多细心的网友发现,湖北省红十字会的说明落款时间也出现错误,将"2020年1月31日"误写成"2019年1月31日"。

网友质疑 湖北红十字会进一步回应

来源:南方都市报、荔枝新闻

这份声明并没能获得网友认可,其中几处内容备受质疑。

一是KN95口罩,通告称"经向卫生健康部门了解,该型号产品不能用于新冠肺炎治疗定点医院一线医护人员防护,但可用于普通防护"。然而根据公开资料显示,KN95是中国标准GB2626-2006中规定的级别之一,N95是美国标准42CFR 84中规定的级别之一,这两个级别的技术要求、测试方法等基本一致,在对应标准下过滤效率都能达到95%。

二是通告中提到之所以向武汉仁爱医院发放口罩,是因为此前收到武汉科技大学附属天佑医院、武汉仁爱医院向省红十字会发来紧急求助信息,称本医院也有很多发热群众候诊就医,急需防护用品。而据天眼查和医院官网显示,武汉仁爱医院开设妇科中心、产科中心、不孕不育诊疗中心等重点科室,并未开设发热门诊。荔枝新闻以发热病人名义向该院咨询被拒绝,医院表示不收治发热病人。

(对此仁爱医院院长熊怡祥接受上游新闻采访时表示:去年12月武汉爆发不明原因肺炎后,我们也在收治发热病人。1月23日,武汉确定了7家新型冠状病毒肺炎定点医院接收发热病人,之后我们医院就不再接收。但我们还是需要口罩,医院还有70个病人在住院。——编者注)

针对"捐赠物资分配不合理"的质疑,1月31日12点,南都记者从湖北省红十字会国内物资捐赠联系人处了解到,部分捐赠物资为定向捐赠。该工作人员表示,目前,湖北省多地市封城,各类医院都缺少疫情防控物资。只有通过红十字会开通行单,疫情防控物资才能进城。红十字会需要将所有捐赠资料透明化,其中也包括定向捐赠。"定向捐赠物品可直接进入医院。前期通过红十字会审核,但实际发放是捐赠者和医院联系人直接对接。"

为何会接连出现失误?物资到底是如何调配的?荔枝新闻致电湖北省红十字会。一位工作人员告诉荔枝新闻,红十字会只是接收捐赠物资入库,并进行登记,具体的调配是由疫情防控指挥部根据需求统一负责。工作人员称近期接到了很多社会的咨询和监督,已经将相关问题向防控指挥中心汇报,后续将继续在官网上公布相关信息,很快会有一个说明公告出来。据工作人员称,今天下午发布的通告也是防疫指挥部统一协调,以红十字会的名义发布,她表示,欢迎公众继续对红十字会进行监督。

仁爱医院:获赠口罩非来自红十字会名单公司

来源:新京报网

湖北省红十字会官网上公布的肺炎疫情以来第一次接收捐赠物资的使用情况名单在网上引起热议。1月31日,网传消息称,武汉仁爱医院和捐赠方北京森根比亚背后老板为同一人。

针对此事,1月31日下午6点左右,新京报记者致电武汉仁爱医院院长办公室,接电话的李先生告诉新京报记者,该医院获赠的口罩已经到货,但并非来自红十字会官网公布的北京森根比亚生物工程技术有限公司(以下简称"森根比亚"),而是来自致盛集团。

李先生提供给新京报记者的照片显示,口罩包装箱上印有"致盛集团捐赠物资 武汉加油"字样,他称未收到来自北京森根比亚公司的物资,且医院收到的来自红十字会的物资只有致盛集团这一家,没有其他公司。

然而根据红十字会1月30日公布的捐赠详情表,武汉仁爱医院的捐赠方企业清楚写着为北京森根比亚生物工程技术有限公司。详情表显示,该公司捐赠了N95口罩3.6万个,价值36万元,流向显示武汉仁爱医院(原写1.6万个,后澄清为1.8万个)和武汉天佑医院(原写1.6万个,后同样澄清为1.8万个)。

李先生还透露,目前,武汉仁爱医院已经被当地列为第四批发热门诊定点单位,已经在名单里了,但尚未投入使用,具体时间需要上级通知来定。

那么,北京森根比亚、致盛集团和武汉仁爱医院是否有关联关系?李先生称:"跟领导核实过了,和它们没有任何关系,网上消息纯属无中生有。"

湖北省疫情防控指挥部:非定向捐赠物资分配方案由红十字会自行拟定

来源:经济观察网 记者:张雅楠、程璐洋

湖北省疫情防控指挥部一位工作人员称,疫情指挥部尊重捐赠主体,并不统一负责分配,只是审核和批准三家定点机构(湖北省红十字会、湖北省慈善总会、湖北省青少年发展基金会)的分配方案,未曾修改或驳回湖北省红十字会上报的分配方案。

31日上午,经济观察报联系了湖北省红十字会的一位工作人员。

这位工作人员表示,捐赠物资是宏观调控,是一个从前到后的整体规划,有时候这个人多,有时候那个人多,不是很正常的现象吗?它们(武汉仁爱医院和天佑医院)也是医院,是中华人民共和国为人民群众看病、救命的医院,凭什么医院要分三六九等?凭什么不能给这些医院发口罩?都是医生都是人命,都在接受肺炎的病人,凭什么不能捐?

公开资料显示,武汉天佑医院是国家三级甲等公立医院,入选武汉市第三批发热患者定点医院名单,该医院告诉经济观察网记者,目前已经开始收治发热病人。

而武汉仁爱医院为一所以妇科、产科、口腔科为主的二级综合民办医院,入选武汉市第四批发热病人定点收治医院名单。截至发稿前,经济观察网记者未能联系到该院请其就是否收治发热病人进行回复。

记者询问前述湖北红十字会工作人员,协和医院作为湖北省首批发热患者定点医院不是更加紧缺吗?

这位工作人员回答,协和只得到了6 000只口罩吗?你们有没有去问协和医院,是不是从头到尾只有6 000只口罩?(注:6 000应为口误,湖北省红十字会公示发往协和医院3 000只口罩。)

1月30日,武汉协和医院医生在线求助,称协和医院的物资即将全部用尽,恳请社会帮助,邮费到付都可以,并特别强调:"不是告急!是没有了!!"

经济观察网记者多次联系协和医院上述求助预留的联系方式,电话始终占线,尚不清楚该院物资紧缺情况有无缓解。

31日上午采访上述红十字会工作人员的时候,记者能够明显感受到该人士情绪比较激动。31日下午,记者再次联系该人士询问非定向物资如何分配,这位人士回答是交给指挥部统一分配,并表示自己只是基层一线工作人员,不是负责人,不了解红十字会分配机制,只管捐献。

那么,这位红十字会工作人员口中的疫情防控指挥部在物资分配中担当着怎样的角色呢?

谁在负责捐献物资分配?

1月31日,经济观察网联系了湖北省疫情防控指挥部社会捐赠组。一位工作人员告诉经济观察网:捐赠物资分两类,定向捐赠直接捐赠给定向单位或个人;非定向捐赠物资由湖北省红十字会、慈善总会、青少年基金会自行拟定分配方案后上报社会捐赠组,经过审核和批准就可以进行捐赠。

这位工作人员还表示,疫情指挥部尊重捐赠主体,并不统一负责分配,只是审核和批准三家定点机构(湖北省红十字会、湖北省慈善总会、湖北省青少年发展基金会)的分配方案,进行帮助。在31日之前,未曾修改或驳回湖北省红十字会上报的分配方案,未收到湖北省红十字会等机构的分配困难请求。

关于湖北省红十字会公布的捐赠物资中协和医院与武汉仁爱医院、武汉天佑医院获赠口罩数量问题,上述工作人员表示,其所在的社会捐赠组并未收到这份分配报告。"具体怎么分配要问红十字会。"

1月26日,民政部发布公告:慈善组织为湖北省武汉市疫情防控工作募集的款物,由湖北省红十字会、湖北省慈善总会、湖北省青少年发展基金会、武汉市慈善总会、武汉市红十字会接收,除定向捐赠外,原则上服从湖北省、武汉市等地新型冠状病毒感染的肺炎防控指挥部的统一调配。外地慈善组织、志愿服务组织在疫情应对响应终止之前,不派工作人员、不发动组织志愿者进入湖北省。

湖北省委副书记、武汉市委书记马国强也多次强调,所有捐赠的物资一定要通过红十字会,它的目的就是要让捐赠者捐赠的东西能够及时准确登记在案,捐赠的物资、资金的使用能够登记在案。为了统一归口,避免在现在疫情防疫防治的过程中由于混乱,被某些人钻空子。

上述5家物资定向接收机构可以分为两类:一类是省级定点机构,共3家,分别是湖北省红十字会(二十余人+统计局30人+50名志愿者——编者注)、湖北省慈善总会、湖北省青少年发展基金会(10名工作人员——编者注);一类是市级定点机构,共两家,分别是武汉市慈善总会、武汉市红十字会(十余人——编者注)。

除湖北省红十字会外,其他4家定点接收物资的慈善机构情况如何呢?

湖北省青少年发展基金会在1月30日公示了接受的社会捐款明细,但未公布物资分配明细。工作人员表示,接受的捐赠物资均已对接发往各地各单位,需要等待确认核算完成,再集中公布。截至31日下午3点30分,湖北省慈善总会新型冠状病毒感染的肺炎疫情防控专项募捐,认筹金额达到19.34亿元,已使用11.615亿元。29日和30日,湖北省慈善总会分别公布了4.08亿元和6亿元两笔慈善基金的流向,明细显示资金全部分配至湖北省各市(州)慈善会。

武汉市慈善总会公布了社会捐赠款第一批8.24亿元的情况,除根据捐赠人意愿定向使用的社会捐赠款3 600万元外,其余7.88亿元,会同武汉市红十字会的0.5391亿元,由武汉市新型肺炎防控指挥部统一调配使用。

武汉市红十字会在官网公布了截至1月29日收到的社会捐赠物资,并表示,所有物资按照武汉市新型肺炎防控指挥部的统一安排,陆续划拨到疫情防控一线,武汉市红十字会将根据划拨实际情况陆续公示使用明细。

在武汉市慈善总会和武汉市红十字会的官方表述中,皆提到物资按照武汉市新型肺炎防控指挥部的统一安排。截至发稿,经济观察网暂未联系到武汉市新型肺炎防控指挥部。

上述湖北省疫情防控指挥部社会捐赠组工作人员说,从1月27日起,3家省级定点机构每天向湖北省疫情防控指挥部社会捐赠组报备,"省级的物资随时接受随时分配下去",但"武汉市红十字会正在统计,它的情况还没有报到我们这里来"。

资料来源:凤凰网,http://news.ifeng.com/c/7th2J9qCADy.

讨论问题
1. 如何理解慈善组织的公信力?
2. 慈善物品的管理机制是什么?
3. 如何加强对慈善组织的监督?

第十七章 专项救助

【学习目标】

通过学习本章，了解医疗救助、住房救助、教育救助、司法救助等专项救助的含义、内容、方式和享受条件。

专项救助可以满足被救助对象的各种特殊需要，它与基本生活救助、灾害救助相互补充，共同构成社会救助制度的主要内容。具体来讲，专项救助的内容包括医疗救助、住房救助、教育救助、司法救助、流浪乞讨人员救助、就业救助、应急救助及其他临时性救助。[①]

第一节 医疗救助

一、医疗救助的含义

疾病是劳动力再生产和人口生长发育过程中不可避免的现象。以治疗和缓解疾病、恢复人体健康为目的的医疗救助活动，对于劳动力再生产和人口健康生产至关重要。医疗救助是针对疾病风险的，是指政府或社会对贫困人口中因病而无经济能力接受治疗的人提供某些或全部医疗健康服务，以改善其健康状况的社会救助项目。

对贫困人口实施医疗救助，是政府的一项重要职责。政府应分析造成贫困的具体原因，有针对性地实施医疗救助，以消除或减少因病致贫问题的发生。从各国实践来看，医疗救助的对象一般需具备三个条件：必须是贫困户；必须是疾病患者；实施医疗保险等医疗保障后仍无力支付医疗费用者。医疗救助标准是一个可能性标准，一般依据政府财政支付情况来设定政府救助能力，与应该救助到什么程度这一客观要求之间存在一定的缺口，病人的医疗需求往往与政府财政能力所决定的医疗救助能力存在一定的差距。由于不同国家、不同地区的经济发展水平特别是财政收入状况的差异，医疗救助水平也存在差异，不可能出现一个世界范围内通用的医疗救助标准。

二、医疗救助的方式

医疗救助的方式是政府在医疗救助中履行职责而采取的各种方法的汇集。目前世界

[①] 许琳,张盈华,唐丽娜,翟绍果.社会保障学:第2版[M].北京:清华大学出版社,2007.

各国采取的医疗救助方式主要有下面几种:

(1) 医疗费减免。对医疗救助对象的医疗费用进行一定比例的减免或全免。

(2) 专款救助。由国家或地区财政部门设立专项资金,专款专用。

(3) 互助互济。各行业、工会等社会组织运用单位福利费、工会经费、个人缴费的一定比例等方式建立医疗互助基金,对内部成员进行医疗救助。

(4) 慈善救助。由社会或者慈善组织为贫困患者组织开展义诊、义捐和无偿医治活动,具体有免费医治、慈善募捐和定期义诊三种形式。免费医治是指慈善医疗机构、福利医院免费为持有医疗救助卡的贫困患者提供医治服务。慈善募捐是指由慈善组织或者其他社会组织发起,对特定贫困患者开展献爱心募集资金活动,所筹资金专款专用,剩余部分用于新的救助对象。定期义诊是指医院和社区达成协议,定期轮流派医护人员或医疗救助志愿者到社区,无偿为符合医疗救助的患者提供义诊和上门服务。

第二节 住 房 救 助

住房救助主要是指由政府直接投资建造或以一定的优惠政策鼓励投资方建造住房,并以较低价格向低收入家庭出售、出租或直接提供住房的救助制度。

纵观世界各国的住房救助制度,主要有以下特点:①法律明确规定保障居民的基本生活居住条件,明确居住权是公民权利的重要组成部分,是政府职能的基本体现;②不仅相关法律要涉及居民居住问题,还有相对完整的住房救助法律体系,明确各级政府在解决低收入居民居住问题中的责任及解决低收入人群住房问题的手段和措施;③在政府部门设立专门机构,负责住房救助政策的制定和住房救助政策的实施,同时积极发挥各种中介机构的作用;④把住房救助资金列入财政预算,投入专项资金,以投资建房、贷款贴息、发放补贴等方式保证住房救助政策的实施。

住房救助遵循低标准、多层次、广覆盖的理念,采取政府救助与社会帮扶相结合的原则,注意适度救助和多形式救助。适度救助是指住房救助水平应与当地经济社会发展水平相适应,合理确定低收入家庭的住房标准,防止水平过高或过低。多形式救助是指由于各国社会经济发展水平之间的差距,造成低收入居民在不同时期的住房救助需求并不完全相同,政府在实施低收入居民住房救助时,既要考虑救助对象的具体需求,又要结合本国、本地区的实际经济承受能力,做到因地制宜、因时制宜、因人制宜,逐步解决。我国主要的政策依据包括国家建设部等五部局《城镇最低收入家庭廉租住房管理办法》(第120号令),以及各省市颁布的相关政策文件。

住房救助的保障方式以发放租赁住房补贴为主,实物配租、租金核减为辅。租赁住房补贴是指政府向符合条件的申请对象发放补贴,由其到市场上租赁住房。在美国,政府近年来大力鼓励私人将符合出租标准的房屋出租给低收入者,当低收入者承租后,低收入者本人将收入的1/3付给房主作为房租,其余部分由政府支付。实物配租是指政府直接向符合条件的申请对象提供住房,并按照廉租住房租金标准收取租金。租金核减是指产权单位按照当地市、县人民政府的规定,在一定时期内对现已承租公有住房的城镇最低收入家庭给予租金减免。

申请住房救助需要满足一定的条件：民政部门确认的城镇最低收入家庭；申请家庭人均住房建筑面积低于县级以上地方人民政府按季度公布的住房救助标准；申请家庭成员之间有法定的赡养、抚养或扶养关系；申请家庭成员为非农业常住户口等。

第三节 教育救助

教育救助是国家和社会为保障适龄人口获得接受教育的公平机会而对贫困地区和贫困家庭子女提供物质援助的一种社会救助。通过减免学杂费用、资助学杂费等方式帮助贫困人口完成相关阶段的学业，以提高其文化程度。我国教育救助制度实施的政策依据主要是民政部、教育部2004年颁布的《关于进一步做好城乡特殊困难未成年人教育救助工作的通知》及各省市地方政府颁布的政策文件。

教育救助具有手段间接性和时间连续性的特点。由于救助对象多为未成年人，因此救助手段表现出间接性的特点，不直接向困难学生发放救助物品或资金，而是对其家庭进行补贴或学杂费减免，或者实施间接性的教育援助，如提供勤工俭学机会或优惠贷款政策等。同时，受教育是一个持续的过程，短则几年，长则十几年。在整个过程中，学生往往没有固定的经济收入，只能依靠他人，困难学生的家庭在短期内也无法扭转其经济状况，因此需要有一个持续的救助过程，一般以学期或学年为一个救助阶段。

根据救助对象的不同，教育救助通常分为对贫困家庭子女的教育救助和对贫困地区整体的教育救助两种。具体救助方式包括：①助学金。助学金是各国普遍采用的教育救助方式，通常由学校或者政府以学期、学年或月为单位进行发放。②困难补助。属于临时性救助措施，可细分为教科书补助、生活补助和交通补助等。③奖学金。主要针对高等教育阶段的困难学生，一般由学校、企业或政府根据学生成绩进行选择性发放。④助学贷款。由金融机构或政府为贫困大学生提供贷款，待其毕业后再行偿还的救助方式。⑤勤工助学。由学校给符合劳动年龄的困难大学生介绍校内或校外的勤工助学岗位，使其通过劳动获取一定的报酬。⑥学费减免。依据学生的困难程度，实施部分或全部学费减免。在我国，通常对师范、农林、民族、航海等特殊专业的大学生以及孤残学生、优抚对象子女和烈士子女实施减免学费政策。

我国教育救助的主要对象包括：城乡困难家庭的高中（含职业高中）和义务教育阶段的在校生；当年被省级招生机构统一录取的高等院校的特困家庭学生；因重大疾病或意外灾祸造成家庭暂时困难的城乡在校学生；城市适龄孤儿。

第四节 司法救助

司法救助也称法律援助，是各国普遍采用的由政府设立的法律援助机构组织法律服务机构及法律服务人员，为经济困难或者特殊案件当事人提供法律服务并减免法律服务费的一项法律保障制度。法律援助制度起源于15世纪的英国，18世纪以后，近代资产阶级律师制度产生，宗教团体、慈善机构等一些民间组织开始有组织地向弱势群体提供法律援助。19世纪末20世纪初,随着资产阶级人权观念的确立,法律援助作为人人享有的一项政治权利,在世界各国得到确认。我国在1994年由司法部提出建立并实施法律援助制度。2003年7月,国务院颁布实施了《法律援助条例》。承担法律援助职责的机构一般是县级以上人民政府司法行政部门设立的法律援助中心,主要承担本行政区域的法律援助职责,代表政府管理、组织、实施本辖区的法律援助工作,为公民提供无偿法律服务。

法律援助的特点包括四个方面:①国家性。国家是法律援助的责任主体,国家或政府通过设立法律援助机构、提供法律援助经费、制定法律援助相关法律,履行国家对公民的法律援助义务或责任。②专业性。法律援助是律师等法律专业人员运用扎实的法律知识、丰富的办案经验和技能为弱势群体提供法律咨询、诉讼代理、刑事辩护、法律文书撰写等法律服务,这些服务是其他非专业人员无法代替的,体现了较强的法律专业性。③司法救助性。法律援助的宗旨是实现司法公正。通过对弱势群体提供法律援助使其平等地进入诉讼程序、平等地行使诉讼权利,保护其法定权利的实现,以维护司法公正,这是与其他以经济救助为目的的社会救助方式的本质区别。④无偿性和优惠性。受援人无须承担任何与此相关的义务,特别是无须向法律援助机构缴纳服务费用,所需经费全部由政府承担。

法律援助的对象是自然人。凡是在本辖区内具有常住户口或暂住证明的公民,事由发生在本市辖区内,经济困难的,均可申请法律援助。具体包括:城市中享受最低生活保障金或者领取失业保险金而无其他收入的经济困难者;城乡特困户、重点优抚对象中经济困难者;农村"五保户";属于民政部门批准设立的纯公益性敬老院、福利院等社会福利机构中由政府供养的收养人员;因残疾、自然灾害或者其他不可抗力造成经济困难,正在接受国家救助的人员。

法律援助范围是指国家确定的能够提供法律援助的具体领域。由于世界各国的经济、文化和历史发展等因素的差异,对于法律援助范围所涵盖的具体领域也存在较大区别。当前各国通行的做法是以是否进入诉议程序为标准,将法律援助的业务范围分为诉讼程序中的法律援助和非诉讼程序中的法律援助两大类。诉讼程序中的法律援助是指公民据以申请法律援助的法律问题,只有诉之于法院,经法院依法进行审理和判决才能得到最终解决的援助形式。非诉讼程序中的法律援助是指不需要司法机关的介入,在法律援助工作人员的帮助下即可解决的法律问题和法律困难,其形式有调解法律援助、公证法律援助、咨询法律援助。

第五节 流浪乞讨人员救助[①]

一、流浪乞讨人员救助的含义

流浪乞讨人员救助是指国家对在城市生活无着的流浪乞讨人员实行救助,保障其基本生活权益的社会救助制度。流浪乞讨现象在世界各国普遍存在。不同国家、不同历史

---

① 刘娟,何少文.社会救助政策与实务[M].广州:广东经济出版社,2015:203.

时期,流浪乞讨现象产生的根源不同,对流浪乞讨行为的处理方式也不尽相同。大多数欧美发达国家对流浪乞讨普遍采取限制与惩罚的措施。

二、我国流浪乞讨人员救助的发展历程

我国流浪乞讨人员救助主要分为两个阶段:收容遣送时期和社会救助时期。

(一)收容遣送时期

中华人民共和国成立初期,大批灾民、难民、妓女、吸毒者、国民党散兵游勇流浪街头,乞讨要饭,严重影响社会治安和社会经济发展。当时全国各地普遍采取收容与救助、改造与遣送相结合的办法。从1951年起我国实施收容遣送政策,以维护刚建立起来的社会秩序。这是一项以行政救助为主的政策,也就是政府对上述人群实施全面收容,并进行思想教育。这项政策对当时的社会稳定起到了一定的作用。这段时期是收容遣送制度的发端。

后来,在经济恢复和发展过程中,城乡出现分化,城乡差距也逐步显现。一些农民自发涌入城市,且规模呈现不断扩大的趋势。1953年4月,在实行计划经济的思路下,政务院发布《关于劝止农民盲目流入城市的指示》,要求农民返回农村,也采取一定的收容遣送手段。1957年12月,国务院发出《关于制止农村人口盲目外流的指示》。三年困难时期,国家采取收容遣送的办法安置大批流入城市的灾民。1961年11月11日,中共中央批准公安部《关于制止人口自由流动的报告》,决定在大中城市设立收容遣送站,以民政部门为主,负责将流入城市的人员收容起来,遣送回原居住地。1962年2月,国务院针对安置不落实和屡遭遣返的问题,急电发出《关于安置自由流动人口的几项办法》,明确要求各级民政部门改进和加强收容遣送,切实做好自由流动人员的工作。至此,收容遣送工作已经开始制度化。

改革开放以来,随着农村经济体制改革和城市经济的快速发展,农民自发流入城市务工经商的现象日益增多,同时也出现农民进城流浪乞讨的问题。1982年5月12日,国务院颁布《城市流浪乞讨人员收容遣送办法》(国务院令第38号),该办法第一条明确"为了救济、教育和安置城市流浪乞讨人员,以维护城市社会秩序和安定团结,特制定本办法",第二条规定收容遣送的对象是家居农村流入城市乞讨的、城市居民中流浪街头乞讨的和其他露宿街头生活无着的人员。同年10月,民政部、公安部发布《城市流浪乞讨人员的收容遣送办法实施细则(试行)》。收容遣送制度从本质上说是为了维护城市社会秩序和安定团结,而不是从受助者的利益出发。

1991年国务院颁发《关于收容遣送工作改革问题的意见》,将收容对象定为"无合法证件、无固定住所、无稳定经济来源"的"三无"人员以后,"三无"变成"无身份证、无暂住证、无务工证"的"无三"证人员,收容对象被进一步扩大化,行政救助政策演变为行政处罚政策。随着这一制度的实施,暴露的问题越来越多,如侵犯公民人身自由,强制劳动成为变相劳动改造,打骂、体罚、虐待、搜身等违法违规行为时有发生,甚至出现了敲诈、勒索、侵吞财物等违法犯罪行为。在收容遣送过程中,被收容者的自由、尊严和权利受到严重侵害,甚至危及生命。在城市流浪乞讨救助发展历史上,绕不开的一个标志性事件是2003

年发生在广州的"孙志刚事件"。由于受害者是大学生,经媒体报道后产生了极大的社会影响,引发收容遣送制度的大讨论。"孙志刚事件"最终推动了实施50多年的收容遣送制度的终结。

(二)社会救助时期

2003年6月20日,国务院颁布《城市生活无着的流浪乞讨人员救助管理办法》。同年7月21日,民政部发布《城市生活无着的流浪乞讨人员救助管理办法实施细则》,明确规定对流浪乞讨人员的救助采取自愿受助、无偿受助的原则,强化对救助站工作人员的规范管理,减少对受助人员的约束。同年,民政部发布《关于将收容遣送站更名为救助管理站的通知》,财政部、民政部、中央机构编制委员会办公室等三部门下发《关于实施城市生活无着的流浪乞讨人员救助管理办法有关机构编制和经费问题的通知》,规定救助管理站根据受助人员的需要提供以下救助:提供符合食品卫生要求的食物;提供符合基本条件的住处;对在站内突发急病的人员,及时送医院救治;帮助其与亲属或者所在单位联系;对没有交通费返回其住所地或者所在单位的,提供乘车凭证。

【扩展阅读】

青海格桑花教育救助会

青海格桑花教育救助会(以下简称"格桑花"),是在青海省民政厅注册、由青海省教育厅主管的社团,是非营利性民间公益组织,原名"格桑花西部助学"。

"只有在毫无心机的情况下,才能巧遇到爱。你会发现这种爱超越了时间的范畴,属于个人,也超乎个人,可以专一,也可以遍布,就像一朵花的芬芳,你能闻到它,也可能毫无知觉地擦身而过,那朵花为每一个人绽放。"

爱不仅仅是给予,也是收获和喜悦。

格桑花期待您的加入!

格桑花是什么(机构简介)

2005年2月19日,格桑花西部助学网正式上线。选在2月19日这一天作为格桑花的生日,取其谐音"爱要久",寓意这份爱要持久。

2009年7月,由青海省教育厅主管的、在青海省民政厅注册的非营利性民间公益组织——青海格桑花教育救助会正式成立。

格桑花的寓意

格桑花是青藏高原上生命力极其顽强的一种野花,它代表爱与吉祥,象征青藏高原上的孩子们的未来。我们为这个由千千万万颗爱心汇聚而成的民间草根组织取名"格桑花",就是希望它也能像高原上的格桑花一样,扎根乡土,生生不息,绽放在更多人的心中。

【愿景】:让受助者、参与者在格桑花获得温暖、信任、希望、互助、友爱等美好情感,感受生命的意义与价值,共建格桑花精神家园。

【使命】:关注西部教育,帮助西部孩子健康成长。

案例讨论

（人民网北京3月24日电）据民政部网站消息，从2020年3月到2021年6月，民政部等11个部门将在全国开展生活无着的流浪乞讨人员救助管理服务质量大提升专项行动，行动内容涵盖开展救助寻亲、落户安置行动等。

• 全面开展照料服务达标行动。各地要集中部署开展救助管理和托养机构安全隐患排查行动。各有关部门要根据工作职责依法对救助和托养机构的内部管理、生活照料、卫生防疫、食品药品安全、消防安全、离站返乡、站外托养等环节进行检查，列出问题清单，明确整改时限、路径和标准，指导做好整改工作。要按照"站内照料是常态、站外托养是例外"的原则，强化站内照料职责，有步骤、分批次开展托养人员站内接回工作，设施设备或人员不足、无法提供照料服务的救助管理机构，可以通过政府购买服务方式引入专业力量参与工作，提升站内照料服务水平。确有必要开展托养工作的，应当优先选择政府举办的社会福利、养老、精神康复等机构承接托养服务，民政部门和救助管理机构要履行主要监管责任和主体责任，通过定期检查、派驻人员、远程视频监控等方式及时、准确掌握托养机构运行情况和送托人员健康状况。各地要探索建立第三方监督委员会或特邀监督员制度，对救助管理机构和托养机构的运行管理、人员照料情况进行监督。救助管理机构要建立重大突发事件应急处置和信息报告机制，对机构遇灾、遇险，受助人员走失、死亡等异常情况，要第一时间报告民政部门，民政部门要及时向本级政府、上级民政部门报告，并指导救助管理机构做好处置工作。

• 大力开展救助寻亲服务行动。各地要以"大爱寻亲，温暖回家"为主题集中开展救助寻亲专项行动，民政部门要会同公安部门，通过DNA比对、人像识别等方式甄别滞留人员身份信息，本级权限无法核实的，由民政部门汇总逐级上报后，再报请同级公安部门进一步核查甄别；对滞留超过1个月的受助人员，救助管理机构要根据寻亲进展情况对其在全国救助寻亲网、"头条寻人"等平台的寻亲信息进行更新完善。全国所有救助管理机构要开通使用救助管理信息系统人脸识别模块，工作人员要及时对入站人员信息、走失人员家属提供信息与救助管理信息系统累积数据进行比对，提升甄别查询能力和效率。救助管理机构要充分开发利用"头条寻人"、微信公众号、寻亲热线等智能化寻亲手段，深化与社会力量的合作，拓展寻亲渠道。对已经查明身份信息的人员，在其身体条件允许的情况下尽快安排接送返回工作，对流出地拒不接收的，逐级报上级民政部门协调解决。

• 持续开展街面巡查和综合治理行动。公安机关、城市管理部门和其他有关行政机关要按照职责分工履行街面巡查职责。救助管理工作领导协调机构要研究制定配套措施，明确未成年人、老年人、精神障碍患者等特殊救助对象转介处置程序，利用城市网格化、数字化管理平台，发动乡（镇、街道）、村（居）民委员会等基层工作力量，动员社会工作服务机构、公益慈善组织、志愿服务组织、公交（出租车）司机等积极参与，制定常态化、制度化街面巡查制度，建立覆盖全面、协同到位、服务及时的救助管理网络。要强化街面治安综合治理，依法依规处理违反治安管理、城市管理等规定的行为，有效减少"强行讨要""职业乞讨"等不文明现象。要持续做好极端天气下"寒冬送温暖""夏季送清凉"等专项救助工作，公安、城市管理和民政等部门要协同组织开展街面巡查，确保不发生冻饿死伤等极端事件。

• 集中开展落户安置行动。各地要集中开展一次长期滞留人员落户安置行动,对在2020年3月前入站确实无法查明身份信息的,于2020年6月前将安置申请报送当地民政部门,民政部门于2020年8月前制定安置方案报请同级政府。对政府批准予以落户的,民政部门要尽快启动户籍办理程序;对暂时无法落户但应当予以长期安置的,要尽快将人员转移至政府设立的养老机构、精神病院等公办福利机构照料。各地公安机关要严格依照《国务院办公厅关于解决无户口人员登记户口问题的意见》(国办发〔2015〕96号)有关要求,切实维护流浪乞讨人员登记户口的合法权益。

• 全力推进源头治理行动。流出地救助管理机构要建立返乡人员信息台账,流入地救助管理机构要通过书面形式将返乡受助人员信息反馈流出地救助管理机构(未设立救助管理机构的,反馈至当地民政部门),流出地救助管理机构(民政部门)要做好信息对接和人员接收工作,对已经返家的,要组织人员或委托当地村(居)民委员会了解其家庭状况,对存在生产、生活及基本医疗保障方面困难的,要将其详细情况报送乡(镇、街道)及相关部门,乡(镇、街道)及相关部门要按照职责落实有关政策予以帮扶,避免其再次陷入困境;对确已无家可归的,户籍所在地救助管理机构(民政部门)应当主动接收,并协调当地人民政府妥善安置。各级民政部门要指导救助管理机构建立易流浪走失人员信息库,将送返本辖区的精神障碍患者、阿尔兹海默症患者、肢体和智力残疾人员、反复流浪乞讨人员等纳入信息库统一管理,并将花名册通报给乡(镇、街道),由乡(镇、街道)组织人员通过实地走访、电话询问等方式进行回访,发现反复流浪乞讨的情况要及时反馈民政部门,原则上回访频率不低于每两月一次,回访期不少于一年。县级民政部门要与扶贫办开展信息共享,对建档立卡贫困户中有流浪乞讨经历的予以重点关注和帮扶。

• 全面提升救助管理干部队伍素质行动。民政部门要在救助管理系统集中开展政策宣传讲解工作,确保熟练掌握救助管理政策法规、信息系统管理和使用方法等应知应会业务知识。各地要继续做好救助管理政策与实务培训,按照人员全覆盖的目标,实现所有救助管理干部职工参加两天以上脱产培训,并采用书面考试、知识竞赛、模拟演练、实务操作等形式考核培训效果。持续开展做"许帅式"救助管理干部活动。鼓励救助管理干部职工学习社会工作、心理辅导、特殊人员照料等专业知识,有关部门要为其学习和参加专业水平测试提供便利。市级及以上救助管理机构要在现有编制内合理调配人员,设置社会工作专业岗位和专职寻亲岗位,提升救助服务能力,培养专业化寻亲队伍。人力资源社会保障、财政部门要按照国家有关规定落实救助管理机构工作人员工资倾斜政策,加强对救助管理干部职工的关心关爱,为稳定队伍、推动工作创造条件。

资料来源:全国开展专项行动完善流浪乞讨人员救助[EB/OL].[2020-03-24]. https://www.sohu.com/a/382823250_114731.

讨论问题

流浪乞讨人员救助的含义和政策目标是什么?

参 考 文 献

[1] 马克思.马克思经济学——哲学手稿[M].北京:人民出版社,1956.
[2] [英]大卫·李嘉图.李嘉图著作和通信集:第1卷[M].郭大力,王亚南,译.北京:商务印书馆,1962.
[3] [英]安东尼·吉登斯.第三条道路——社会民主主义的复兴[M].郑戈,译.北京:北京大学出版社,2003.
[4] [丹麦]埃斯平-安德森.福利资本主义的三个世界[M].苗正民,滕玉英,译.北京:商务印书馆,2010.
[5] [英]贝弗里奇.贝弗里奇报告:社会保险和相关服务[M].北京:中国劳动社会保障出版社,2008.
[6] [英]蒂特马斯.社会政策十讲[M].长春:吉林出版集团,2011.
[7] [美]Neil Gilbert,Paul Terrell.社会福利政策导论[M].黄晨熹,周烨,刘红,译.上海:华东理工大学出版社,2003.
[8] 郑功成.社会保障学——理念、制度、实践与思辨[M].北京:商务印书馆,2000.
[9] 郑功成.社会保障学[M].北京:中国劳动社会保障出版社,2005.
[10] 周弘.福利的解析[M].上海:上海远东出版社,1998.
[11] 林闽钢.现代西方社会福利思想——流派与名家[M].北京:中国劳动社会保障出版社,2012.
[12] 黄晨熹.社会福利[M].上海:上海人民出版社,2009.
[13] 景天魁等.福利社会学[M].北京:北京师范大学出版社,2010.
[14] 周良才,赵淑兰.社会福利服务:第二版[M].北京:北京大学出版社,2017.
[15] 詹火生.社会福利理论研究[M].台北:巨流图书公司,1988.
[16] 周良才.社会福利服务[M].北京:北京大学出版社,2012.
[17] 江亮演.社会救助的理论与实务[M].台北:桂冠图书公司,1990.
[18] 陈银娥,潘胜文.社会福利[M].北京:中国人民大学出版社,2004.
[19] 陈良瑾.社会救助与社会福利[M].北京:中国劳动社会保障出版社,2009.
[20] 顾俊礼.福利国家论析[M].北京:经济管理出版社,2002.
[21] 丁建定,魏科科.社会福利思想[M].武汉:华中科技大学出版社,2005.
[22] 许琳,张盈华,唐丽娜,翟绍果.社会保障学:第2版[M].北京:清华大学出版社,2012.
[23] 时正新.社会福利黄皮书:中国社会福利与社会进步报告(1999)[M].北京:社会科学文献出版社,2000.
[24] 郭静晃.儿童少年福利与服务[M].台北:扬智文化事业股份有限公司,2004.
[25] 黄晓勇.中国社会组织报告(2019)[M].北京:社会科学文献出版社,2019.
[26] 刘娟,何少文.社会救助政策与实务[M].广州:广东经济出版社,2015.
[27] 仇雨临.员工福利管理[M].上海:复旦大学出版社,2003.
[28] 相自成.中国残疾人保护法律问题史论[M].北京:中国法制出版社,2003.
[29] 吴德刚.中国教育改革发展报告[M].北京:中共中央党校出版社,1999.
[30] 尚晓媛."社会福利"与"社会保障"再认识[J].中国社会科学,2001(3).
[31] 刘华丽,李正南.中国古代社会福利思想综述[J].南昌高专学报,2003(1):6-8.
[32] 马晓强,王瑜,李艳军.新自由主义的社会福利思想[J].郑州航空工业管理学院学报,2006(6):13-17,31.
[33] 方菲.从极端到理性的回归:西方社会保障理念嬗变及其道路选择[J].天府新论,2009(1):103-107.

[34] 宋祥秀.吉登斯社会福利思想探析[J].改革与开放,2011(16):141-143.
[35] 丁建定.从马克思到列宁无产阶级社会福利思想的发展[J].当代世界与社会主义,2019(2):43-51.
[36] 苏振芳.我国民政福利事业的历史演变及其构建[J].福建论坛·人文社会科学版,2007(4):115-119.
[37] 林闽钢,梁誉.我国社会福利70年发展历程与总体趋势[J].行政管理改革,2019(7):4-12.
[38] 黄耀冬.推进我国适度社会福利体系建设的思路研究[J].学习与探索,2007(5):58-65.
[39] 民政部社会福利和慈善事业促进司.为了夕阳红满天——老年人福利与养老服务40年发展历程与成就[J].中国民政,2018,24:30-33.
[40] 陆士桢,常晶晶.简论儿童福利和儿童福利政策[J].中国青年政治学院学报,2003(1).
[41] 杨无意.日本儿童福利的历史演进与发展现状[J].中华女子学院学报,2017(6):107-114.
[42] 林毓铭,李瑾.中国防灾减灾70年:回顾与诠释[J].社会保障研究,2019(6):37-43.
[43] 唐钧.确定中国城镇贫困线方法的探讨[J].社会学研究,1997(2):60-71.
[44] 黄桂霞.新社会风险下的中国妇女福利:挑战与应对[J].山东女子学院学报,2018(2):19-26.
[45] 姚建平.美国的残疾人福利服务制度[J].中国民政,2015,19:56-59.
[46] 杨方方.员工发展计划中的福利规划[J].经济管理,2004(9):41-43.
[47] 杨睿,王燕,王欢.企业员工福利管理的问题与对策研究[J].现代国企研究,2018(8):57.
[48] 左晓斯.发达国家乡村贫困与反贫困战略研究——以美国为例[J].福建论坛(人文社会科学版),2019(1):163-177.
[49] 王志章,郝蕾.日本反贫困的实践及其启示[J].世界农业,2019(6):78-84.
[50] 康丽娥.浅谈员工福利管理优化[J].空运商务,2018(10):32-34.
[51] 杨艳东.60年来我国职业福利的回顾与反思[J].理论探索,2009(5):89-98.
[52] 宋子良.中国扶贫实践及存在问题[J].华中科技大学学报,2001(2):11-15.
[53] 吴至翔,刘海湘.我国教育福利政策的功能与价值分析[J].福建省社会主义学院学报,2009(1):86-89.
[54] 李晓园,钟伟.中国治贫70年:历史变迁、政策特征、典型制度与发展趋势——基于各时期典型扶贫政策文本的NVivo分析[J].青海社会科学,2020(1):95-108.
[55] 黄桂霞.从制度保护到权利享有:改革开放40年妇女福利进展[N].中国妇女报,2018-11-13.
[56] 程方平.新中国教育50年发展概况[J].中国经济年鉴,2000.
[57] 李建荣.构建中国发展型社会福利模式[D].合肥:安徽财经大学,2012.
[58] 柯菡.我国自然灾害管理与救助体系研究[D].武汉:武汉科技大学,2007.
[59] 杨程程.我国慈善事业发展中存在的问题及对策研究[D].长春:东北师范大学,2015.
[60] 杨倩.试析现阶段我国慈善事业的发展[D].成都:西南财经大学,2007.
[61] 王丽铮.中英儿童福利政策比较研究[D].郑州:郑州大学,2017.
[62] 于鹏洲.住房社会保障管理体系发展研究[D].天津:天津大学,2007.
[63] 孙祺媛.我国残疾人福利模式研究——基于新残疾人观视角[D].长春:吉林大学,2019.
[64] 房雅萍.我国残疾人福利立法研究[D].北京:北京理工大学,2016.
[65] 怀炳南.我国慈善事业发展问题研究[D].长春:吉林大学,2015.